龍谷大学仏教文化研究叢書27

問答と論争の仏教

宗教的コミュニケーションの射程

マルティン・レップ／井上善幸 編

法藏館

序　宗教におけるコミュニケーションのかたち

本書は、龍谷大学仏教文化研究所共同研究（二〇〇六〜二〇〇七年度）「仏教の宗論・問答に関する学際的研究」の成果をまとめたものである。「学際的」な方法論をとったのは、異なる専門分野の学者が協同して特定の論点に関する洞察をたがいに交換することで、さまざまな観点から、より深くその論点について理解することができるからである。このようなアプローチは、今日、とくに求められる。なぜなら、研究や研究助成制度の専門化が進むにつれて、われわれの現実の認識もますます分割され断片化されているからである。「木を見て森を見ず」ということわざがあるが、ある事柄を包括的に理解するためには、学際的な研究方法がとりわけ重要となるのである。

この研究計画は、コミュニケーションのさまざまな形式――仏教において重要な役割を果たしてきた問答や論義、宗論、論争など――について検討することを主題としている。仏教学研究の多くは教義内容に着目するが、この研究では形式という側面に焦点を当てている。教説の内容が重要であるのはもちろんであるが、仏教の展開において形式も非常に大きな影響力を持ってきたということを研究の前提としているからである。ここでの「コミュニケーション」は、単に「情報を伝達する」ことを意味するのではなく、複数の主体のあいだで「相互に交換がなされる」ことを意味している。明治時代、英語の「コミュニケーション」は「交通」と翻訳されていたが、そこには交換の相互関係が含意されている。さらに、以下の論文で明らかになるように、コミュニケーション（相互交換）は新たな展開を引き起こす創造的なプロセスなのである。

仏教には、コミュニケーションの基本的な形式が、少なくとも四つみられる。第一に、釈尊の教化方法は、求道者たちとの広い意味での対話によって行われた。これは、教化や問答という形式とみることができる。第二に、釈尊は非信者、すなわちバラモンやジャイナ教徒たちと考えを交わしている。このような弁明的討論は、後に宗論や論争という形式に展開していく。第三に、釈尊の滅後、教団は釈尊の教説のあいだにみられる相互に整合しない箇所や未解決の問題に直面した。それらを解決するために僧侶たちが行った教義論争は、論義という形式で発達した。これらのコミュニケーションは口承や文字によって記録されることになる。第四に、記録された論義は、僧侶の教育機関で行われる教育システム――たとえば学修や試験――において、あるいはまた仏教儀礼（法会）において、正式な作法に従って用いられてきた。記録と形式化によって、そのような論義は、幾世紀にもわたって連綿と受け継がれてきたのである。そして、異なる学派間で共有できるコミュニケーションの形式によって、問答や論義といった個々のコミュニケーションの形式が補完されていったのである。

仏教の教えと実践が展開するうえで、これらの基本的なコミュニケーションの形式が、それぞれに果たした役割は大きい。僧侶たちは、仏陀の教えを正しく理解し実践することによってしか解脱（苦悩からの解放）を得られないと確信していた。このことを考えると、仏教における問答や論義、論争の重要性は明白である。『問答と論争の仏教――宗教的コミュニケーションの射程』という書名は、このような重要性を表すことを意図している。以下に、本書の構成と概要を示すことにしよう。

Ⅰ　問答・論義による教育の伝統と教学の発展

桂　紹隆「インドにおける討論の伝統とその形式的発展」

仏教徒の討論の原点を、ブラーフマナ文献や古代インド医学のマニュアルにさかのぼって跡づけ、紀元前二～三世紀頃には、知識を増やし洞察や意見を交換することを目的とする「友好的な討論」と、相手を打ち負かすことを目的とする「敵対的な討論」の区別がみられることを紹介している。五～六世紀の仏教論理学者ディグナーガは、論証式に「遍充関係」という概念を取り入れて、特定の立場にとらわれない論証方法を提示しようとした。一方、七世紀のダルマキールティは仏教徒特有の論証方法を発展させていく。また、実際の議論においては、主に帰謬法が用いられていたことを指摘している。

ツルティム・ケサン「チベットの学問仏教」

チベット仏教の最大宗派であるゲルク派の仏教哲学の学修方法について紹介している。その教育システムは、論理学・般若・中観・律・倶舎の五つの分野で構成されており、伝統的に口頭での教授と問答によって学修されるため、討論の技術を学び、仏典を暗記することが必須となる。論理の基礎学では、主にダルマキールティの論書が用いられ、僧院での問答は、経証と論証に基づいて行われる。僧たちはたがいに問者となり答者となり研鑽を重ねていく。五つの分野を完全に習得した者は、やがて博士の称号を与えられ、ラサの大祈願祭で行われるタムチャ竪義において多くの学僧を前に問答を交わすのである。

楠　淳證「南都の法会と法相論義」

日本に伝来した仏教は、当初、学問として成立・発展した。学問僧が中国から仏教の学問を伝え、学侶がそれを学習・研鑽していったのである。学侶は学問に専念することになるが、その具体的な学問の形態を紹介している。学侶が研鑽の成果を披露するのが論義法会であり、とくに南京三会と呼ばれる三大勅会が有名であった。また、論義に備えて、教義について問答を用いて学び合う談義も確立していく。さまざまな資料を挙げながら、法相宗における学侶教育のシステムの形成と歴史的展開を明らかにする。

寺井良宣「天台の修行と論義の形態」

日本の比叡山天台宗の籠山修行の形態、とくに広学竪義について紹介している。天台では、教観二門といわれるように、学問と修行の双方が密接に結びついている。天台宗では、南都の三会に対して天台三会が形成されていくが、応和の宗論で法相宗をはじめとする他宗と対論することを契機として、慈恵大師良源の頃に、天台教学の研鑽だけでなく、広く他宗の宗旨を学ぶ広学竪義が確立していく。現存する論義書などの資料や、現在にまで受け継がれる法会のあり方を紹介しつつ、広学竪義の具体的な内容と形式について詳述する。

安永祖堂「臨済禅の公案体系について」

インド以来、仏教では仏・法・僧の三宝が重要とされるが、禅の世界では、祖・悟・人がより重視され、経・律・論の三蔵に対しても語録・清規・偈頌が成立してくる。象徴的な韻文体で交わされる禅問答は、日常会話のなかで本来の世界を確かめ合うという禅の原点を示しているが、やがて生き生きと交わされていた問答は形式化していくことになる。禅問答のテキストである公案が、宋代の中国禅宗において創始された経緯、さらに日本に伝来してから変貌していく過程について紹介しつつ、問答の実例も取り上げ、禅修行の特徴を明らかにする。

内藤知康「浄土真宗における問答と教育の方法」

現在、浄土真宗本願寺派の安居で行われている会読の由来と形式について紹介し、その教育的意義を探る。江戸時代、本願寺派では一人の能化（教化する者）が複数の所化（教化される者）に講義する能化制度がとられていたが、文政七年（一八二四）、複数の勧学による指導体制が始まり、翌年、司教、助教、得業という学階制度が設けられる（輔教は明治十五年〈一八八二〉設置）。安居において勧学、司教が講師となり、輔教以下の大衆は聴講者となるが、会読では大衆がたがいに問者・答者となり、一定の形式に従って特定のテーマについて理解を深めていく。また、近年の試みとして脳死・臓器移植など現代的なテーマに関する自由討議も行われていることを紹介する。

Ⅰでは、宗派や時代、地域によって異なるさまざまな討論の内容と形式を取り上げている。これらの事例からは、仏教儀礼（法会）や教育システムにおけるコミュニケーションの形式に注目すべき連続性が数多くみられることが明らかになる。しかしながら、形式の連続性、つまり形式化は、絶対的な固定を意味するのではない。さまざまな宗派の相違を比較してもわかるように、それらの形式は時代や要請に応じて徐々に変化しうるものなのである。また、仏教の伝統は、主に経典によって伝えられてきたと考えられがちであるが、本質的には問答や論義といった口承の教授を通じて受け継がれてきたことを、この章では明らかにしている。

Ⅱ　宗教内論争と宗教間論争

Ⅰが、教育におけるいくぶん友好的（場合によっては弁証的）なコミュニケーションの形式を取り上げたのに対し、Ⅱでは、宗教内、あるいは宗教間で交わされた、より論争的・敵対的なコミュニケーションの形式に焦点を当てている。

佐藤智水「中国初期仏教における道教・儒教との論争と交感」

中国に伝来した仏教が道教や儒教と出会うことから引き起こされた生き生きとした交感――異文化間だけでなく異宗教間のコミュニケーション――について紹介している。仏教や道教は、儒教を相手に論争をするより、双方とも儒教の価値観によりながら自説を主張していた。そのため、仏教と道教との論争は、あるときは平和的に共存するために一致を求め、あるときは相互に批判し合うが、その結論は、知識人の議論よりも、大衆社会で共感を得たほうにはっきりと現れたことを指摘する。志怪小説も紹介しながら、中国人自身による歴史的選択と、魏晋南北朝における仏教の普及との関連を明らかにする。

中川　修「平安時代の宗論」

奈良・平安時代の仏教宗派で行われた論義、とくに応和の宗論と年中行事としての維摩会を取り上げ、その社会的・政治的側面を検討している。社会のあり方が変動する平安初期、法会の形式は大きく変容し、論義が組み込まれていく。現実にある仏教の実状を踏まえ、悟りを求める心が生じたときに論義は不可避的に成立するが、論義が徹底されると対立や不和も生じかねない。僧侶による仏教の追究を国家的に最終的に管理する装置として、論義的法会が勅会化され、討論の実績によって年分得度者が定められていったことを資料をもとに論じる。

マルティン・レップ「戦国時代におけるイエズス会宣教師と仏教僧侶との宗論」

ある宗教の内部での議論では、共通の聖典に基づいて問答や論争がなされるが、宗教間のコミュニケーションにおいては、主張を述べ相手を納得させるために、共通の権威が必要となる。それは、異なる信念を持つ人たちが共有する理性にほかならない。十六世紀日本におけるキリスト教徒と仏教徒の出会いにおいて、何より特筆すべきは、明治期に再び両者が行った論争に比べて、かなり高度な論争の能力や技術を備えていたということである。両者は議論の方法や討論のルールに違いはあるものの、ともにそれぞれの教育システムにおいて体系的なトレーニングを受けていたことを指摘する。

Ⅲ　ヨーロッパに由来するコミュニケーション——対話をめぐって——

この章は、一見、仏教におけるコミュニケーションの形式に関する研究の範囲を超えるように思えるかもしれないが、十六世紀以降、ヨーロッパの文化やキリスト教との出会いは、現代の仏教にも大きな影響を与えつづけている。ここに、コミュニケーションに関するヨーロッパの伝統を検討する意義がある。この章では、さまざまなコミュニケーションの形式を理解するうえで参考となる興味深い考察が示されている。

廣川洋一「古代ギリシア哲学における「対話」」

ソクラテスやプラトン、アリストテレスにとって、問答術は単なる技術ではなく、哲学そのもののあり方であった。古代ギリシアでの問答術は、民会での弁論、裁判弁論、儀礼的な弁論に分けられるが、勝つための弁論術を発達させたソフィストと異なり、プラトンやアリストテレスは真理探究の方法として問答術を用いた。ソクラテスの問答術、アリストテレスの弁論術・問答術を紹介しながら、一般社会的な通念を前提として推論を行う弁証術と、それによって成立を見る倫理学という個別科学の出発点について論じる。

薗田　坦「中世キリスト教世界における異宗教間対話をめぐって」

ヨーロッパにおけるイスラームとキリスト教の相互作用の歴史を軍事的側面も含めて概観し、諸宗教の並立と融和の可能性を理論的に探究し哲学的に根拠づけようとした、トマス・アクィナスやライモンド・ルルス、ニコラウス・クザーヌスの試みを紹介している。一四五三年、オスマン・トルコによってコンスタンティノープルが攻略され東ローマ帝国が崩壊するなかで、対話による紛争解決を目指して著されたクザーヌスの『信仰の平和』を手がかりに、多様な宗教が持つ共通性、普遍性に着目し、対話の可能性を哲学的に探ろうとする試みについて論じる。

幸　日出男「現代日本における宗教間対話」

宗教間対話とは、「宗教」による対話ではなく、組織・集団としての宗教に属する人々による対話である。日本における戦後の宗教間対話の歩みを振り返りつつ、宗教間対話は学者や宗教者のあいだだけでなく、宗教に属する「普通の人々」のあいだでもなされるべきであると指摘する。さらに、対話においては、宗教的な論点だけを議論するのではなく、どの宗教を信仰している人でも直面している社会的・倫理的なテーマ――人権や臓器移植など――についても議論すべきであると述べる。

Ⅳ　現代の仏教実践におけるコミュニケーションのかたち

Ⅲまでに、歴史的・体系的に宗教的コミュニケーションのさまざまな形式を検討してきたが、Ⅳでは、現代の仏教実践に焦点を当てる。歴史的、体系的、実践的アプローチが最終的に統合されることで、学際的研究の有効性が明らかになる。

海谷則之「宗教教育と対話的原理」

「形成としての教育」「発達としての教育」「覚醒としての教育」を分けるボルノウの教育観などを紹介し、良心や魂に訴えて覚醒を目指す宗教教育においては、生徒と教師のあいだの対話的関係に加えて、宗教的次元での関係――仏や神など超越者や自然との関係――が重要な役割を果たすことを指摘する。宗教的なコミュニケーションにおいて、教師の役割はある意味で相対化され、子どもを育てる多くのエレメントの一つとなる。このような教育観によって、その人の環境や人生上のさまざま出来事が、人間形成の契機となっていることに気づくことを指摘する。

友久久雄「カウンセリングと真宗」

クライエント（来談者）に質問をしながら、相手の応答に耳を傾ける「傾聴」の姿勢を強調するロジャースの非指示的カウンセリングについて紹介し、仏陀による対機説法との本質的な類似性を指摘する。効果的なカウンセリングのためには、クライエントの気持ちに耳を傾けることが必要である。また、浄土真宗の伝統においてカウンセリングの役割を果たしてきた御示談を取り上げ、カウンセリングと宗教のあいだには相違が認められるが、個人の内面的な悩みを解決するという点で重なる部分があることを指摘する。

深川宣暢「真宗の伝道・説法におけるコミュニケーションの要素」

仏教の説教の要素や浄土真宗に受け継がれている説教の基本構造について説明する。一人の伝道者が多数の聴衆に話しかける説教は、一見モノローグのように思えるが、実際には相互のコミュニケーションの過程として捉えることができる。「優れた聴き手は優れた話し手を生む」といわれるように、洗練されたコミュニケーションの形式は、創造力を引き起こすのである。また、伝道・説法の場において、宗教的コミュニケーションは、人と人のあいだから、人々と仏陀のあいだにまで深まり、仏陀が人と人の仲立ちをすることを指摘する。このことは、法会に問答や論義が組み込まれた理由についても示唆するものであろう。

本書は、仏教内の、あるいは他宗教とのあいだに行われるコミュニケーションの構造と過程とを明らかにしようとするはじめての試みである。同時に、本書が世に出ることで、今回の研究では扱えなかった課題について、さらなる研究が必要であることが明らかになるだろう。この研究成果が公表されることで、それぞれの日常におけるコミュニケーションについて反省が促され、専門的・学際的研究の刺激となることを願ってやまない。

マルティン・レップ

井上善幸

問答と論争の仏教——宗教的コミュニケーションの射程＊目次

序　宗教におけるコミュニケーションのかたち……マルティン・レップ　井上善幸　i

I　問答・論義による教育の伝統と教学の発展

インドにおける討論の伝統とその形式的発展……桂　紹隆　5
チベットの学問仏教……ツルティム・ケサン　20
南都の法会と法相論義……楠　淳證　38
天台の修行と論義の形態……寺井良宣　57
臨済禅の公案体系について……安永祖堂　77
浄土真宗における問答と教育の方法……内藤知康　93

II　宗教内論争と宗教間論争

中国初期仏教における道教・儒教との論争と交感……佐藤智水　111
平安時代の宗論……中川　修　130
戦国時代におけるイエズス会宣教師と仏教僧侶との宗論……マルティン・レップ　149

Ⅲ　ヨーロッパに由来するコミュニケーション
――対話をめぐって――

古代ギリシア哲学における「対話」……廣川洋一　165
中世キリスト教世界における異宗教間対話をめぐって……薗田　坦　187
現代日本における宗教間対話……幸日出男　211

Ⅳ　現代の仏教実践におけるコミュニケーションのかたち

宗教教育と対話的原理……海谷則之　227

カウンセリングと真宗……友久久雄 239
真宗の伝道・説法におけるコミュニケーションの要素……深川宣暢 253
あとがき…… 273
執筆者紹介…… 276

問答と論争の仏教

——宗教的コミュニケーションの射程

I

問答・論義による教育の伝統と教学の発展

インド亡命からまもない頃のダライ・ラマ（左上）

インドにおける討論の伝統とその形式的発展

桂　紹隆

私が一番関心を持って研究してきたことは、インドの論理学です。インドの人々がどのように論理的な思考を発展させていったかということを研究テーマとしております。インドでは、討論とか議論には友好的な議論と敵対的な議論があるということが早くから意識されております。

インドにおける議論の始まりということから申しますと、私たちが手にできるインドの一番古い文献は、一連のヴェーダ文献です。もっとも古い『リグ・ヴェーダ』が紀元前一二〇〇年くらいの成立とされています。それからブラーフマナ文献が紀元前八〇〇年頃、ウパニシャッド文献が紀元前六〇〇年頃、そしてその後が、釈尊の仏教が興起する時代です。今なら紀元前五世紀から四世紀とされますが、かつては仏滅年代について百年の開きがある二つの見解が示されていました。主としてヨーロッパの学者たちは、南方仏教の伝承を受けて紀元前五世紀くらいにさかのぼらせていたのですが、日本の仏教学者たちは、北方仏教の伝承を受けて紀元前四世紀くらいを仏滅としていました。最近は北方説に近いものに収斂しつつあると思います。

インドで、私たちが議論の往復と考えるようなものが始まったのはいつ頃かというと、ブラーフマナの時代です。ギリシアなどと比較したらどちらが古いか私にはわかりませんが、かなり古いものといえるでしょう。どういう議論が起こったのでしょうか。そもそもヴェーダの宗教は、祭式を行うものです。つまり、神様を天上界から祭場に呼び寄せて、そこに祭火を灯し、お供えを捧げ、讃歌を唱え神々を讃えて、自分たちの願い事を叶えてもらう。雨乞いをしたり、子どもを欲しがったり、さまざまな人間的な欲求がありますが、それに対して、バラモンたちが神々を道具のように使うことによって、人々の願い事を叶えるという、祭式を中心とする宗教です。いわゆるバラモン教というのはそういう宗教ですが、そのとき当然ながら、祭式は本当に有効性があるのかという疑問が起こってきます。そこでブラーフマナ文献は、いかにしてその祭式を正当化するか、なぜ祭式を行うことに意味があるのか、という議論を始めるわけです。これがおそらくインドにおける本格的な哲学的思索の最初であろうといわれます。そこには、すでに問答・議論の往復、つまり論題を立てる人があり、それに反論する人があり、またそれに答えるという議論の往復が記録されています。

同様のことは、ウパニシャッド文献でもう少し本格的に見られます。ウパニシャッドというのは、ブラーフマナに比べますと、もっと彩りがあるというか文学的にも面白い文献ですが、このなかにしばしば、当時の王様の名前が出てきます。ウパニシャッドの時代は、仏陀の時代の少し前です。仏教時代には十六大国と総称される国家群が出現したことが知られていますが、ウパニシャッドにもすでに何人かの著名な王様が登場します。この王たちが何をしたかといいますと、バラモン、すなわち学者たちを集めて、おたがいに議論をさせる、つまり討論をさせたわけです。いったいこの世界の始まりは何か、私たちが住んでいる世界は何によって支えられているのか、生命の始まりは何か、というようなさまざまな哲学的な疑問——もちろん、私たちの文明の始まりにおいては神話という形で答えが与えられたわけですが――、そういう哲学的な疑問に関する問答をさせます。有名なのはジャナカという王様です。この人は『ブリハッド・アーラニヤカ・ウパニシャッド』に登場します。ジャナカ王は――たぶんそういうことは実際にブラーフマナ後期の時代から行われていたのだろうと思いますが――、祭りと並行して学者を集めて議論をさせていました。それは一種のエンターテイメントだったのだろうと思います。そこで勝った者はたくさんの賞品をもらって帰ります。ですから、バラモンたちも真剣なわけです。そして、論争に負けると自分の生命を失うともいわれます。実際にそれが行われたかどうかは知りませんが、論争に負けると「頭が七つに割れてしまう」という表現がウパニシャッドには出てきます。それは死を示唆していますから、命がけの論争をしていたといっても過言ではないかもしれません。

この段階では、まだ、最初に申しました友好的な議論と敵対的な議論という区別はとくに意識して言及されておりません。当時の論争の勝敗を決める規則は何かといえば、一つしかないと思います。要するに、黙ったほうが負け。今の日本の議論でもよくあります。大きい声でまくし立てる人が議論に勝ち、黙ったほうが負け。これがウパニシャッドの議論の原則です。先ほどのジャナカ王の公開討論の場では、ヤージュニャヴァルキャという非常にウィッティーなバラモンが登場しまして、並み居る学者を全部やっつけて賞品をもらって帰るというストーリーです。

友好的な議論と敵対的な議論という区別が意識されるようになるのは、おそらく釈尊の時代からもう少し後になります。最初の記録としては、『チャラカ・サンヒター』という医学書があります。チャラカは、カニシュカ王の典医であったという伝承がありますから、紀元前二～三世紀、アショーカ王よりも少し後の時代の人になります。ちなみに、『チャラカ・サンヒター』というのは、『スシュルタ・サンヒター』とともに、「アーユル・ヴェーダ」

われています。と呼ばれるインドにおける合理的な医学の伝統の代表的なテキストで、インドの伝統医学の典拠として現在でも使

このような合理的な医学が発達した背景には、おそらく仏教が紀元前四〜五世紀に起こったことが契機だろうと主張する学者がいます。コペンハーゲン大学のインド学助教授、ジスク（Kenneth G. Zysk）博士です。彼によると、仏教の出家者の戒律を規程する律蔵には、非常にたくさんの医学的な知識が含まれています。その多くはアーユル・ヴェーダと共通なものです。おそらく、バラモン教のようにカースト制度に支配された宗教からは、アーユル・ヴェーダのような合理的医学は興り得なかったのです。医者はあらゆる階層の人を治療しなければならないはずです。そういう意味で、カースト制度から自由な宗教的環境が、インドの合理的医学を生み出すのに必要であったのではないか、とジスク教授は主張しております。私は説得力がある議論ではないかと思っております。

インドで合理的な医学が興る背景には、「縁起」に代表される仏教的な合理思想が興る必要があったのです。釈尊の「苦・集・滅・道」という四諦の教えが、医学の治療のプロセスとピッタリ一致するというのは、よくいわれます。「苦」は病気に対応し、病気には原因（集）があって、それは治癒すること（滅）ができるが、それには治療法（道）がある、というふうに、苦・集・滅・道を治療のプロセスに読み替えることができます。仏教とインド医学との関係は昔からいわれていることですが、ジスク教授は、それを文献的に証明したことになるのではないかと思います。

『チャラカ・サンヒター』には、友好的な議論について書かれています。『チャラカ・サンヒター』は医学書ですが、そのなかに、医者をどういうふうに教育するかということが説かれるわけです。そして、討論によって医者は教育すべきであるというのです。したがって、『チャラカ・サンヒター』には、討論の仕方ということをかなり詳

しく扱った部分があります。それを少し紹介します。

医者は医者と討論すべきである。

実に、同学の士との討論は、知識を得るための学習意欲を高め、知識を得る喜びを与える。さらに、当該分野に精通させ、表現能力を与え、名声を輝かしいものにする。

また、既に学んだことに関して疑問をもつ者は、討論において再度学ぶことによって、疑問がなくなる。一方、学んだことに関して疑問をもたない者は、討論によって理解が一層確かになる。今まで学んだことがない事柄についても、学習する機会を討論は与えてくれる。

さらに、師匠が勉強熱心なお気に入りの弟子に秘伝のつもりで少しずつ教えた事柄を、論争の最中に、勝ちたい一心から、弟子が喜んですべてを一度に吐き出してしまうことがある。だから、賢者たちは同学の士との討論を高く評価するのである。（三・八・一五）

ところで、同学の士との討論には二種ある。友好的な討論と敵対的な討論である。（三・八・一六）

『チャラカ・サンヒター』だけではないのですが、インドの論理学者たちが討論というものを検討するときには、必ずこの友好的な討論と敵対的な討論という分類をします。もう少し続けます。

そのうち、友好的な討論は、智慧・専門的知識・意見を交換する表現能力を備え、すぐに腹を立てず、申し分のない学識を備え、意地悪でなく、説得可能であり、自らも説得作法をわきまえており、忍耐強く、討論が好きな人との間に行われる。

そのような相手と討論するときは、心置きなく討論し、心置きなく質問しなさい。心置きなく質問する相手には、事柄をはっきり説明しなさい。

そのような相手に敗北することを恐れてはならないし、彼を負かしても大喜びしたり、他人の前で自慢してはならない。

自分の無知ゆえに一つの立場に固執してはならないし、相手が知らない事柄を繰り返し言及してはならない。

正しい作法によって相手を説得しなさい。この点についてはよく注意しなさい。

以上が、好ましい討論のきまりである。（三・八・一七）

これが好ましい討論です。ところが、敵対的な討論に入るときにはさまざまな注意を与えます。

他人と敵対的な討論に入る場合は、自分自身の能力をよくわきまえて、論争しなさい。そして、論争を始める前に、必ず論争相手の特徴・彼我の能力差・聴衆の特徴をよく吟味しなさい。実に、慎重な吟味は思慮ある者たちに行動を起こすべきか否かを教えてくれる。だから、賢者たちは吟味を高く評価するのである。

ところで、吟味に際しては、彼我の能力の差と、論争者に有利な以下の長所と欠点をよく吟味しなさい。

例えば、学習した知識・専門的知識・記憶力・語意を理解する直観・表現能力、これらが有利な長所と呼ばれる。一方以下のものが欠点である。例えば、すぐに腹を立てる、当該分野に精通していない、びくびくしている、記憶力がない、注意散漫であること。以上のような論争者の長所を自他のどちらがより多く備えているか比較検討しなさい。（三・八・一八）

このように『チャラカ・サンヒター』では、すでに友好的な討論と敵対的な討論とを区別します。友好的な討論というのは一種の教育手段です。敵対的な討論というのは、もちろんこれも医者同士でやるのでしょうが、勝つか負けるかが大事な場合です。そしてその際に、まず聴衆を見極めろというのです。たぶんこの場合、どちらが勝利するかは、聴衆が決めたのではないかと思います。そうすると、聴衆が敵対的であるか否かということが非常に大事になります。どれだけ素晴らしい議論をしても、敵対的な聴衆の前では勝てない。だから、敵対的な聴衆の前では議論をするな、とチャラカはいいます。その次に、先ほど論争者の長所と短所が挙げられましたが、相手が自分より長所をたくさん持っている場合、向こうのほうが賢そうで、自分よりも知識を持っていそうで、要するに闘っても負けそうだというときには論争をするな、ということです。言い換えれば、敵対的な論争をするときは、必ず勝てそうな相手と論争をしろということに尽きます。

『チャラカ・サンヒター』のこの部分には、論争に関する注意事項以外に、もう少しテクニカルなことも記述されております。おそらく紀元前一～二世紀頃は、後に「六派哲学」と呼ばれるバラモン教の諸派が徐々に形成されつつあった時代ですが、彼らはたがいに、あるいは仏教徒とかジャイナ教徒とか、バラモン教以外の学者と議論をしていたのだろうと思います。残念ながら正確な記録は残っていません。残っているのは、論争に参加した片方の記録です。たとえば仏教の文献であれば、仏教徒が他学派と論争して、自分たちが勝ったというような記録が残っています。どの学派もそうだと思います。しかし、私たちが期待するような客観的な論争の記述というものは、インドの場合、ほとんど残っていないと思います。しかし論争はしていたはずです。そして論争における共通のルールが、『チャラカ・サンヒター』などに、討論のマニュアルのような形で記録されています。

最初にどういう討論の規則が集められたかというと、こういうことをすれば論争に負けるという「敗北の立場」（ニグラハ・スターナ）があります。『ニヤーヤ・スートラ』という討論術、論理学のマニュアルがあります。チャラカより少し後、おそらく紀元後一～二世紀くらいに現形に近い『ニヤーヤ・スートラ』はでき上がったと思われます。だいたい仏教の中観派の論師、龍樹（ナーガールジュナ）と同じ頃です。龍樹はこの『ニヤーヤ・スートラ』に拠るニヤーヤ学派の登場とほぼ同じ時代に活躍したと考えられ、実際、ニヤーヤ学派と論争した記録も残しています。この『ニヤーヤ・スートラ』の第五篇第二章に、「敗北の立場」と呼ばれる規則が列挙されています。先ほどいいましたように、ウパニシャッドの時代には「黙ったら負け」という一つの規則しかなかったわけですが、数世紀後のこの時代になりますと、次のような「敗北の立場」が列挙されます。

(1)対論相手の主張内容を再現できない者。
(2)対論相手の主張内容を理解できない者。
(3)対論相手の批判に対する答えを即座に見出し得ない者。
(4)勝手な口実を設けて討論を中断する者（たとえば、今日は忙しいのでもう討論は止めておこうなどというのは負けです）。
(5)対論相手の批判を認めてしまう者。
(6)論争に勝っているのに、敗北した相手を見逃す者。
(7)論争の決着がつかないのに、勝手に対論相手の敗北を宣告する者。
(8)対論相手の批判に応じて、どんどん自説から離れていく者。

次は少しテクニカルになるのですが、インドの論理学者たちは、最終的に、提案―理由―喩例―適用―結論という形で論証を形式化します。これについて、以前はよくアリストテレスの三段論法と比較して理解しようとされました。おそらく最初に西洋の学者たちがこの論証形式に出会ったとき、アリストテレスの三段論法とどうつながるのだろうかと彼らは考えたと思います。しかし、インドの古典的な論証形式を三段論法で説明しようという試みは、結局成功しなかったと思います。比較的この形式に近いのは、『議論の技法』（戸田山和久・福澤一吉和訳、東京図書、二〇一一）というニューレトリックの古典的な教科書を書かれたトゥールミン（Stephen Edelston Toulmin）教授の

「主張」「データ」（根拠）「理由」「裏づけ」「限定句」「留保」という五つの要素からなる議論のモデルであろうと思います。もちろん正確に対応するというわけではありません。

トゥールミン教授は、いわゆる十九世紀末から二十世紀に発達した現代論理学――彼は「数学的論理学」という呼び方をしておりますが――もしくは演繹論証といってもいいのですが、アリストテレスの時代から始まった公理主義的な論証は、人間の思考のある一つのパタンしか代表していないと主張します。彼が一番関心を持っていたのは、裁判における議論のやりとりです。裁判では、ある人が有罪であるか否かをめぐって弁護士と検事とが論争し、自分の主張を立証します。そのとき彼らが行っている論証は、けっして演繹的・数学的な論理学を適用しているわけではないと考えて、彼は独自の議論のモデルを提案します。これは一九七〇年代以降、ヨーロッパやアメリカで、ニューレトリックとして定着します。アメリカの大学では、かつては一年生に記号論理学を教えていたのですが、たぶん今頃はニューレトリック、あるいはクリティカル・シンキングを教えていると思います。私たちが西洋の論理学の歴史を振り返るとき、演繹論理だけを論理学と考えるのは間違いであるというのがトゥールミンの基本的な主張です。これはインドにおける論理や論証を考える場合にも、通底するところがあると思います。

さて、先に述べたように、インドの論証式は「提案」などの五つの命題によって構成されますが、それに関して、残りの「敗北の立場」があります。たとえば、

(9) 批判されたとき、自分の提案を放棄する者。「言葉は無常である」と主張しておきながら、誰かに批判されたら、「じゃあ言葉は無常ではありません」というのが提案放棄です。

(10) 批判されたとき、別の提案を導入して、最初の提案を立証しようとする者。

(11) 自分の提案と相容れない理由を述べる者。

⑫批判されたとき、自分の提案を否定する者。
⒀批判されたとき、別の理由を導入して、自分の提案を立証しようとする者。

⒁提案と理由のあとに、喩例を述べず、まったく無関係な議論をする者。

⒂提案のあとに、まったく無意味な音の連鎖だけを述べる者。何かわけのわからないことをムニャムニャムニャムニャと言ってしまうことです。

⒃論争中に意味不明の言明を故意に提示する者。

⒄論争中に前後の脈略のない語や文の寄せ集めを故意に提示する者。

⒅主張や反主張を構成する五つの命題の順序を入れ替える者。

⒆五つの命題のいずれか一つでも提示しない者。

⒇理由や喩例を余分に提示する者。
(21)結論を別にして、同じ言葉や意味を繰り返し述べる者。結論というのは提案の繰り返しという側面がありますから、それを別として、それ以外の命題に関して同じ言葉や意味を繰り返し述べるということです。
(22)「擬似的理由」と呼ばれる五種の間違った理由を提示する者。

このように、インドの討論の発展の初期には、非常にプラクティカルな規則が提示されます。一方、ここにも登場しますように、五つの命題によって論証式を形成するということが行われるようになります。次に、二つの論証式を挙げます。「言葉は無常である」という提案を論証するために、ニヤーヤ学派が提示するものです。言葉が無常であるか否かということが、インド論理学においてどういう意味があるのかと申しますと、インド哲学の正統派の一部にとって、「言葉」というのは何よりもヴェーダの言葉です。ヴェーダの解釈学を発達させたミーマーンサー学派や、文法学派の人たちは、言葉というのは人類が生まれる前からあるものだと考えます。私たちは発声器官を使って言葉を発声しますが、それはすでに存在している言葉を音声という認識可能な形で現し出しているだけであって、私たちが言葉をつくっているのではないということです。個々の言葉というのは私たちがいちいち新しくつくっているわけではなくて、たとえば「壺」という言葉は太古から存在していて、「ツボ」という音を発声したときに現し出されるだけだ、と考えました。その片方で、ニヤーヤ学派、ヴァイシェーシカ学派、あるいは仏教徒もそうですが、言葉というのは、本質的に音声であり、人間がつくり出したものであるから、常住とはいえない、無常であるという議論も展開されます。これはインド哲学における最初の重要な論争の一つと考えていいかもしれません。

時代は少し下りますが、五世紀のニヤーヤ学派の論理学者、パクシラスヴァーミンは次のような一対の論証式を提示します。

〈論証式1〉

［提案］言葉は無常なものである。
［理由］発生するものであるから。
［喩例］発生するものである皿などの実体は無常である。
［適用］言葉も同様に発生するものである。
［結論］したがって、発生するものであるから言葉は無常である。

〈論証式2〉

［提案］言葉は無常である。

［理由］発生するものであるから。

［喩例］発生しないものであるアートマンなどの実体は常住であると経験的に認められる。

［適用］言葉はそれと違って発生しないものではない。

［結論］したがって、発生するものであるから、言葉は無常である。


これが一対の「言葉は無常である」という論証ですが、一読しておわかりいただけるように、要するにわれわれの二種類の経験もしくは見解を整理しているわけです。発生するもの――つくられたものと言い換えてもいいですが――、それを調べると、たとえば、皿とか壺は誰かがつくっている。そして落としたら壊れてしまう。だから無常である、というわけです。ところが発生しないもの、たとえばアートマン（自己／たましい）は、常住であるとみなされます。また虚空――虚空というのは空間、あるいは空間を占拠している微細な物質ですが――、これも発生しないものであり、常住であるとみなされます。アートマンにせよ虚空にせよ、経験上というよりも、定義上、発生したものとは考えられないから、常住であるとみなされるのでしょう。ここには、二種類の実例群が指摘されています。AならばBであるということを支持するポジティブな実例群と、AでないならばBでないということを支持するネガティブな実例群です。このような二種類の実例群に基づいて、ニヤーヤ学派は一種の帰納的な、そして類推的な推理・論証を行っていると理解することができます。発生するものは無常であり、発声しないものは常住であるという経験もしくは見解から、言葉が発生するものであるとすれば、無常であるはずだ、という類推的な推論が行われています。

ここにはもちろん、大きな問題があります。つまり帰納法一般がかかえている問題です。ヒュームが指摘したように、私たちがどれだけの経験を積み重ねれば帰納的な論証ができるのか、百パーセント確実な論証はできないのではないかという問題です。どれだけの発生するものをチェックすれば、発生するものはすべて無常であるといえるのか。どれだけの発生しないものをチェックすれば、発生しないものは無常ではない、常住であるといえるのか、という帰納法の問題を、当然、ニヤーヤ学派の論証式はかかえているはずです。このことがはっきりと意識されるようになるのは、やはり時間がかかりました。ただし、先の整備された論証式が提示された時代とはそれほど変わらない五〜六世紀に、ディグナーガ（陳那）という仏教論理学者が登場します。彼は明らかにこの帰納法の問題を意識しています。そして、どんなに私たちが経験を積み重ねても、普遍的な全称命題を形成することはできないということをよく理解していました。では、彼はどのような立場をとったかといいますと、少なくとも反証が見出されない限りにおいて、論証は成立するという立場をとったと考えられます。

次の論証式は、ディグナーガだったら先のパクシラスヴァーミンの論証式をこう書き換えるだろう、という気持ちで私がつくったものです。

〈論証式3〉

［提案］言葉は無常である。

［理由］発生するものであるから。

［喩例］およそ発生するものは無常である。たとえば、皿などの実体のように。

およそ常住なものは発生しない。たとえば、アートマンなどの実体のように。

ここには「およそ発生するものは無常である」という全称肯定命題が提示されています。ディグナーガはこの全称肯定命題を、一種の「仮定的言明」（hypothetical statement）と考えていたと思われます。もちろん、そのような表現が古典期インドにあるわけではないですから、私の考えの押しつけなのですが、少なくとも彼は、「反例が見出されない限りにおいて、およそ発生するものは無常である」という立場をとっていたであろうことが、彼の他の記述から容易に想像されます。

ディグナーガは、「およそ発生するものは無常である」という全称肯定命題によって、インドの論理学のテクニカルタームで言いますと「遍充関係」をはじめて論証式に持ち込んだ人です。おそらく彼は単なる帰納法的な類推による推理では、十分な説得力はないということを意識していたと思われます。帰納法には、すでに述べたように、どれだけの実例を集めれば、確実な論証ができるのかという問題がありますが、それをディグナーガははっきりと意識しています。それにもかかわらず、「およそ発生するものは無常である」という全称肯定命題を立てるのはなぜかというと、全称肯定命題を立てるからこそ説得力のある論理が展開できると考えたからでしょう。「およそ発生するものは無常である」という命題が正しければ、「言葉は発生するものである。だから言葉は無常である」という論証、一種演繹的な論証が達成できるわけです。仏教徒だけではなく、ディグナーガ以降のインドの論理学者たちはみな、この「遍充関係」という理論を採るようになります。ニヤーヤ学派にせよ、ヴァイシェーシカ学派にせよ、ミーマーンサー学派にせよ、遍充関係を用いなければ確実な論証はできないという立場をとるようになります。それくらいディグナーガの影響力は強かったわけです。しかし、遍充関係がじつは仮言的なものであるというところは、残念ながら必ずしも継承されていません。ディグナーガ以降の最大の仏教論理学者であるダルマキールティ（七世紀）は、遍充関係の背後に「本質的結合関係」という概念を導入して、ディグナーガ論理学の仮言性をなくそうとして努力しています。

ディグナーガの論理学のシステムは彼以前のインド論理学と区別して、「新因明」と呼ばれたりしますが、その全体をよく調べてみますと、彼は仏教徒だけのために論理学を構築したとは思えません。彼は他学派の論証方法を徹底的に批判しますが、その背景には、自分が構築した論理学のシステムは、どの学派でも利用できる、学派的な形而上学からは自由な論証方法を提示できるのだという意識が強かったのではないかと思います。だからこそ、彼の遍充関係の概念が学派の壁を越えて、広く受け容れられたといえると思います。しかし、ダルマキールティは、一生懸命に仏教のさまざまな教義を論証しようと試みます。ですから、ディグナーガがとった立場は、インドの論理学の発展の歴史から考えますと、ちょっとあだ花的なところがあります。それがフォローアップされたわけではありませんが、少なくとも彼には、学派の教義的立場からはニュートラルな、どの学派でも適用可能な論証方法、論理学を構築しようという意図があったと思います。

最後に、インドの学者たち、あるいは各学派は、具体的な教義論争をたくさんしています。そのとき、ここに挙げたような論証形式、いわゆる「五支論証」を使っていたかというと、じつはちょっと怪しいところがあります。彼らが教義的な議論をするときに、何を使ったかというと、相手の主張をいったん認めたうえで、そうすれば誤謬に陥ると指摘することによって、間接的に相手の立場を否定する帰謬法です。たとえば仏教ですと、龍樹が帰謬法の代表的な論者でありますが、龍樹以降は、仏教徒に限らず、すべての学派の人たちが、実際に論争するときには、帰謬法という最強の武器を用いて議論を行ったと思われます。

以上、簡単にインドにおける討論の伝統と論証形式の変化について報告いたしました。

チベットの学問仏教

ツルティム・ケサン

一　学問の伝授

チベット仏教では、論理学、般若、中観、律、倶舎という五つの分野について勉強をしますが、それらを学ぶ際には暗記が非常に重視されます。なぜなら、暗記によって学問として残るからです。チベット仏教では、本を書くことよりも弟子を育てることが重要だと考えます。お釈迦様からずっと学者たちが伝えてきてくれたことを、弟子にそのまま伝えていくということが、非常に重要なのです。はじめにその具体的な例を一つ紹介しましょう。

十三世紀のインドで、イスラム教徒によってヴィクラマシーラ大寺院が破壊され、仏教が滅ぼされました。ヴィクラマシーラ大寺院の最後の僧院長は、カチェパンチェン・シャーキャシュリーバドラ（一一二七〜一二二五）という人でした。当時七十八歳であった彼は、自分が仏教を残さなければならないという責任を強く感じ、本を書き残すことによってではなく、一二〇四年に自らチベットに亡命することで仏教を伝えました。チベットではダルマキールティが著した『プラマーナ・ヴィニシュチャヤ』（『量決択』）が主に学ばれていましたが、シャーキャシュリーバドラは、同じくダルマキールティが著した『プラマーナ・ヴァールティカ』（『量評釈』）という論理学を中心にして指導し、一二一三年までチベットに滞在し、その後、故郷であるカシュミールに移って、そこで九十九歳で亡くなったとされます。

お釈迦様から伝えられたことをそのまま残すことは、非常に重要です。シャーキャシュリーバドラは翻訳もいくつか手がけていますが、実際には弟子を育てることで仏教を残したわけです。チベットには、インドの最後の仏教の教えがそのまま伝えられています。一九五九年にはチベットで動乱が起きて、多くの人が国外に亡命しました。私はそのとき、十七歳でしたが、インドに逃れ、同じくインドに来られた偉い先生たちに教えを受けました。偉い先生は仏教の一番の財産です。本を書いたり研究をしたりすることは仏教の一つの仮の姿であって、本当は弟子を育てる、人を育てることが大切です。学問というのは本だけではなくて、教えていただいている先生の表情とか身振りや手振り、いろいろなことからわかってくるのです。本を書くということは、ある意味では、重要ではありません。

チベットでは問答によって仏教を学んでいきますが、それらは皆、先生が教えたことを、そのまま学生が暗記して行います。しかし、ただ暗記するだけではなく、意味を理解し、そして先生を信仰することが大切です。仏教をそのまま伝授するためには、自分がわかっていなければならない。さらに、単に意味を理解するだけではなく、やはり正統の教えとして残すことが大切です。チベット仏教では一時間も二時間もかけて、お釈迦様から始まって、ダルマキールティなどの学者に対して皆祈願をして、そしてそれから仏教を教えていきます。ですから仏教というのは、やはり伝統を残すということが一番重要になってくると思われます。

カチェパンチェン・シャーキャシュリーバドラは、チベットに亡命する際、自分の弟子も連れてきました。チベットで教えたサキャ・パンディタ（一一八二～一二五一）という弟子は後にモンゴルに行って仏教を伝え、その甥パクパ（一二三五～八〇）も有名な仏教学者になりました。研究だけをするのではなく、本当は弟子を育てることが重要なのです。親鸞も、法然によって騙されて地獄に堕ちたとしても構わないとおっしゃっています。このような、変わることのない強い信仰がなければ、仏教が伝わることはあり得ないのです。最初にまず、仏教における学問は、弟子を育てることで後世に残すことが重要であるということを述べておきたいと思います。

二　仏教哲学の書物をはじめて学ぶための手順

現在、チベットの仏教には、ニンマ、カギュ、サキャ、ゲルクという四つの大きな宗派があります。今回はこのうち、最大宗派であるゲルク派を取り上げ、この宗派における仏教哲学（mtshan nyid）の学び方について述べようと思います。

ゲルク派には、三つの大本山（gdan sa chen po）、すなわちセラ寺（se ra）、デプン寺（'bras spungs）、ガンデン寺（dga' ldan）がチベットのラサにあります。デプン寺には、僧侶が九千人くらいいました。セラ寺には八千人くらい、ガンデン寺には五千人くらいいました。今もまだチベットにそれらの寺がありますけれど、チベットでは自由に活動ができないから、亡命した人たちがインド政府に依頼して土地をもらい、インドにそれぞれの寺院をつくっています。インドのマイソールにあるセラ寺だけで五千人くらいの僧侶がいます。ものすごく多いですね。インドで全部合わせるとおよそ一万人になります。どうして数多くの僧侶が集まってくるのかというと、モンゴルやヒマラヤ地方、ラダックなどにもチベット仏教の信者が多くいますから、その人たちが、やはり本山で学ぼうと志して集まるからです。西欧人も来ています。こうして今では、セラ寺だけでも五千人くらい、デプン寺でも一万三千〜一万五千人の僧侶がいます。亡命した人も、自分たちが一生懸命仏教を学んで残そうとしています。

これら三つの大本山は仏教哲学、言い換えれば密教の基盤となる顕教を学ぶための学問寺です。ここでは、とくにデプン寺の仏教哲学の学習次第、すなわち入門してから博士に至るまでの過程について話します。

チベットの場合、留学してくるのであれば十五、六歳くらいで本山に入って学びますが、はじめて入る人はたいてい七歳くらいです。本山で学ぶためには、最初に暗誦試験に合格しなければなりません。それは、掌堂師（dge bskos）と経頭（dbu mdzad）から出される常用経典、そして『現観荘厳論』『入中論』の暗誦試験です。いろいろな経典がありますが、常用経典というのは、僧であれば共通して暗記しておかなければならない常用の経典で、たとえば三百頁くらいあるものがあります。それらを暗唱して、試験を受け、パスしてはじめて学問を学べるようになります。

その暗誦試験に合格した者は、本山に入ってまず、仏教哲学の論理の基礎を学ぶために「論理の基礎学」のクラス、ドゥラ（bsdus grwa'i 'dzin grwa）から勉強を始めます。このクラスは初級、中級、上級の三つに分けられています。もちろん、彼らは初級から始めなければなりません。ドゥラというのは学問の準備です。問答や論争にはやり方、ルールがあります。ルールがなければ論争ができないから、まずやり方から教えます。先生の教えを受ける前と後には、それぞれ三回礼拝します。質問を出す人は、「何々ですか」と聞き、答える人は、「ＯＫ」または「おかしい」と答えます。そこに普通の言葉は一つも入らない。普通のことをいった場合、僧院の学問は世間の話ではないと、先輩に怒られます。こうしてルールを口頭で一年間くらいかけて教わります。

ルールがわかったら次に進み、誰でも知っている色・形から教えます。最初は色・形で問答の形を学びますが、この形は後の中観や唯識を学ぶときも変わりません。そこに自分の言葉は一つも入ってこない。余分な言葉を話すことは禁じられています。ですから、二十五、六歳になってからでは、そういうやり方を修得するのは難しいといえます。

一般的には仏教哲学を学ぶ場合、教科書を用いて勉強していくことになりますが、教科書に入る前に先生は暗誦によってその教科書を用いる理由やそれの要旨を教えます。初学の者に対しては、少なくとも一年間ぐらいは口頭で指導します。

「論理の基礎学」を十分学んだ後、「証因の種類」のクラス（rtags rigs 'dzin grwa）、「心の種類」のクラス（blo rigs 'dzin grwa）で、それぞれ一年間学ぶことになります。「証因」というのは、「あの山に火あり。煙あるが故に。竈の如し」というような論理学です。「心の種類」のクラスは認識学です。現量（直接知覚）とか推量とかを学びます。それらの定義、ディグナーガがどのようにいっているか、ダルマキールティがどういっているか、そういうことを学びます。これは日本語では因明学になります。因明学の中心は論理学と認識学です。ですから、それを徹底的に教えます。若いとよく憶えますし、年をとると頭が固くなってなかなか習うことができない。しかし、それらを学んでいないと、『倶舎論』についても普通の話になってしまいます。

これら三つのクラスで扱われる書物は論理学（tshad ma）に関するもので、具体的には、サンプ・ネゥトク寺のチャパ・チューキセンゲがインドの大学者ダルマキールティの七冊の論理学の著作をわかりやすくまとめた書物です。サンプ・ネゥトク寺というのはラサの近くにあるお寺です。そこで、チャパ・チューキセンゲという仏教の教育の改革者が、論理のやり方、規則をつくりました。また、この書物に基づいてジャムヤンラマ・チョクハウーセルが著した『ラトゥ寺の論理の基礎学』も用いられます。

これら「論理の基礎学」「証因の種類」「心の種類」は仏教哲学の予備的段階といえます。それらをしっかりと理解したうえで、「七十の意味」のクラス（don bdun cu'i 'dzin grwa）に昇格します。このクラスでは『現観荘厳論』において説かれている七十の意味について学びます。

ところで、年間に八回の大法会（chos thog chen mo）があります。法会というのは日本でいう学期にあたるもので、期間は一か月あるいは十五日くらいとさまざまです。秋の大法会の初日に教科書を教える先生たちは、本殿で勤行や問答が行われる法会、すなわち衆僧法会（tshogs）における作法や読経の唱え方、さらに問答のやりとりなどを指導します。法会で行われる論争には、やはりルールがあります。先輩に対する尊敬の念の表し方などの作法なども指導します。

三　クラスの種類

これまで話したことと、これから話す試験や問答について理解しやすいように、クラスの種類について紹介しましょう。

1 「色の白赤」のクラス（kha dog dkar dmar 'dzin grwa）
2 「色の上級」のクラス（kha dog gong gi 'dzin grwa）
3 「論理の基礎学中級」のクラス（bsdus 'bring 'dzin grwa）
4 「論理の基礎学上級」のクラス（bsdus chen 'dzin grwa）

（1〜4）「論理の基礎学初級」のクラス（'dzin grwa bsdus chung）に相当

5 「証因の種類」のクラス（rtags rigs 'dzin grwa）
6 「心の種類」のクラス（blo rigs 'dzin grwa）
7 「七十の意味」のクラス（don bdun cu'i 'dzin grwa）
8 「書物下級」のクラス（gzhung 'og gi 'dzin grwa）
9 「書物上級」のクラス（gzhung gong gi 'dzin grwa）
10 （『現観荘厳論』）「第一章」のクラス（skabs dang po'i 'dzin grwa）
11 「般若」のクラス（phar phyin 'dzin grwa）
――『現観荘厳論』に拠って般若を学習

12 「中観初級」のクラス（dbu ma gsar pa'i 'dzin grwa）
13 「中観上級」のクラス（dbu ma rnying pa'i 'dzin grwa）
――『入中論』『中論』に拠って中観を学習

14 『倶舎論』のクラス（mdzod kyi 'dzin grwa）
15 「大教法下級」のクラス（bka' rams 'og gi 'dzin grwa）
16 「大教法初級」のクラス（bka' rams gsar pa'i 'dzin grwa）
――「大教法第一」（bka' rams dang po）のクラスに相当

以下「大教法第二」のクラス（bka' rams gnyis pa）から「大教法第十八」（bka' rams bco brgyad）もしくは「大教法第十九」までがある。

これらのクラスで五つの領域を学びます。般若、中観、律、倶舎論、そして論理学です。『現観荘厳論』のクラスと「般若」のクラスで勉強するときは、たとえば『中辺分別論』や『大乗荘厳経論』など、唯識に関係するものをすべて勉強します。中観を学ぶクラスでは『入中論』が中心ですが、それだけではなく、中観に関係する書物も学びます。そのあと、『倶舎論』なども学ぶわけです。律は『ヴィナヤ・スートラ』（律経）ですが、これはチベットにしか残っていない註釈が中心になります。それらすべてのことを通して論理学を学びます。

なぜこれらの五つを学ぶのかというと、仏教には大乗と小乗があります。大乗の見方や考え方については、中観を勉強することで知ることができます。大乗の行いを学ぶためには、『般若経』とその註釈、唯識を勉強することで理解できます。つまり、大乗の見方と行いの両方を学ぶことで、大乗がわかるのです。大乗だけではなく、小乗もわからなければなりませんから、小乗の見方として『倶舎論』を学び、小乗の行いとして「律部」を学びます。小乗を学ぶには『倶舎論』だけでは十分ではありません。小乗の行いにはいろいろな規則があります。食事をどのようにとるか、衣をどのように着るか、そのような細かい規則がありますから律を学びます。その二つを学んだら小乗が全部わかる。これらはすべて論理的に学ばなければならない。そのための基礎として、ダルマキールティの『プラマーナ・ヴァールティカ』を学ぶのです。このように五つの領域を学ぶと、顕教の仏教が全部わかります。

そのうえで、密教の修行がありますけれど、どうして密教が深いというのかといえば、顕教の基礎があるからです。密教はセックスが修行に入るのですが、これはすべて象徴として解釈されます。男は方便、女は般若（智慧）であり、方便と般若により仏が生まれるというようにです。普通はセックスは欲であり煩悩に入りますが、ここでは欲によって空を悟るというのが特徴です。他にマンダラの作り方なども学びますが、基本的に、思想的には顕教以外何もないのです。ですから密教を学ぶときは哲学ということをほとんどいいません。なぜなら中観ですでに学んでいるからです。このように五つを勉強することで、仏教全体を学ぶわけです。

四　試験の実施と問答のやり方

では次に、とくに「書物下級」のクラスから「般若」のクラスの試験について詳しく述べたいと思います。試験の実施には暗誦試験と問答試験の二種類があります。

暗誦試験の問題はインドの難しい五冊の書物（『プラマーナ・ヴァールティカ』〈『量評釈』〉、『現観荘厳論』、『入中論』、『倶舎論』、『律経』）、そしてそれに対するインドとチベットの註釈書、ゲルク派の始祖であるツォンカパとその弟子たちの著作、さらにはそれぞれの学堂で独自に扱われるテキスト（grwa tshang yig cha）のなかから出題されます。しかも、その出題される問題は、受験者にとってふさわしいものが選ばれます。彼らは僧院長（mkhan po）、掌堂師、クラス委員（skyor dpon）などから試験を受けます。それぞれの受験者はそうした書物を十分に暗記し、暗誦することができなければなりません。そうしたことをこの暗誦試験では試されるからです。たとえば、私が僧院長だとすると、受験者に対して、千頁全部を読むのは大変ですから、まず私が最初の十頁から一節を読んで、あとを続けていってくださいといいます。また別の箇所についても同じように暗誦試験をします。相手はどこから出題されるかわかりません。出題者が書物の一部を読んで、受験者が続きを暗誦するという方法で試験をします。

また、ときには衆前試験というものがあります。これは上記した五冊の書物の根本頌に関するもので、デプン寺のすべての僧侶、約七千人の僧侶が集まる面前で実施されます。その試験の前には、多くの暗記をしなければなりません。本当は暗記そのものが重要なのではなく、意味を理解することが重要なのですが、書物の内容を暗記していなければどうしようもありません。日本では偉い学者でも、自分が書いた論文の内容を忘れていることがある。

でも、書いて終わりではないのです。そうではなく、やはり弟子の心の中に伝えることが大切です。そのために暗記の試験をします。ちなみに私も、中観、唯識、『倶舎論』、律であれば、今でも学生に対して、これは『倶舎論』の第何章のどこにあるから見なさい、『中論』にこうあるから見なさい、といくらでもいえます。暗記していなければ、まず指導できない。暗記は非常に重要です。日本人は、暗記することはあまり意味がないといいますが、暗記していなければ、『倶舎論』などを教えるときに、言葉通りの指導はできません。全部が頭に入ったうえで教えなければ、ただの字引を引いたような指導になってしまいます。全部を頭に入れて理解してこそ、ここはこういう意味であるという指導ができるのです。

問答試験は、次のようなやり方で行われます（図1・2をあわせてご覧ください）。問答する会場には、「大教法」(bka' rams）をすでに修了した博士たち（後述）が並んで座しています。それから、大教法のクラスで学んでいるすべての学僧が左右に並んで着座します。タムチャ竪義者はその中央で法衣を半分はずして恭敬の姿勢をとっています。タムチャ竪義（dam bca'）とは、学僧が自分のクラスで学んだことについて、十分習得しているのだ、ということを自信をもって証明するために主張を立てることです。したがって、タムチャ竪義者とは、タムチャという主張を持っていて、それに対する質問に答える者、といえます。質問者は、その主張の真偽を確かめるためにタムチャ竪義者に質問を出します。その質問者のクラスの者たちはタムチャ竪義者の右側に、そして彼（タムチャ竪義者）のクラスの仲間たちは左側にそれぞれ控えます。この問答試験では暗記した書物の内容に基づいて自由に論議が交わされます。二日間ごとにクラス対抗で論争します。つまり、「般若」のクラスと『現観荘厳論』の「第一章」のクラスが問答をし、それから「第一章」のクラスと「書物上級」のクラスが問答をし、その次に「書物上級」のクラスと「書物下級」のクラスが問答を行います。

図1　タムチャ竪義の光景

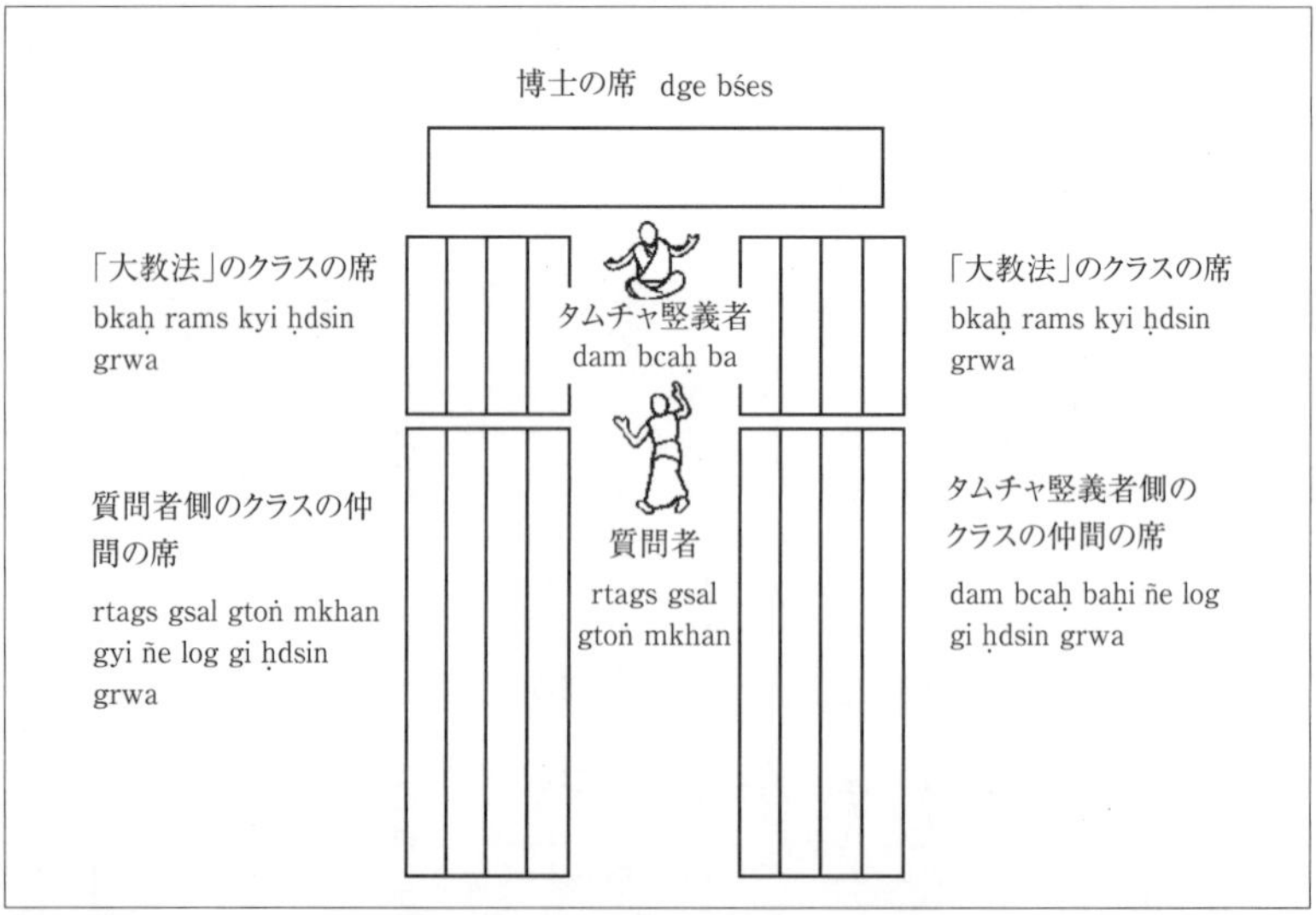

図2　タムチャ竪義会場の配置図

般若についてのクラス、すなわち入門の「七十の意味」のクラスから本格的な「般若」のクラスまでの学習期間には四年という歳月を必要とします。その最後に「般若」のクラスのタムチャ竪義が行われます。それは、冬の大法会における四日間、衆僧法会の場で実施されます。

一日三回の論争法会（chos grwa）がありますが、そこで、般若のクラスのタムチャ竪義者は、「心の種類」から「大教法上級」のクラスの質問者に対して返答しなければなりません。ここで質問される内容について、答える人は知らされていません。ですから、全部憶えていなければ答えられません。このような問答は経証（lung）と論証（rigs）に基づいてなされます。経証というのは、「ダルマキールティがこういっている」「お釈迦様がこういっている」という場合で、論証というのは、「これは論理的にはこうだ」と、言葉で証明するものです。

タムチャ竪義が終了すると、僧院長が次の段階である中観の試験範囲をそらんじて唱え、さらにそれについての学び方を詳細にアドバイスします。この法会が終わるとともに、「般若」のクラスの者たちは、「中観初級」に進むことになります。ですから、僧院長もたくさん暗記していなければなりません。

「中観初級」のクラスでは、中観をめぐって深いところまで問答をします。翌年秋の法会において、優秀な上位二人の学僧が、すべてのクラスの質問者による質問に対して徹夜（mtshan phud）でタムチャ竪義をしなければなりません。この法会の場合、通常行われる一日三回の法会に加えて、夕方六時頃から明くる日の朝六時頃まで、つまり夜を徹して問答を行うこともたびたびあります。

たとえばデプン寺の僧侶が集まって、『入中論』に対して徹夜のタムチャ竪義をやるべきだ、といったら、寺の内の学堂、学級ごとに僧侶は、『入中論』に対して質問をつくります。そして夜六時から朝六時までやります。答えるのは二人ですが、中心となるのは一人です。もう一人は助手です。トイレに行くために席をはずすときは助手が答えますが、実際には中心となる人が徹夜でやります。

そのとき同時に、この問答とは別に、「中観初級」のクラスの学僧たちと「中観上級」のクラスの学僧たちが、おたがいにクラス対抗という仕方で論争をやり合います。このように、学期にあたる法会のときは下の人と上の人が論争をして、法会が休みのあいだ（chos mtshams skabs）、つまり学校が休みのときには暗記をしたり、あるいは先生のもとで教科書の勉強したりします。

次に「中観上級」のクラスに進級します。秋の大法会が訪れると、そのクラスの上位二人が中観論者間の反論説（dbu ma thal zlog）に関してタムチャ竪義を実施することになります。また夏の大法会の際には、中観の見解、そして『倶舎論』、律、そのほかにも二十の僧伽、発菩提心、『現観荘厳論』の第四章などについてタムチャ竪義を行うことになります。この夏の大法会の場合、デプン寺にある二つの学堂、すなわちゴマン学堂とロセーリン学堂がそれぞれ二人ずつ代表者を立て、相手の学堂に送り、そして彼らがたがいに、タムチャ竪義を行って論争し合うのです。また、これらの代表者たちは、デプン寺のデプンリクタ（'bras spungs rigs grwa）という法会の際、ツォクラン（tshogs langs 衆僧大法会）という問答形式によって論争しなければなりません。ツォクランというのは、僧たちが列をなして集う大本殿（tshogs chen 'du khang）の場で、中央に当該の代表者二人が立ち上がって行われる論争のことです。一時間くらいの問答で、一人が三十分質問し、一人が答えます。そのための正式の衣装もあります。

さらに『倶舎論』のクラスへと進みます。このクラスでは一年間、『倶舎論』およびその註疏に拠って、問答をしながら、『倶舎論』全体についてよく勉強します。その後「大教法下級」のクラスに昇進します。ここでも一年間、主に律を、そしてダルマキールティの著作である『プラマーナ・ヴァールティカ』（『量評釈』）の第二章から第四章までを問答して研鑽するのです。

それから、「大教法初級」のクラスに上がります。このクラスでの一年間は、簡潔に申しますと、今まで学んできた般若と中観、その両方の全体を再び詳しく問答する期間ということになります。この年に行われる法会期間(chos thog)すべての法会に参加しなければならず、欠席することは許されません。ここでの問答の形式は、「大教法初級」のクラスの学僧たちが、彼らがかつて学んだ「書物下級」から「中観上級」のクラスの者たちと対決します。このようにすることによって、ほとんどの学僧は「論理の基礎学初級」からこれまで勉強してきたすべての書物をより徹底して理解できるようになるのです。

さらに進んで「大教法第二」に移ります。この「大教法第二」から「大教法第六」までは以前に学び終わったクラスの問答を、よりいっそう深めるために、実践します。そうして「大教法第七」に昇格することになります。このクラスに在籍する者は、『倶舎論』と律に関して暗記し、それらを究め尽くすよう精進します。やがてデプン寺の衆僧大法会を迎えると、そこで『倶舎論』と律のタムチャ竪義を実施するのです。

ところで、「大教法第二」から「大教法第六」までのクラスについてですが、これらのクラスの学僧たちは、——「大教法第二」以前の下のクラスのときからもそうだったのですが——ジャン(jang)という寺の冬の法会において約一か月半のあいだ、『プラマーナ・ヴァールティカ』を主として論理学だけを集中的に猛勉強し、問答に励みます。ジャンの法会というのは、日本でいえば研究発表です。たとえば、東京大学の研究者とか京都大学の研究者とかが、学会で研究発表をするようなものです。チベットでは本を書かないから、ジャンに臨むことで論争ができることがわかる。そこで学者であることがわかるわけです。そうでなければ、セラ寺の学僧はセラ寺以外の人にはわかりません。ジャンで皆集まって、そこで学僧の実力がわかるわけです。ここにおいても、徹夜で問答しなくてはなりません。この法会には、デプン寺のほか、ガンデン寺やセラ寺などの学僧たちもやって来て、ともに研鑽に励みます。

五　博士試験の実施と博士の称号

先述しましたインドの難しい五冊の書物を完全に習得した者は、博士の称号を与えられ得るのです。そのために設けられた試験を順に合格していかなければなりません。まず、各学堂での試験、続いてチベット政府から出される国家試験を首尾よく通って、それから後述しますラサの大祈願祭においてタムチャ竪義を立てることになります。

各学堂の試験は、春の大法会の際に行われます。タムチャ竪義者たちは、かの五冊の書物から五問ずつ出題された問題に対しておたがいが問者（snga rgol）・答者（phyi rgol）となって論争を交わすのです。ここでの問答もまた経証（lung）と論証（rigs）によってなされます。この法会の会場には、問答の指揮を執る僧院長などが参加していますが、僧院長が質問についての指示をします。たとえば、『現観荘厳論』や『倶舎論』の言葉を一つ取り上げて、それについて質問しなさいと指示し、問答が交わされるわけです。そして、僧院長たちが成績の順番を決定します。法会の終わりに衆僧法会が営まれ、そこで試験結果を公表して、優秀者それぞれの名前を読み上げ博士の称号を与えます。このとき、彼らはジェータル（mjal dar）という祝いのスカーフを受け取ります。

この博士の称号をハラムパ（hla rams pa）博士といいます。以下成績順にツォクラムパ（tshogs rams pa）博士、リンセ（gling bsre）博士、ドラムパ（rdo rams pa）博士という称号が与えられます。

さて、ハラムパ博士は秋の法会から一年間、けっして休むことなく法座（chos mthun）に参加しなければなりません。法座というのは大学でいえば講座や講義に相当するものです。そして、翌年の五月（チベット暦）にチベット政府主催の国家試験を、ノルブリンカ宮殿（ダライ・ラマの夏の離宮）、あるいはポタラ宮殿（ダライ・ラマの宮殿）で受ける必要があります。この国家試験においては、インドの難しい五冊の書物から三問ずつ問題が出され、その合計十五問に対してタムチャ竪義を行いますが、じつにさまざまな書物についても論争します。

六　ラサの大祈願祭で行われる博士のタムチャ竪義

ラサの大祈願祭（lha sa'i smon lam chen mo）とは、釈尊が、かつて外道との神通力による戦いに勝利したことを記念して、ツォンカパが一四〇九年に創始した大祭のことです。チベット暦の一月四日から二十四日までラサの大招寺で営まれます。このときのタムチャ竪義は以下のように執り行われます。タムチャ竪義者の右側に二人の僧院長が着座します。この二人は、政府が任命する審査官（gzhung las pa）の役も兼ねています。その後ろにタムチャ竪義者の仲間たちがいます。彼らの周りを非常に多くの僧侶や信者が取り囲みます。

ここでのタムチャ竪義は朝昼夕方の三部に分けて行われます。すなわち、朝には三つの本山のまだ博士の称号を持っていない学者たちが『プラマーナ・ヴァールティカ』についての、また昼には中観と般若についての質問をします、そして夕方になると、今度はすでに博士の称号を獲得している学者が『倶舎論』と律に関する問いを出します。この夕方の部のタムチャ竪義は六時から十一時頃まで続きますが、かつて僧院長だった有名な人たちも質問をしますから、夜は非常に難しくなります。徹底的に行いますから、非常にゆっくりと時間をかけます。そこでどの程度できるかわかります。少しくらい暗記ができていなくてもそれは問題にしません。内容をどれだけ理解しているかが大切です。全部憶えていても、内容について答えられなければ意味がありません。

質問者側、つまりこれらの学者たちは、五冊の書物を中心にして、さまざまな書物のなかから随意に選んで、問題を投げ掛けます。それに対してタムチャ竪義者は、間髪を入れずに、書物の意味内容と矛盾しない解答をする必要があります。このようなラサの大祈願祭での問答のやりとりが終わると、二人の僧院長が今回のタムチャ竪義の結果をダライ・ラマの論議指導役たち（rgyal ba'i mtshan zhabs pa）に伝えて、ダライ・ラマに報告するのです。

こうして、ハラムパ博士たちのなかから上位第一位から第七位までを決定します。けれども、その他のハラムパ博士にはとくに順位を付けません。

このような学習次第を成就した者が、学問としての仏教哲学、つまり顕教を究め尽くした者といえるのです。こうして、長い年月にわたって（二十年から三十年ぐらいのあいだ）精進した結果として顕教を完全に修めた者は、さらに密教を修学する道に進んでいくのです。

おわりに

私が思うのは、チベットという国がなくなった今、一番仏教を勉強しているのは日本だと思います。西欧では、アメリカでもっとも研究されていますけれど、流行のようなものであり、後に残らないのではないかと思います。でも、日本には残ると思うのです。とくに龍谷大学、大谷大学、仏教大学など、仏教系の大学では残ると思います。その場合は、やはりこういう伝統を受け継がなければならない。日本ではかつて西洋の学問方法を取り入れて研究をしました。今では、どの言葉がどの箇所に出てくるか、コンピューターでデータを見ればすぐにわかります。たとえば、「中観」という言葉はここに出てくる、とかすぐわかります。言葉がどこに出てくるかを明らかにすることも一つの学問ですけれど、中観とはどういう意味か、内容を考えていくことはものすごく難しいことです。

私は来年（平成二十年）、定年で退職しますが、先生たちが教えてくれたことを、若い人たちに伝えなければならない。その責任が私にはあります。私は日本に来て教えて過ごしていますが、一日も休むことなく、一分も遅れることがない。なぜかというと、浄土にいる私の先生が見ているからです。先生に叱られるようなことはできません。やはりそういう信仰がなければ仏教はわかりません。小説や歴史の本を読むような勉強では駄目です。信仰がなければ意味はわからないと思うのです。たとえば、親鸞も『歎異抄』で、法然に騙されて地獄に堕ちても構わないといっています。それほどの信仰がなければならないと思います。

南都の法会と法相論義

楠　淳證

一　学侶の誕生

日本に仏教が公伝したのは、正史『日本書紀』によれば西暦五五二年（南都寺伝では五三八年）であったといわれておりますが、その後、奈良時代になると中国より、三論宗・成実宗・法相宗・倶舎宗・華厳宗・律宗の六宗が相次いで伝えられました。これらの六宗は、奈良が京都の南方にあった旧都であった点より、いつしか「南都六宗」と呼ばれるようになり、奈良の諸大寺で教義研鑽が活発に進められるようになりました。その結果、南都に学問を専一とする「学侶」と呼ばれる僧侶集団が誕生することになりました。

学侶の誕生に大きく寄与したのが、学問僧（モノナラフホウシ）の存在でした。彼らは奈良から平安の時代にかけて、中国の最新の仏教を日本にもたらす使命を帯びて遣隋使や遣唐使に随行して中国へ渡りました。有名なところでは、㈠白雉四年（六五三）に入唐して法相宗を伝えた道昭、㈡斉明天皇の四年（六五八）に入唐して法相宗を伝えた智通・智達、㈢文武天皇の大宝元年（七〇一）に入唐して三論宗を伝えた道慈、㈣大宝三年（七〇三）に入唐して法相宗を伝えた智鳳・智鸞・智雄、㈤霊亀二年（七一六）に入唐して法相宗を伝えた玄昉、㈥延暦二十三年（八〇四）に入唐した天台宗最澄ならびに真言宗空海などの人々がおりました。これに対して、学問僧のもたらした仏教を日本国内において研鑽する一般的学僧が、「学生」あるいは「学匠」「学侶」などと呼ばれたのです。

学問を専一とする学侶が誕生すると、次に日常の清掃・香華供などを主に担当する下位の職能集団が発生しました。彼らは、南都では「堂方」、高野山では「行人」、比叡山では「堂衆（夏衆）」などと称されました。これらの堂方は、学侶と童子のあいだを補うものとして発生していったと考えられておりますが、もとは身分の低い立場にあったのに、直接に民衆の信仰面に接していたことと寺内の出納や諸行事を掌握したために次第に勢力を伸ばし、学侶と対抗するまでになっていきました。そして、ついには山の僧兵の跋扈や南都の衆徒の暴威を見るに至ったといわれております。

このような二大勢力が南都の諸大寺に併存することになりましたが、しかし寺院の本来のあり方は学問を専一とする学侶にあったといってよいでしょう。では、彼らはいったい一日にどれほどの学問をしたのでしょうか。これについて鎌倉初期の法相宗の学侶であった解脱房貞慶（一一五五～一二一三）の著した『勧学記』には、

辰巳（七時～十一時）　学問　　午（十一時～十三時）　勤行
未（十三時～十五時）　学問　　申（十五時～十七時）　外典世事等
酉（十七時～十九時）　勤行念誦　　戌亥（十九時～二十三時）　学問
子丑（二十三時～三時）　休息睡眠　　寅卯（三時～七時）　学問

と記されており、仏教教義習得に費やす時間を一日十四時間としていたことがわかります。では、何を学問したの

かというと、仏教概論や各宗要義のほかに、主として「論義」を学び、「論義」の訓練を通して一宗の教学体系を自己のものとしていったといわれております。なお、これらの教育は、当初は三面僧房などで行われ、後には勧学院や学林などで行われるようになったといいます。

わが国の寺院様式は四天王寺式・法隆寺式・薬師寺式・大安寺式・東大寺式と種々に変遷しましたが、おおむね南面して造営されたので、講堂も南面していました。そのため、住僧の房舎は講堂の後方の東西北の三方に配して設けられ、それぞれ東室・北室・西室（興福寺は中室）と呼ばれました。これを「三面僧房」といいます。この三面僧房に、優れた諸学侶が一室を占めて止住し、ここで研究および講義がなされました。ところが、年分度者の数が増えていくと、諸大寺でもこれらの学問を志す子弟の教育を組織化せざるを得なくなり、後に大学寮における学業授与と学生寄宿を兼ねた学寮制度ができることとなりました。学寮は、勧学院とも勧学講院とも勧学寮とも称せられ、宗学の講授と研究のための公の場となっていきました。

二　南京三会の成立

南都で成立した法会には、読経・悔過・講説・論義・修法・説戒などを核とするものがあったといわれておりますが、そのなかで学侶の育成を資助するものとして発展したのが「論義法会」でした。なかでも南都（奈良）最大の法会とされたのが「南京三会」と呼ばれる三大勅会でした。いわゆる、興福寺の維摩会、宮中太極殿の御斎会、薬師寺の最勝会です。このうち、最初に行われた法会は維摩会で、慶雲三年（七〇六）に藤原淡海が始行し、和銅七年（七一四）になって興福寺に移され、承和元年（八三四）以降は毎年、恒例として行われるようになったといいます。次いで、御斎会が神護景雲二年（七六八）に宮中において始行され、また最勝会が天長六年（八二九・一説には天長七年）に薬師寺において始行されました。

学侶は、これらの法会の論義の場に「聴衆」として臨み、まず「竪義」を受けます。竪義とは勅会における論義の席において、探題（竪義の可非を判定する職官）の示した論題に則して難を立てる問者に対し、義をもって答えることで、要するに学侶となっていくための一種の試験でした。この竪義を受ける者を竪者といい、また受者そのものを竪義とも称しました。『釈家官班記』によれば、この三大勅会の竪義を遂業した者を「得業」と称し、一つでも欠いた者は「准得業」とか「擬得業」などと称されたといいます。かくして、得業となった者は三会の講師への推請がなされることとなり、承和元年（八三四）の宣下によって、これら「三会の労」を経た者を僧綱に任ずることが定められ、以降、三会は一代の晴儀となり、盛観を極めることになりました。なお、三会の講師をいまだすべて終えていない者を「擬講」と呼び、講師をすべて勤め上げた者を「已講」と称しました。ちなみに、このような三会は北嶺側にもあり、「北京三会」と呼ばれていました。また、三会が定着して後、これを補完する意味でさらに「三講」が成立しました。すなわち、長保四年（一〇〇二）に最勝講が始行され、永久元年（一一一三）には仙洞最勝講、天承元年（一一三一）には法勝寺御八講が始行されたのです。これら三講の創設は、明らかに三会だけでは機能しえなくなった学侶の僧綱昇進の機会をより多く増やすことに起因があったといってよく、それに伴ってますます論義研鑽の徹底化が促されることになりました。

日本の仏教研鑽が論義によって進展を見たのは、これらの諸講会の存在が非常に大きかったといってよいでしょう。いかに出自がよく、いかに学問を積もうが、三会・三講の論義の場を経なければ昇進がかなわなかったのです。ここに「論義」が重視され、発展していった真因があったといってよいでしょう。現在、南都の諸大寺には三会三講の論義の記録や、各宗の宗内論義のために作成された短釈類が多数残されており、論義研鑽の実態を知る貴重な資料となっております。

三　論義と談義

日本の学侶の学問専一性を高めたのが、前項で指摘した三会・三講などの論義法会の存在でした。ことに平安時代の末になると南北両京の諸大寺の法会には必ず論義が設けられ、研学的要素が加味されることになりました。こうした論義法会の導入と僧綱昇進の一体化によって、南都と北嶺はともに「論義研鑽の時代」に突入することになったのです。そして、これに伴って学侶の道を歩む者は、まず入寺して「稚児」となり、次いで「沙弥」となります。そして、この間に経論を読誦暗誦し、師について仏教概論や各宗要義および一宗教学の奥義までをも習得し、あわせて論義のための研鑽を深めるという「場」を踏む道が形づけられました。『勧学記』を著した解脱房貞慶を例にとれば、八歳で菩提院蔵俊の「室」に入り、十一歳で剃髪・受戒して蔵俊門下の俊英であった叔父の覚憲に師事し、法相教学ならびに律学を学びました。そして、寿永元年（一一八二）二十八歳のときに維摩会の竪義を受け、寿永二年（一一八三）と元暦元年（一一八四）には法勝寺御八講の問者、文治二年（一一八六）三十二歳のときには維摩会の講師、文治三年（一一八七）三十三歳のときと建久元年（一一九〇）三十六歳のときには法勝寺御八講の講師、また最勝講の講師などを勤め上げております。その後、貞慶は仏道実践を優先させて隠棲してしまうので僧階を極めることはありませんでしたが、当時の僧侶の大部分はこうした昇進ルートに乗るために、一心に論義研鑽を行ったのです。いわば論義は、学侶が自己の研究成果を披露喧伝する公の晴れ舞台であったといってよいでしょう。

では、論義は本当に活発になされたのでしょうか。旧来の大きな誤解の一つに「論義は形式に堕した形骸化したものであった」という見方がありますが、これは誤りです。たとえば、三講の一つである「法勝寺御八講」の論義問答を記録した華厳宗宗性の『法勝寺御八講問答記』には、活発な問答のなされていた実態が示されております。もともと、この講会は承安元年（一一七一）に白河法皇の国忌を縁として始められた論義法会であり、興福寺・東大寺・延暦寺・園城寺の四大寺の学侶が参集した法会であったため、宗を超えた論義が活発に交わされました。なかでも、初年度第二日夕座の「仏地障」をめぐる論義は特筆すべきもので、臨席していた聴衆が口を差し挟むほどに活発なものでした。ちなみに、このときの問者は比叡山延暦寺の忠春（一〇九八～一一四九）、講師は東大寺東南院の覚樹（一〇八一～一一三九）でした。『問答記』によれば、このとき、忠春は仏地の障りを断ずるにあたっても煩悩を漸断する義があるか否かを問いました。要するに、仏地障（仏果障）という最後の微細な煩悩を断じるのは仏果位に至った後か否かを問うたのです。これに対して覚樹は、そんなことはありえないと明確に否定しました。すると興味深いことに、聴衆の一人として参加していた覚心律師が横から口を挟み、「そのようなことがあったならば平等であるべきはずの悟りに優劣ができてしまい、最後の煩悩を断ち切った仏と断ち切っていない仏との格差が生まれてしまうではないか」と難詰したことが記録されています。これは、論義が単なる形式的なものではなく、学侶が自己の学識をかけた一大舞台であったことを物語る恰好の証例であるといってよいでしょう。なお、後の論義展開を見ると「仏果に勝劣はない」ということがすべての宗に共通する認識であったにもかかわらず、仏位に入ってから断惑するか、断惑してから仏位に入るかで諍論されていたことがわかります。ちなみに、法相宗と三論宗は断惑してから仏位に入る立場のみ、天台宗比叡山は断惑してから仏位に入る立場、天台宗園城寺は仏位に入ってから断惑する立場、華厳宗は両方の立場を論じていたといいます。

　こうした自己の学識をかけた問答が、公の晴れの舞台で展開された。これが「論義」というものでした。筆者の研究する法相論義には千百有余のテーマがありますが、これを総合的に収録編集した聖覚房良算（?～一一九四～一二一七～?）の『成唯識論同学鈔』には、「唐院三十講において教詮に対して蔵俊これを用う」等の脚注が随所に付されており、学侶が自己の学識をかけて新案をぶつけあう真剣勝負の場であったことが確認できます。このことは、法相のみならず三論・倶舎・華厳・真言・天台等でも同様であり、処々に残されている「論義抄」とか「短釈」などと称される論義に関わる書物によって確認することができるのです。

　このような晴れの「論義会」に備えるため、学侶の「研究演習」の場となったのが、頻繁に行われていた「談義」でした。談義とはもともと「講経談義」に始まるものであり、聖徳太子が宮中において袈裟をまとって『法華』『勝鬘』の二経の講義を行った故事に由来するといわれるように、当初は経典を講義するあり方が主でした。ところが、後代になって論義法会が発展していくに従って、師の講義は口伝・口決として秘す一方で、公開の講義の席では問答を用いて学問研鑽を行う風潮が生じ、これを「談義」と称するようになりました。要するに、論義が発表（講師）と批判（問者）による研学成果の披露であったのに対して、談義は論義のための研鑽および領解の場であったといえば、理解しやすいでしょうか。

　中世興福寺のあり方を記した『当門跡方諸御願目録』なる書物には、龍花院倶舎談義・同撲揚講談義・唯識講談義・五十口談義・瓦ノ屋談義などの談義会の名が見られ、また子嶋上綱忌などの忌日法会などに際しても、談義講問の開かれていたことが確認できます。当時の学侶は、一夏九旬（九十日）の夏安居等の談義の場に積極的に出仕して、教義研鑽を深めていたことが知られるのです。そのあり方は、まさに真剣勝負であったことが諸記録によって確かめられます。たとえば、室町時代の唯識学侶であった光胤には『唯識論聞書』という訓論談義の記録がありますが、それによると訓論談義は「読師」を中心に複数人で行い、その日のテーマについては最後に読師が判定を下していたことがわかります。興味深いのは、このとき読師の判定に不服のあった光胤が、「本日の読師のご判定はもっての外のことなり。無念なり。無念なり」と痛憤している点であり、それほどに真剣な談義が交わされていたことが知られるのです。

こうした学問へのあくことなき追究の姿勢は、往々にして異義・異説の併存を許すこととなり、自由闊達な学問研鑽のあり方を招来しました。今に伝わる南都の論義法会や夏安居談義はもちろんのこと、天台宗でも真言宗でも論義や談義が頻繁になされ、浄土真宗の安心論題や安居の会読などにも、こうした南都の法会の影響を色濃く認めることができます。

なお、官僧（僧綱）となるまでの学侶は一括して凡僧（法師・大法師）と呼ばれる立場にありましたが、三会の講師を経て已講となるや、一転して凡僧を管理する官僧（僧正・僧都・律師の僧官と法印・法眼・法橋の僧位）となる道が開かれました。こうした栄誉を勝ち取るために、また学侶は一心に学問したのですが、その昇進システムも権力が朝廷から幕府へと移行するに従って大きく変化し、「朝廷公認」のものから各寺各別のものへと変化していきました。たとえば興福寺では、寺僧を下﨟・中﨟・上﨟に分けて管理するようになりますが、このうち中﨟となって維摩会や慈恩会等に出仕して功績を積んだ者を「学侶」と称するようになり、学侶となった者は法師から大法師、次いで得業から已講、さらに法橋→律師→法眼→権少僧都→小僧都→権大僧都→大僧都→法印→権僧正→僧正→大僧正と順次昇進していくシステムがつくられました。このような昇進システムに助けられ、学侶による研学の道（論義研鑽）は長く維持されることとなり、法相宗でもおびただしい数の論義テーマ（論題・科文）の研鑽が継続して行われることとなりました。

四　法相論義の展開

日本に法相宗が伝来したのは、道昭（六二九〜七〇〇＊法相宗第一伝・元興寺伝・南寺伝）から玄昉（六九一〜七四六＊法相宗第四伝・興福寺伝・北寺伝）の頃にかけてであったといわれております。この両人は、いずれも学問僧（モノナラフホウシ）でした。前者は玄奘三蔵（法相宗鼻祖）より草創期の唯識を直接に伝授され、後者は完成期の法相教学を第三祖智周より相承したと伝えられております。このため伝来当初より両寺の教学には微妙な相違があり、さらにこれに各人各様の見解が交錯して、後世、論義問答が発展していく方向性が形成されました。同様の土壌は南都各宗にも存し、これに学侶育成（学侶教育）等のあり方が加わり、論義法会による昇進システムが確立されていくことになります。この過程で、法相教学に関する論義が形成されていくのですが、その数はじつに根本論典である『成唯識論』について千百有余にも及ぶ膨大なものとなりました。これらの論義を収録編集した良算の『唯識論同学鈔』（以下『同学鈔』と略す）には、なおかつ「この論義は新作なり」という記述が見られますから、鎌倉初期の学侶たちが活発に研鑽努力を重ねていた事実が確認できます。

筆者はかねてより法相論義に着目し、日本の唯識研鑽の流れは論義にあるとして一つの時代区分を提示いたしました。いわゆる、

①論義形成期……伝来当初より種々の論義抄（『成唯識論』全編に関する総合的論義書）が成立するまで。

②論義大成期……蔵俊撰『菩提院抄』・貞慶撰『唯識論尋思鈔』・良算篇『唯識論同学鈔』などの論義抄が成立

した時代。

③論義展開期……論義抄の成立を受けて一テーマごとの問答研鑽を記した短釈が成立していった時代。

の三期です。これら三期のうち、論義テーマのほぼすべては大成期に成立しました。これらの史的考察についてはすでに別稿で示しましたので、今回は論義内容の具体的な提示と解説を試みてみたいと思います。なお、論義テーマのタイトルは伝統的に「題」とか「科文」などといわれておりますが、今に残る三千有余の短釈の科文を整理してまいりますと、当時の学侶の関心がどの論義テーマにあったかがほぼわかります。ちなみに、現存短釈数の多いものから順に記しますと、およそ次のようになります。

転換本質(39)・証果廻心(34)・未決定信(32)・若論顕理(31)・然是虚妄(31)・仏果障(30)・此義雖勝(28)・有法自相事(27)・約入仏法(24)・雖境違順(21)・仏果心王(21)・変似我法(20)……

今回は、これらのなかからとくに重要な法相論義である「深密三時」「第九識体」「大悲闡提」「摂在一刹那」「安養報化」「一法中道」「仏果障」の七点を取り上げ、その問答のポイントについて簡潔に紹介し、論義での争点の置き方、および問答の実態について述べてみたいと思います。

そこで、まず「深密三時」ですが、これは仏陀一代の説法を「初時有教」「第二時空教」「第三時中道教」に分けた法相宗の教判に関する論義であり、『華厳経』と『遺教経』とをいかに分類すべきかを論じたものです。すなわち、『華厳経』は時間的には初時に説かれた教えですが、内容的に見れば第三時の中道の教えにほかなりません。一方、『遺教経』は時間的には第三時に説かれた教えですが、内容的に見れば初時有教にほかなりません。これをいかに解釈し分類するかで見解が分かれ、最終的には五つの説が競い立ちました。すなわち、㈠唯年月説(ただ年月のみで分類する）、㈡唯義類説（ただ教義内容のみで分類する）、㈢本年月兼義類説（年月を主としながら教えも兼ね合わせて分類する）、㈣本義類兼年月説（教えを主としながら年月も兼ね合わせて分類する）、㈤年月義類二門等兼説（年月と教えのいずれにも同じように比重を置きながら分類する）の五説です。当初は、唯年月説と唯義類説の二説で諍われましたが、やがて後者の三つの説が案出され、第㈤説が有力となりました。ちなみに『同学鈔』では、次のように記されております。

問。宗家の意、深密経の説により有空中道の三時教を立つ。しからば、今のこの三時教は義類相従の道理に依らんとするや、はた如何。

答。（略されている）

㈣両方。若し義類相従の道理を存すれば、……明らかに知んぬ、年月の前後に依って三教を立つということを。若し年月の次第に依って時教を判ずといわば、……但だ類をもって相従すと云云。如何。

答。（長い第二答が展開する）

次に「第九識体」ですが、広く知られておりますように法相教学では八識説を立て、第九識のあることは説きません。ところが、法相宗の所依の経典である『楞伽経』には、「八九種々の識」と説かれております。これをどう会通し、八識正義説を墨守するかが本論義のテーマでした。これについて法相宗の学侶は、第九識の体を真如とする説は誤りであり、浄位の第八識とするのが正しいことを教証を挙げて種々の観点より論じました。このテーマがやや混乱した背景には、開祖慈恩大師の解釈に真如説を容認するかのような文言のあったことが挙げられます。しかし、法相学侶たちは慈恩大師が別の箇所では明確に浄八説を主張していることを提示し、八識正義説を墨守したというのが本論義の経緯です。ちなみに『同学鈔』では、次のように記されております。

問。八識の道理を立つ。しからば楞伽経九識の文、何ぞこれを会するや。

答。疏に二釈あり。一つには兼ねて識性を説く。二つには云わく浄位の第八をもって第九識となすなり。

(問)倶にしからず。先ず初釈について……、後釈について……。

答。(長い第二答が展開する)

次に「大悲闡提」ですが、これも広く知られていることですが、法相教学では仏に成れる者と成れない者とが先天的に存するとして五姓各別説を立てました。このため、一切皆成を説く宗から権大乗と謗られたのですが、法相宗が五姓各別説を立てるにはそれだけの論拠がありました。また、現実的に存在する二乗や闡提のあり方を見据えながらも、人々を崇高な菩薩乗(大乗)に趣向せしめる高邁な精神がありました。したがって、五姓各別そのものについては宗内で異義の出ることはありませんでしたが唯一、「仏道実践」の観点より論義されて異義併存したのが、本テーマ大悲闡提でした。いわゆる五姓各別とは、声聞定姓・独覚定姓・菩薩定姓・不定姓・無姓有情(断善闡提・大悲闡提・無性闡提)の五類をいいますが、このうちの大悲闡提をめぐって種々の見解が示され、㈠成仏説、㈡不成仏説の二説が競い立ったのです。

そもそも、大悲闡提は菩薩の一闡提であり、「大悲深重の故に涅槃を証することなし」と説かれ、無姓有情の一類とされておりました。この見解は中国三祖(開祖の慈恩大師基・第二祖慧沼・第三祖智周)の共通して主張するところのものでしたが、日本の法相学侶たちは「道理論」に基づいて三祖の文言さえも会通し、ついには「菩薩であれば修行の結果としてみな成仏する」という大悲闡提成仏説を提唱するに至りました。なかでも解脱房貞慶は、大悲闡提菩薩の象徴とされた観音について「実成実菩薩」説を展開し、成仏も真実、菩薩も真実であるという勝れた会通を行いました。ちなみに『同学鈔』では、次のように記されております。

問。宗家の意、大悲闡提菩薩の成仏を許すべきや。

答。先徳に二伝あり。一つには不成仏と云う。二つには成仏という。

(問)二伝について共に疑いあり。先ず不成仏の義について……これ豈に大悲菩薩成仏のあかしに非ずや。……次に成仏の伝について、……定んで知んぬ成仏の期なしと。……

両方。疑いあり、如何。

答。（長い第二答が展開する）

次に「摂在一刹那」ですが、法相教学では三阿僧祇劫の修行を経て仏に成ると説いております。要するに長時間の修行による成仏を主張しているのです。そこで、これもまた速疾成道を説く宗から強く批判されることになったのですが、速疾成仏を許すことは因果の道理を乱すことにつながるので、法相宗としてはとうてい容認できるものではありませんでした。ところが、一方で法相宗が大切にしている論典に「摂在一刹那」の文が出ていたため論義されることになりました。その結果、論典の文をいかに解釈するかについて、㈠随心の義、㈡唯識三世の義、㈢道理三世の義、㈣時不相応の義、㈤如幻の義の計五説が立てられ、「諸法は因縁和合によって生起した如幻依他の法であるので一念も三祇も確かなすがたではない」という第㈤説が有力となりました。ところが、そうなると速疾成仏を許しかねないという危険性が生じ、「速疾成仏はない」ということがあらためて問答されることになりました。それが左に記す『同学鈔』収録の問答です（右記の本来の問答については略す）。

問。宗家の意、刹那速疾の成道を許すべきや。

答。許さざるなり。

問。菩薩の根機は万差なり。何ぞ刹那に万行を積んで速疾に正覚を唱える類なきや。……

答。（長い第二答が展開する）

次に「安養報化」ですが、これは阿弥陀仏の浄土には報土のみならず化土もまたあるのか否かを論じたもので、法然浄土教の登場によって活発に問答されるようになりました。もとは法相宗の開祖である慈恩大師の書物に、唯報・通化のいずれともとれる文言があったことに、議論の発端があります。これをもとに、㈠唯報説、㈡通化説の二説が競い立ち、菩提院蔵俊は唯報説、解脱房貞慶（蔵俊の法孫）は通化説を唱えました。元来、阿弥陀仏の浄土というのは十地の位に至った菩薩しか知見することのできない報土であるにもかかわらず、凡夫や二乗の者が往生するとも説かれる。これを会通するにあたっては唯報釈には無理があり、必然的に阿弥陀仏の浄土にも凡夫や二乗が往生する化土があるとする通化説の方が道理にかなっているとされるようになり、以降、㈡の通化説が有力となりました。ちなみに『同学鈔』では、次のように記されております。


問。安養世界は唯だ報仏土のみとなすや、はた化仏土にも通ずるか。

答。（略されている）

（問）両方。若し唯報仏土ならば、……知んぬ、唯報仏土にあらざるということを。……

若しこれによりてしからば、……多く西方唯報仏土の義を存すと見えたり。如何。

答。（長い第二答が展開する）

次に「一法中道」ですが、これは法相教学の核心に関わる唯識中道説についての論義です。唯識は非有非空の中道を説く教えであり、多くは言葉によって説かれた三性対望中道によって説明されますが、最後には廃詮談旨離言一実の中道に悟入する道が示されます。ここでは、三性対望の中道のあり方が論義され、これと一法中道とが同じか否かで諍われました。本来、三性は一つの現象（一法）を三つの視点より見た表現ですから、当然、三性対望の中道こそが一法中道であるべきなのですが、中道義が煩瑣に展開するなかで、五重の中道説まで説かれるに至り、混乱が生じました。その誤解の最たるものが、遍計所執性・依他起性・円成実性の一つ一つにおいて中道を論ずるのが一法中道であるというものです。ところが、本来の中道説とは三性対望の上で語られるものであり、それ以外にはないというのが法相宗の「常義」であり、本論義では教証を引いて、そのことを明らかにしております。ちなみに『同学鈔』では、次のように記されております。

問。護法菩薩、解深密経によって非空非有の中道を成ず。しからば論主、如何が中道義を釈するや。

答。論に云わく、……云々と。

(問) 付之。その旨、思いがたし。……

答。（長い第二答が展開する）

次に「仏果障」ですが、これは法勝寺御八講でも問題視された四宗懸案の論義テーマの一つであり、最後の微細の煩悩である仏果障をどの位で断ずるかを諍うものです。広く知られておりますように、法相宗では仏道の階位を四十一位（十住・十行・十回向・十地・妙覚）とし、最後の微細の煩悩は第十地の満心である金剛位（＝金剛喩定）において断ち切るとしております。この微細の煩悩が仏果障ですが、もしこれが「仏果の障り」であるというならば、仏果において断ち切るべきではないかという論難が立てられたのです。なぜ、このような論難が立ったかといえば、初地から第十地までは皆、各地において各地の煩悩を断ち切ってきたからです。より正確にいうと、各地の無間道において各地の重障を断じ、各地の解脱道において各地の真如を証してきたのです。すなわち、初地においては解脱道にて異生性障を断じ、無間道にて遍行真如を証し、第二地においては解脱道にて邪行障を断じ、無間道にて最勝真如を証す。ないし、第十地においては、解脱道にて於諸法中未得自在障を断じ、無間道にて業自在等所依真如を証するというようにです。この「自地断」というあり方からすれば、仏果障もまた仏果において断ずべきではないかということになります。しかし、そうなると平等であるべき仏（仏果）に、仏果障を断じていない仏と断じた仏の二レベルができてしまうことになります。そこで、十地の満位である金剛位を仏果の無間道として別出する案が立てられました。これについて貞慶撰『唯識論尋思鈔』を見てみますと、この卓越した見解が祖父師蔵俊の案を継承した解脱房貞慶の説であったことが知られます。以下、この説は鎌倉時代・室町時代そして江戸時代を通して支持され、この見解を基底に据えた解釈が次々に付加されるに至りました。なお、『同学鈔』に収録されている仏果障の問答は以下の通りです。

問。仏果障は因位の智をもって、これを断ずるか。

答。爾なり。

(問)付之。仏果障は最極微細なり。何ぞ因位の劣智をもって、これを断ずるや。たとえば、彼の十地の障はおのおの自地の智を以て、これを断ず。……如何ぞ云う可きや。

答。仏果は出障円明の位なり。何ぞ彼の智品を以て、正しく惑を断ずるや。……

なお、論義問答の進め方ですが、あえて引いた右の七つの証例を見ていただければ明らかですが、二問二答が通常のあり方であったことがわかります。すなわち、まず簡潔に一問一答がなされ、次に「進云……」「付之……」もしくは「両方（両様）……」の形で論難が進められ、再び答えが示されるという形がとられました。なかには答えを略しているものもあり、これは置答（四記答の一つで〈答えるに足らず〉もしくは〈答うべからず〉として捨て置くもの）であったと考えられます。すなわち、右の証例においても短い一問一答の後に、第二の「問」「答」を設けたもの。第一の「答」を略して、その後に「両方」「両様」として二つの答えを想定した難を立て、第二答に至るもの。第一の「問答」の後に「付之」という難を立て、「答」に至るもの。若干の違いが認められるものの、ほぼ同様の形式で論義問答が進められていた実態がわかります。なお、「第九識体」に出る「倶にしからず」や「大悲闡提」に出る「二伝について共に疑いあり」という文は、明らかに「両方」「両様」の先駆形態と考えられ、問答形態にも変遷のあったことが確かめられます。

一方、談義になると問答の形態もより変則的になります。基本的には「問」と「答」とが使われるのですが、なかには「問」の代わりに「尋云」「難云」が用いられたり、「答」の代わりに「今云」が用いられたりしたことが、『同学鈔』などによって確認できます。また、談義の形式の一つである「訓論」を記録した光胤の『唯識論聞書』になると、記録を主としたせいか明確な問答のあり方が見られなくなり、「読師云」「延公云」「光胤申云」など、参会者の実名が登場するようになり、読師を中心として複数人で談義するあり方が定着していたことをうかがわせます。このような談義は、他の写本では「問者」「講師」のほかに「院主」と「客」を交えた形でも行われていたことが確認でき、種々のパターンで談義研鑽されていたことが知られるのです。

五　むすび

日本の仏教は、論義によって詳細な研鑽がなされ、発展していきました。また、論義法会を中心として僧界秩序が作り上げられていったことも否定できない事実です。それほどに、日本仏教と論義とのあいだには深い密接なつながりがあります。このたび、縁あって「南都の法会と法相論義」と題して講演録をまとめてみましたが、史的観点からの論義研究が深く進められているのに対して、教学的観点からの論義研究はまだ緒についたばかりであるという感をあらためて深くしております。今後のさらなる研究の進展を期待するところです。

なお、史的観点からの記述については、堀一郎氏や永村眞氏などのものを大いに参考にさせていただきました。

【参考文献】
『学僧と学僧教育』堀一郎著作集第三巻（未來社）一九七八年十月刊
『中世寺院と法会』佐藤道子編（法藏館）一九九四年五月刊
『日本中世の寺院と社会』久野修義著（塙書房）一九九九年二月刊
『日本中世の社会と仏教』平雅行著（塙書房）一九九二年十一月刊
『中世寺院資料編』永村眞著（吉川弘文館）二〇〇〇年十二月刊
『日本中世の唯識思想』北畠典生編著（永田文昌堂）一九九七年六月刊
『論義の研究』智山勧学会編（青史出版）二〇〇〇年三月刊
『儀礼にみる日本の仏教―東大寺・興福寺・薬師寺―』奈良女子大学古代学学術研究センター設立準備室編（法藏館）二〇〇一年三月刊

『唯識―こころの仏教―』楠淳證編著（自照社出版）二〇〇八年九月刊
『心要鈔講読』楠淳證著（永田文昌堂）二〇一〇年七月刊
拙稿「日本唯識思想の研究―大悲闡提成不成説の展開―」（『仏教学研究』第四三号）一九八七年六月刊
拙稿「三時教判の展開」（『印度学仏教学研究』第三七―一）一九八七年十二月刊
拙稿「日本唯識思想の研究―論義「第九識体」の検討―」（『龍谷大学論集』第四四三号）一九九三年三月刊
拙稿「愚草一法中道の研究」（『龍谷大学論集』第四四八号）一九九六年六月刊
拙稿「貞慶の安養説に関する一考察」（『真宗研究』第四四輯）一九九八年一月刊
拙稿「日本唯識と『成唯識論同学鈔』」（『仏教文化研究所紀要』第三六集）一九九八年十一月刊
拙稿「法勝寺御八講問答記天承元年条における法相論義」（『南都仏教』第七七号）一九九九年十月刊
拙稿「三祇成仏と一念成道―論義「摂在一刹那」による一大展開―」（龍谷大学短期大学部50周年記念論集『仏教文化と社会福祉』永田文昌堂）二〇〇一年二月刊
拙稿「日本唯識における論義「仏果障」展開の意義」（朝枝善照博士還暦記念論文集『仏教と人間社会の研究』永田文昌堂）二〇〇四年三月刊
拙稿「貞慶の弥陀信仰再考―本願念仏臨終来迎論と報化一体同処論による凡入報土の展開―」（『南都仏教』九三号）二〇〇九年十二月刊

天台の修行と論義の形態

寺井良宣

一　比叡山（天台宗）の籠山修行――鎌倉・南北朝期の戒律復興時――

日本の天台は、平安時代の初めに伝教大師最澄（七六七～八二二）が南都からの独立をめざして、しかも比叡山という山中にこもってこれを成立せしめたように、修行（最澄の祖意では菩薩僧の養成）が重視されます。南都仏教では、学問が大いに尊重されますけれども、天台の場合には「行の仏教」といわれることもありますように、修行に特徴が見られます。もちろん、行《ぎょう》だけが天台の仏教ではないわけですが、「教観二門」といって、学問（教学）と実践（修行）、それらの両翼または両輪が密接でなければならないとされます。南都の宗旨（南都六宗）では、それぞれ学問仏教であるという性格が強いのに対して、天台では修行が重んじられる性格を持つために、天台宗がとくに鎌倉仏教の母体となるほどに日本で発展していく主要な源泉は、そのなかに見てもよいと私は思うわけです。そして、天台はいわゆる「四宗兼学」で、四宗とは「円・密・禅・戒」をいい、法華・密教・坐禅・戒律のことで、これらに浄土念仏が加わって五宗兼学となり、これらにはさまざまな修行と学問の形態があります。鎌倉の新仏教は、これらのうち実践的な側面の一行をえらび取って天台から独立したものといえましょう。それで、天台の行法のなかでは、論義の占める比重はこれまた大きいものがあります。天台の法儀は多く論義によってなされるといってよいかもしれません。そこで、天台仏教を特色づける意味で、テーマに「修行と論義」という言葉を使うことにしたわけです。

そこで、比叡山の修行の形態とはどういうものか述べるのに、鎌倉・南北朝期の一つの実例を挙げて、その修行のなかで論義の占める位置を理解していただきたいと思います。なぜ今とくに鎌倉・南北朝期の行法を挙げるかといいますと、じつは元亀二年（一五七一）の織田信長による比叡山焼き討ちによって、それ以前の資料はほとんど焼失してしまいました。したがってここでは、比叡山の外に出た諸記録のなかで、今日まで残っていたのが最近に見出されて、『続天台宗全書』に翻刻されたものを用います。『続天台宗全書』は現在刊行中ですが、それらはこれまであまり知られなかった資料といえます。たとえば、法然上人や親鸞聖人が、比叡山で二十年間あるいは三十年間、修行したといわれますが、修行の内容については、資料がないから書けなかったのです。そういうところを埋める一つの参考資料といっていいものが、これだと思います。

ここで紹介する資料について、今少し説明いたします。天台宗と比叡山は、二〇〇六年に千二百年という歴史を迎えました。その長いあいだには、伝教大師最澄が確立した籠山《ろうざん》修行と戒律にも紆余曲折がありました。あるときには衰退し、やがて復活する。また衰退し復活する。今日に残る文献からは三回の復興が確かめられます。まず第一の復興が、鎌倉・南北朝期です。黒谷《くろだに》というところで法然上人の師匠である叡空という学僧から始まった黒谷流の戒律復興です（ちなみに、第二には南北朝期の少し遅れて実導仁空による廬山寺流、第三には江戸中期の安楽律があります)。鎌倉時代はじめに法然上人(一一三三〜一二一二)は、山を下りて浄土門に進みましたから、山の上に残っていた黒谷流の人たちがやがて戒律復興運動を結実させます。つまり、鎌倉新仏教が起こるのと並行して、南都で行われた戒律復興に呼応して、比叡山自体でも戒律を再興する運動が起こり、それが遂行される過程で籠山修行も復活します。その指導者たちには、叡空・法然(源空)からかなり遅れて、興円(一二六三〜一三一七)と恵鎮(一二八一〜一三五六)という学僧たちが出て、途中に恵尋(?〜一二八九)という「戒学の明匠」を経ますが、そういう人たちが事業を達成しています。興円が集記し恵鎮が手を加えた『一向大乗寺興隆篇目集』という資料があり、これが彼らの修めた籠山修行の内容を記したものです。ほかに、同じく「興円記・恵鎮注」とする『一日一夜行事次第』も存し、これはまさしく一日一夜の行法を記録しているものです。これら二つの資料に基づいて、籠山中の一日の行学に見る内容、また毎月行われる勤事、そして毎年の仏事がわかります。それらは、次のようになっています。

㈠ 毎日の行学

毎日不断に本堂の内陣にて三部長講と真言秘法を行じ鎮護国家す。

卯時または後夜(夜明け前)に食堂にて坐禅す(坐禅儀は別にあり)。

明相現東(夜明け頃)には粥《かゆ》を食す(引粥作法《いんしゅく》による)。

粥の後に懺法《せんぼう》を修む(発願文《ほつがんもん》あり)。次に寮舎に還り顕密の行学を営む。

午時の始め(正午)に日中勤行す。法華経読誦と千手陀羅尼による。のち飯を食す(食飯作法《じきぼんさほう》による)。

未時(昼すぎ)に講堂にて大談義す。

のち寮舎にて義理・要文を憶念し、文籍を調べ、あるいは坐禅思惟する。

酉時（夕方）に例時を修む。阿弥陀経は短声にて行道し、光明真言四十九返唱う。

戌時（夜の初め）に食堂に入り坐禅す（初夜の坐禅）。

坐禅以後には信行の人は学舎に入り顕密の教法を学び、法行の人は食堂に止って坐禅を修む。

或いは休息の時節には長短は各意に任すべし。

光明真言院にては不断に光明真言を唱え三昧《さんまい》行と供養法にて土沙を加持し四恩法界に謝す。

㈡　毎月の勤事
半月半月に布薩《ふさつ》説戒（作法は別にあり）。
上旬に本尊講、一座三問の番論義《つがいろんぎ》一双による。
中旬に山王講、一座三問の番論義一双による。
下旬に祖師講、一座三問の番論義一双による。

㈢　毎年の仏事
正月八日に大仁王会、百高座・百法師による。

同月十四日に曼荼羅供（慈覚大師御忌日）。夜に入り竪義《りゅうぎ》、山門の探題《たんだい》明匠を請い題者と為す。

二月十五日涅槃会。

四月八日仏生会。

同月十六日結夏安居《げあんご》（『梵網経』第三十七軽戒の「春秋頭陀・冬夏安居」による）。

夏安居《げあんご》は四月十六日に結夏し、七月十五日に安居を解く。

冬時安居は十月十六日に安居を結び、正月十五日に安居を解く。

六月四日報恩講（伝教大師御忌日）、一座五問の番論義二双による。夜に曼荼羅供を修む。

七月八日本願会、八日より七日七夜に高声不断の光明真言、十四日に一座五問の講にて番論義二双。

夜に施餓鬼を修む。十五日に結縁灌頂と開夏《ママ》布薩をなす。

十一月天台大師講、四日八講による。(1)

このなかで、毎日の行学は、南都の貞慶上人が著した『勧学記』に見られる勉学の一日の行程と対比すると（楠論文「南都の法会と法相論義」参照）、北嶺比叡山の特色がわかると思います。最初に、「毎日不断に本堂の内陣にて三部長講と真言秘法を行じ鎮護国家す」とあるのは、籠山修行中の基本的な心構えを示したものです。つまり、最澄の『山家学生式』に定める止観業（顕教・法華の修行）と遮那業（密教・真言の修行）を基本として修めることをいいます。その次より、「卯時に食堂にて坐禅す」とあり、夜明け前に起きて食堂にて坐禅を、「坐禅儀」に従って修めます。天台ではこれを止観といいますが、今の資料には坐禅（後夜の坐禅）と記しています。次に、「明相現東」は夜明け頃だと思いますが、「粥《かゆ》を食す」のはかなり厳密な引粥作法によって行い、作法は詳しく記されています。その後に、「懺法《せんぼう》」は発願文《ほつがんもん》をつくってこれを行い、のち「寮舎に還り顕密の行学を営む」とは勉強するわけです。そして、正午の日中勤行は法華経を読誦するのを中心とします。そのあと昼の食事は、これも食飯作法《じきぼんさほう》によります。午後には、「講堂にて大談義」とは論義の一形態で、日常の勉強を談義で行います。談義と論義の違いは、南都での意味とよく似ていると思いますが、大談義は先生のもとで論義の形で行うのをいいます。それから酉時の夕方には「例時」といって、短声『阿弥陀経』でこれを勤めます。天台では、「朝法華・夕念仏」という勤行の仕方です。夜になると、食堂《じきどう》に入り再び坐禅（初夜の坐禅）で、晩ご飯は非時食《ひじじき》ですからありません。夜の坐禅の後は二種あって、「学舎に入って勉強をする者と、そのまま坐禅をする者とに分かれ、それぞれ休むのは各自の任意に任す」ということで一日が終わります。また、「光明真言院にては不断に……」というのは、光明真言院にいる人はこのようにするという意味だろうと思います。このように一日の修行形態が定められています。

次に、毎月の勤事としては、「半月半月に布薩説戒」とは梵網戒に定める通りです。そして「上旬に本尊講」「中旬に山王講」「下旬に祖師講」を行うのは、「一座三問の番論義一双」という論義法要によります。一座三問というのは基本的な一つの形で、簡単な論義形態と考えてください。

さらに次の、毎年の仏事とは、現在でも比叡山には各堂ごとに年中の行事がたくさんありますが、ここでは籠山修行中の行者が修める仏事です。「正月八日の大仁王会は、百高座の百法師による」という形態で行い、同月の十四日に「曼荼羅供と、夜の竪義《りゅうぎ》を行う」というのは、慈覚大師の御忌日の行事です。慈覚大師・伝教大師・天台大師など祖師の忌日には、竪義を行うのが伝統だったようです。これは試験に相当しますので、「山門の探題《たんだい》明匠を請い題者と為す」とあります。次いで、二月十五日と四月八日はお釈迦様の日です。また、四月の十六日に安居を結びます。これは『梵網経』の第三十七軽戒に基づいていて、夏安居は旧暦の四月十六日から七月十五日までの三か月間です。安居は夏のが中心で、冬の安居はどれほど行われたかはわかりません。そして、六月四日は報恩講といって伝教大師の忌日です。そこでは「一座五問の番論義二双」とあり、これはかなり重視され、現在にも続けられている相当複雑な論義です。これの夜には曼荼羅供《まんだらく》を執行し、この日の法要は六月会《みなつきえ》といっています。これと天台大師の忌日である霜月会《しもつきえ》の二つが、比叡山の中心の法要といってよく、曼荼羅供と論義法要を丁寧に行うというのが今日まで続いている伝統です。次に、七月本願会は八日から一週間、安居が明けるまであって、十四日に論義を行って翌日に安居明けの布薩です。このときがいわゆるお盆というわけで、施餓鬼を営みます。そして、十一月の天台大師講は霜月会であり、法華八講を四日間に勤めるので、これも論義です。

二　天台（比叡山）における論義と広学竪義の歴史

すでに見ましたように、論義は法要の主要な形態です。重要な法要の多くは、論義で行われます。論義はもともと顕教のものですが、密教でもなされるに至ります。そこで、比叡山における「論義と広学竪義の歴史」を述べることにします。火災や戦乱に遭って歴史的資料が十分ではないのですが、まず、天台の論義は最澄の創始した天台霜月会（天台智顗の忌日）と、門下の義真による山家六月会（伝教最澄の忌日）における法華十講によって始まっています。論義法要は、やがて洛中にも天台三会などが成立して、天台法儀の主要な形態として整えられ、それらのなかで学者選抜のため竪義試業《しごう》も設けられます。天台三会は、法華会・大乗会・最勝会のことで、これは比叡山ではなく、京都の法勝寺などの勅願寺で行われるものです。それらは南都の三会に対抗する形で成立したといえます。論義の人材育成のため、やがて山の上で竪義が、慈恵大師良源（九一二〜八五）のときに広学竪義《こうがくりゅうぎ》として確立されます。それは、有名な南都との「応和の宗論」を契機として、天台の比叡山でも熱心に勉強しようという雰囲気が生まれたからにほかなりません。広学竪義とは、その名前に天台的な特色があります。先に南都では研学竪義という名を見ましたが、天台では自己の宗旨である『法華経』や天台教学に限らず、他宗の種々の教義にまで及んで勉強するという意味で、広学竪義の名があるとされます。その名前と形態が確立するのが良源のときで、行われたはじめは康保五年（九六八）の六月会といわれます。良源は、慈恵大師または元三大師《がんざんだいし》（忌日が正月三日だから）とも呼ばれ、現在まで伝統になっている比叡山の法儀や学問など一宗の形態は、およそこの人のときに確立したといえます。なかでも、広学竪義は霜月会と六月会を中心に行われてきました。両会はもちろん法華八講、というよりも法華十講によって行い、それらに付随してなされる関係上、夜になって広学竪義を行います。古くは竪義は一会《え》一竪者《りっしゃ》が原則でしたが、鎌倉時代以降には増員が認められるようになりました。今では五年ごとに行われる法華大会において、天台の僧侶となった誰もが受ける制度になっています。

論義と竪義には、探題《たんだい》とか業義《ごうぎ》・副義《そえぎ》という役割があります。論義は一問二題といって、一問に必ず業義（主題）と副義（副題）を対にした二題を出します。探題は、天台教学の最高権威者の職にある高僧をいい、「お精《しら》べ」という意味で精義者《せいぎしゃ》とも呼び、問答について高い立場から指導し、また竪義では合否の判定をします。そして、竪義とか論義が発達するなかで、宗要・義科・問要という題のまとめ方が確立されていきます。義科（化法と化儀の八教にわたる種々の要義）を母体として、宗要（法華宗旨の肝要）と問要（論義の題目にふさわしいもの）が分類されています。大正大蔵経でも『宗要柏原案立』（『大正蔵』七四）とか『遮那業案立草』（『大正蔵』七七）などの論義書が収録されています。論義書は『天台宗全書』や『続天台宗全書』に、いくつも翻刻され収録されています。ただし、それらはまとめたものなので、実際に行われている論義をそのまま記録しているわけではありません。実際の論義がどのように行われるかは後に申します。また、論義のあり方を記したものを論義故実または探題故実などといい、『探題故実記』といわれるものが『天台宗全書』の第二十巻に入っています。簡潔なものですが、論義あるいは竪義のやり方、あるいは故実が記されています。そして、現代語訳した論義書には、『百題自在房』『台宗二百題』があります。『百題自在房』は、恵心流の論義書を百題にまとめたものです。『台宗二百題』は江戸時代にまとめられ、宗要・義科・問要という分類で構成されています。そこには「論義故実」なども入っています。

三　広学竪義の執行形態（法華大会・広学竪義）

法儀および修行では、いつの時代のものかということは大切ですが、広学竪義は現代に行われているものを見ることにします。比叡山では、六月会は七日間、霜月会は十日間にわたって毎年執行されていたのが、元亀の信長の法難で一時中断して以後、天正十七年（一五八九）に再興されてからは、五年目ごとに両会あわせて十日間の日程で行われるようになったといわれます。明治の後半以降には、竪義に参加する人数に応じて七日前後の日数で「法華大会・広学竪義」として行われています。したがって、江戸時代と現代とでは、形態は変わっていないといえます。法華大会は法華十講を行うことで、竪義を含めて普通には法華大会といいますが、狭義には法華十講を昼に、広学竪義は夜の儀によって執行し、あわせて「法華大会・広学竪義」とも呼びます。

そこで、法華大会（法華十講）は午前から午後にかけて、七日間ならば一日一巻ずつの論義法要です。なかでも、中日の「五巻日」は盛大です。それは、法華経の巻五に「提婆達多品」があり、提婆達多や龍女の成仏など、いわゆる法華の即身成仏が説かれるので、天台では重視されて、法要の中心的なヤマ場とされ、当日は「勅使」がやってきます。そのうえに、「稚児論義」など他の日にはないような行事や儀礼が盛大に行われます。

広学竪義のやり方は、問答の仕方（業義・副義の一問二題）では、論義と基本的に同じです。論義と竪義の違いは、論義では問者《もんじゃ》に対して講師《こうじ》が答えます。問者が講師に教えを請《こ》うという立場になるので、講師のほうが学力が高いことになります。広学竪義では、それが反対になります。試験ですから、学力の高い先生のほうが問うわけです。問者には已講《いこう》などの教授級の五人がその任にあたり、答えるほうを竪者《りっしゃ》といいます。天台では論義は、業義と

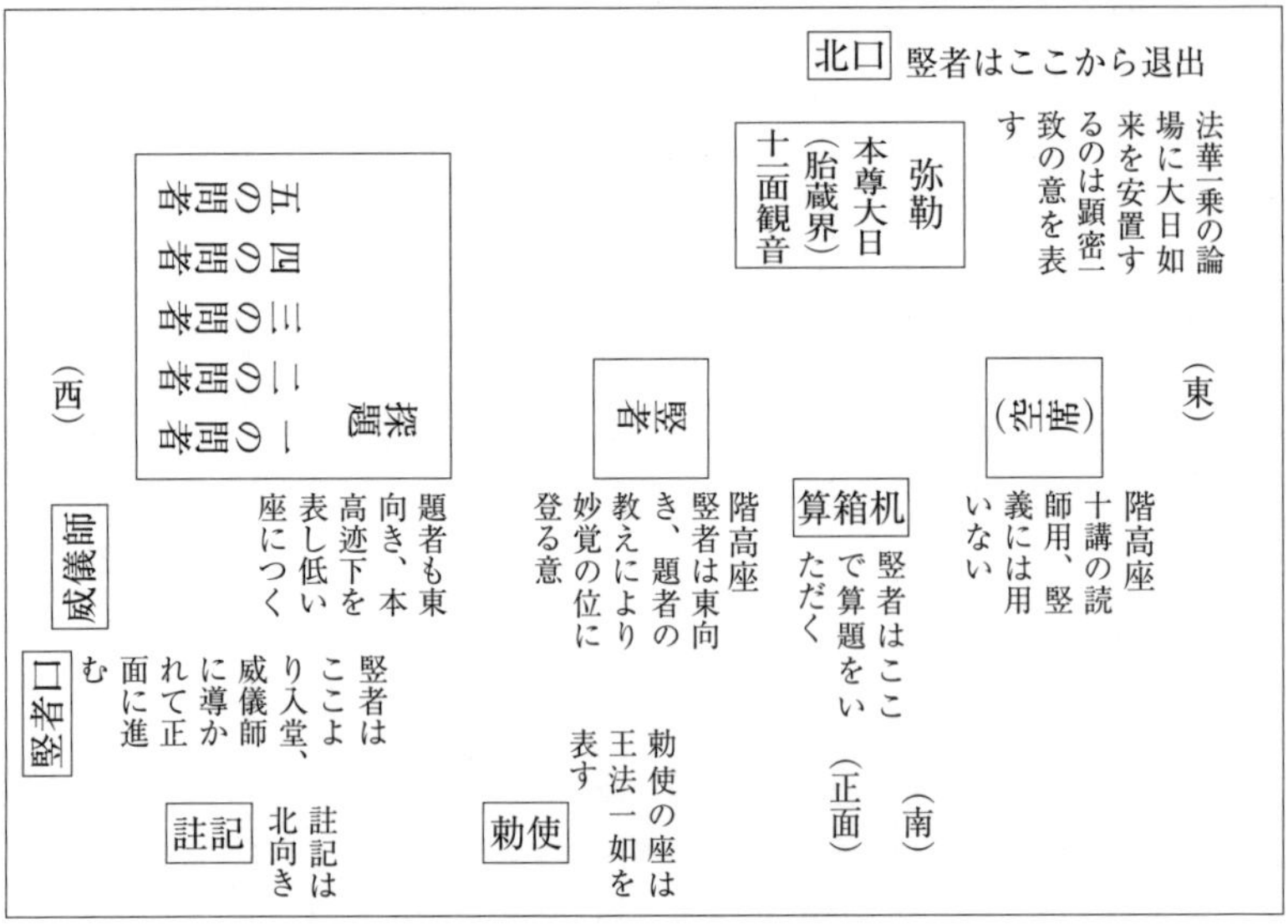

広学竪義夜儀の図（大講堂内陣）

副義の二題が必ず一組として問答され、一問につき四重の問答が交わされるのを通常とします。広学竪義では、第一算（一の問）、二算、三算、四算、五算とあって、つごう「五問十題」によってなされます。算題は探題がこれを示し、それについて問者（五人）が一算から五算まで関連の問答を導きます。そして、合否の判定は「お精べ」のうえに精義者である探題が行う仕組みになっています。

広学竪義は午後から夜にかけて行われます。一人あたり型通り行えば三時間くらいかかります。幾人もが受けるときは、やり方に工夫がされ、それは打ち合わせと練習によります。竪者、探題（お精べ）、問者（五問十題を発す五人）、それに註記者という役もあります。広学竪義の「夜儀の図」を見ていただくと（後述の尾上寛仲著書を使用）、配置と座り方に特色があります。大講堂の内陣を使って、北側のやや東寄り（図の右上）に仏様を祭り、竪者は西側外陣寄り（左側の手前）にある竪者口から入ってきます。暗い中をまっすぐ前（図の右方）に進んで、算箱机のところで算題をもらってから高座に登ります。これが竪者の座で、ここでは座る人は皆な東向きに座ります。竪者の後ろには、探題と問者の五人がいます。問者には擬講もしくは已講などの偉い人たちばかりが並び、一の問者から一の算、二の問者から二の算と、順番に問いが発せられます。したがって、竪者には後ろから問いの声が飛んでくるわけです。竪者と向かい合っている席は、法華十講で使う読師《どくし》用の席で、竪義では空席です。

竪義の題は探題が出し、それを算木に書く意味から、一の算、二の算など、つまり算題といい、竪者はそれをもらって高座に登り、まず「表白」から始めます。ここでは、表白のもっとも短い例（算題が「三観義」の表白）を記しておきます。

《竪義表白》
夫《そ》れ以《おもん》みれば、広学竪義の大業は円宗伝灯の清筵なり。抑《そもそ》も探題大僧正は、巧智無辺にして的《まさし》く三観次不の規矩を糺し、問者も亦た聡穎絶倫にして、縦《ほしいまま》に真如融通の実相を究む。爰《ここ》に竪者（実名）恥《はずら》くは、寸鉄をもって千金に対せんことを。ならくのみ。

これは、もとより竪者がつくって唱えるもので、口上には節《ふし》がついています。抑揚の節は、竪者では前の晩に習って懸命に稽古して、竪者の座に登るという具合です。また、必ず言葉遣いの形があり、右の例では、「夫れ以れば、広学竪義の大業は円宗伝灯の……」で始まり、次いで探題大僧正の徳を讃え、問者の徳を讃え、のち自分が恥ずかしくもこの席に登るのでお願いします、という内容です。それで次に、一の算から問者の問いがきます。

《五算四重の試業》（例：〈業義〉三観義・次第観別円、〈副義〉十如是義・仏果空不空）

一の算〈初重〉文意

文に云く、約如明空一空一切空と云えり、意《ここ》ろ如何ぞ。

文に云く、二観為方便道得入中道と云えり、意《ここ》ろ如何ぞ（と）。

文の意《こころ》は、次第の三観を云うとして、二観を方便道と為して、中道に入ることを得と云うなり。

文の意《こころ》は、十如融通の相を明すとして、如に約して空を明せば一空一切空と云うなり。

〈二重〉立宗
爾らば、一空一切空の時、仏果を空ずるや。

爾らば、次第観の中の中道は別教の意なりや。将た円教の意なりや（と）。

是は円教の意なりと立て申す可し。

扨て彼は是は、学者の異義なりと雖も、之を空ず可きなりと立て申す可し。

〈三重〉難勢と会通《えつう》
是は立て申すに就ての御難は夫れ、仏果は真善妙有の体なり。如何ぞ九界妄染の法に同じく之を空ぜんや。是をもって、起信論には真如法性自体不空と判じ玉えり。爾らば、所立明かならず。

扨て彼は是も立て申すに就ての御難は夫れ、次第不次第を以て別円二教に分つ。既に次第の中道なり。争か円教ならんや。之に依て、宗の師は判じ玉えり。次第分張非今所有と。爾らば、所立明かならず（と）。

是は元自り立て申す所ろ、止観の中に明す所の次第三観は、本と円を顕わさんが為にして別機に被るに非ず。安んぞ別教ならんや。之に依て六祖釈し玉えり。本為顕円復非別教と。但し御難に至ては、今の所用に非ずと雖も、義を借て円を顕すが故に妨げ無きなり。爾らば、所立失無しと立て申す可し。

扨て彼は是も元自り立て申す所ろ、修観の行者外境未だ亡ぜず、総て陰境に属す。縦い仏果なりと雖も、何ぞ之を空ぜざらんや。是を以て宗の師は判じ玉えり。一空一切空無空仮中而不空と。但し、起信の論判に至っては、体性の辺に約するなり。爾らば、所立失が無しと立て申す可し。
〈四重〉重難《じゅうなん》（道理・文証・料簡・御尋《おたずね》・所詮）と重答（所立・会通）
〈お精べ〉　〈直言《じきごん》〉
二の算〈初重〉〈二重〉〈三重〉
三の算〈初重〉〈二重〉〈三重〉
四の算〈初重〉〈二重〉
五の算〈初重〉

※「一の算」の、〈四重〉（重難と重答）は後出する。〈直言〉と「二の算」以降は略す。(2)

問い方と答え方は、形が決まっています。一の算は四重まであります。初重では、問者が祖文を掲げて、竪者が文意を答えています。その場合、祖文は副義（法華玄義）と業義（摩訶止観）の順に問者が挙げ、竪者はこれを業義と副義の順に答える形をとります。二重は立宗で、竪者が自らの主張を立てる。三重はそれに対して、疑問（難勢）を述べて質《ただ》し、竪者はこれを会通する。四重は重難にて、重ねて疑難を立てて質すことです。これには、道理以下五段の次第があります。それへの答え（重答）は、所立と会通の二段によってする。このように、一の算について必ず初重・二重・三重・四重に問答をするわけです。現代は手文で読みながら行いますが、元来はこれらは暗記によります。今は儀礼化していますから、一生懸命に前の晩に稽古したものを発表する場合でも、手文を持って高座に登りますが、基本的には学力として憶えていることを答えるわけです。

問答の作法もまた決まっていて、はじめは「文に云く」で始まります。これらには皆な抑揚をつけた節がありま す。一つの算題には業義と副義の二題があって、業義は主題で、副義は副題といってよいでしょう。業義は宗要

（法華と宗旨の肝要）から、副義は義科（八教にわたる要義）からが一般的とされますが、ここでは業義（次第観別円）と副義（仏果空不空）とも義科から選ばれているようです。いずれにしろ関連のある二題と考えてよいでしょう。問答が進むと、算題（業義と副義）の結びつきがはっきりしてくるようになっています。ここでは、業義は三観義、副義は十如是義で、最初に（初重）「文に云く」として、天台大師や伝教大師の祖文をまず挙げます。これは必ず副義から始まり、一行目の「約如明空一空一切空と云えり、意ろ如何ぞ」とは、副義の文証と問いです。次に業義の文証を挙げてその意を問います。このように一問について二題が並びます。これらの答えは、今度は竪者が「文の意は……」と始めて、業義のほうを先に答えます。つまり、「文の意は、次第の三観を云うとして……」と述べるのは、問者の二つの問いの近いほう、業義の「文に云く、二観為方便道得入中道……」に対する答えです。そして、次の「文の意は、十如融通の相を明すとして……」と述べるのは、問いでは遠いほうの「十如是義」（副義）に挙げられた「明空一空一切空」の文に対する答えです。こういうふうに、問う人は副義・業義の順に問い、答える竪者は業義・副義の順に答えていきます。したがって、次の二重に進みますと、問者は竪者が答えた近いほうの副義から問い、次に業義を問うという順序になります。

また、初重の問者の言葉の最後に、括弧に入れて「（と）」と書いてあるのは、問者から「文に云く、約如明空一空一切空と云えり、意ろ如何ぞ。文に云く、二観為方便道得入中道と云えり、意ろ如何ぞ」と二題が問われたその同じ文句を、竪者が反復して、反復し終わった最後につける「と」なのです。つまり、竪者も問者が発した問いの言葉をそのまま繰り返し、「というふうに、あなたは仰いましたね」という意味です。これは、元来は何も持たず暗記によるわけですから、論義では相手のいったことを確かめる意味があると思われます。問者に対して、今あなたはこのように問いましたね、と反復してから答えるので、文句の最後に「と」とあれば、これが問いであるということもわかるわけです。

そして、〈二重〉立宗、〈三重〉難勢と会通が続き、これらの問い方（副義・業義）と、答え方（業義・副義）は、その言い出し口上に形があります。〈四重〉に至って、問答はクライマックスといいますか、かなり複雑な構成を持ちます。道理・文証・料簡・御尋・所詮という順に言葉と内容が組み合わされます。言い出しの言葉と言い回しも決まっています。それによって今の論題の問題点を明らかにし浮き彫りにしていく、という形になっています。それで、右に掲げた「三観義（業義）・十如是義（副義）」の、〈四重〉の問答を見てみましょう。

《五算四重の試業》（〈業義〉三観義・次第観別円、〈副義〉十如是義・仏果空不空）

〈四重〉重難（道理・文証・料簡・御尋・所詮）と重答（所立・会通）

是は立て申すに就ての御難は夫れ、万徳の妙果は三世常住十方無尽なり。何に依てか、又た之を空ぜんや（道理と重難）。是を以て大経には宜べ玉えり。解説者即是不空即是真善妙色と（文証）。但し、所立に至ては、祇だ是れ能執の情を蕩する一辺なり（料簡）。抑も、修観の行者若し仏果を空ぜば、所期の果無きに似たり。顕し弁じ申さ被る可きなり（御尋）。詮する所、寛仁の昔、中天の光徳此の事を論じて霊感有りと見えたり。顕し申さ被る可きなり。爾らば、所立明らかならず（所詮、以上副義の問い）。

扨て彼は是も立て申すに就て重ねての御難は夫れ、止観に明す所の次第の三観は源と、瓔珞に依て先空次仮後中を示す。豈に、円の中道に同ぜんや（道理と重難）。之に依て算の題には下さ被たり。次第観中中道非今所有と（文証）。但し、所立に至ては、縦い別人の所修に非るも、既に円観に非れば、別教の分域を出でざるなり（料簡）。抑も、止観を沙汰するに就て、附文元意の二義有りと見えたり。顕し申さ被る可きなり（御尋）。詮する所、此の算に就て、古来学者の異義蘭菊たり。立て申さ被る可きなり。爾らば、所立明らかならず

（と）（所詮、以上業義の問い）。

御難、事と繁しと雖も、要を取るに大概此れ等に在るか。是は元と自り立て申す所、次第の三止三観は文別に似たりと雖も、意は円にして別に非ず。是を以て宗家は釈し玉えり。借別顕円全非別教と（業義への答え、所立）。但し御難に至ては、円頓の観に非ずと雖も、本と円を顕んが為なれば、復た別教には非ざるなり。抑も、御尋ねの事、追て顕す可きなり。詮する所、古来学者の異義輙《たやす》く和会し難きなり。爾らば、所立失無しと立て申す可し（会通）。

扨て彼は是も元と自り立て申す所、既に一空一切空と謂う。十界三千何物か空せざらんや。是を以て荊渓大師は釈し玉えり、円観必云百界即空仮中と（副義への答え、所立）。但し御難に至ては、仏果常住の体性に約すと存するなり。抑も、外境未だ亡ぜざれば、所期の仏果尚お陰入の接を免れざるなり。詮する所、寛仁の論鼓奇特の感応は、円宗の美目なり。若し夫れ、此等の意を存せば、所立失無しと立て申す可し（会通）。

重難では、「是は立て申すに就ての御難な夫れ」というのが決まり文句です。はじめに問うのは、ここでも副義についての重難です。右の引用では、括弧内に「文証・料簡」などの語を、句切りとなっているところに補っておきました。文証の次に、「但し、所立に至ては……」というのが料簡になります。また、その次の「抑《そもそ》も……」というのが御尋で、その次の「詮する所……」というのが所詮です。このように、「但し」「抑も」「詮する所」というように言葉が決まっているので、「料簡・御尋・所詮」であるとわかるわけです。副義についての重難の次に、「扨て彼は是も立て申すに就て重ねての御難は夫れ」というのは、業義についての重難（問い）となります。ここでも、最後に、「（と）」と記してあるところまでが、問者の問いです。竪者が、問いを繰り返して唱えることを意味します。

答えるほうでは、また同じような定型句があります。竪者は、「御難、事と繁しと雖も、要を取るに……」という文句によって、業義の重難に対する重答が始められます。ここでは、「所立と会通」の構成によりますが、「但し」「抑も」「詮する所」という語によって、重難への答え（会通）になっていることがわかります。次いで、「扨て彼は是も元と自り立て申す所……」というのが、副義についての答えです。「立て申す」というのが竪者の答えという意味です。普通の論義では「答え申す」ですが、今は竪者だから「立て申す」になります。こういうふうにして言葉が決まっており、またこれらをいうのには抑揚を持った節があります。

一の算の〈四重〉が終わりますと、〈お精《しら》べ〉があります。これは探題がいい、今の問答について竪者の答え方や理解を評価し、また教えてくださるわけです。次に、〈直言《じきごん》〉というのは、竪者が〈お精べ〉を承けて、最後に自分の結論のようなことをいうもので、これで一の算が終わるわけです。そして、次に二算へ進みます。二の算ではしかし、〈三重〉までの問答で終わります。三算も同じく〈三重〉までで終わる。三重までの問答構成は、「文意、立宗、難勢・会通」という順序は一算と同じですが、議論が発展し進んでゆきます。四の算にいきますと、〈二重〉で終わる。五の算は〈初重〉つまり文意だけで終わります。一の算はとても詳しくて、二重、三重、四重へと詳しく複雑になり、二算以降は後になるほど簡単になります。こうして、五問十題の論義が行われます。最後に、探題から判定が出て、註記者が判定を大きな声で知らせたのちに、竪者は高座を降り、本尊の裏手の北口より退出します。

さて、最後に「稚児論義」について申します。天台では、番論義と書いてこれを「つがいろんぎ」と読み、稚児論義のことを番論義と言っています。番論義とは、問う人と答える人が途中でたがいに替わるのをいいます。問者と答者がつがいになって入れ替わるという意味と私は理解していますが、あるいは歴史的に意味が変わってきているかもしれません。辞書を引きますと、宮中で行われるのが番論義であるという書き方をしているものもあり、また稚児に限らないかもしれませんが、天台では今日稚児論義を番論義といっています。これはまさに十歳前後の子どもが行うもので、これは五巻日にだけ行う行事になっています。小さな子ども（小僧）にも勉強させるという意味があるのでしょうが、勅使を迎えたときの一つのハイライトとなっています。

稚児論義（番論義）

一の組（進は進問、返は返問、十論匠による）

〈進〉鎮護国家の道場は、但だ当山に限るというべしや。

〈返〉これは、限るべきなりと答《こと》むべし。

〈進〉これについて、八宗の恵灯《えとう》並べ明かに、一代の教風盛んに扇ぐ。何ぞ独り当山に限るべきや、分明《ふんみょう》に。

〈返〉これは元より答え成《じょう》ずる所、桓武天皇御記《ぎょき》の文《もん》には、東大・興福の両寺、六宗を弘むといえども、鎮護国家の名は独りこの霊窟《れいくつ》に留まると記《しる》したまえり。これ則ち、俗諦常住の妙法を弘め、一切衆生の本命《ほんめい》を助くるが故なり。但し、難に至っては、諸宗の教力は一円の助行《じょぎょう》なるが故に、失《とが》なしと答むべし。

〈返〉一山《いっさん》において三院を開《かい》する故をば根本大師いかんが釈したもうや。

〈進〉これは、三諦《さんだい》を表わすと判ずるなりと答《こと》むべし。

〈返〉これについて、東西楞厳《とうざいりょうごん》の峰《みね》を開くことは、胎金蘇悉《たいこんそしつ》の淵源の顕わす。三諦を表わすという所判、何の意趣あるか、分明に。

〈進〉これは解釈《げしゃく》に任す所なり。但し難に至っては、三観一心《さんがんいっしん》の月を瑩《かが》やかし、三密同体の光を顕わすが故に、失《とが》なしと答《こと》むべし。

次に「二の組」、「三の組」、「四の組」の問答があって、のち仏名・教化（声明）を唱える。稚児論義では、「十論匠《じゅうろんじょう》」と呼ぶ子どもが十人います。十人という規定があり、現状は八人ですがやはり十論匠といいます。〈進〉というのは進問、〈返〉は返問で、「進と返」「進と返」が「返と進」「返と進」に替わります。前半で答えた者が、後半になると問う人に替わる。これを番論義というようです。稚児論義の場合は、稚児が自分で勉強するというより、天台の基本的なことを師匠が教えて、比叡のお山とはどういう歴史があるかとか、あるいは天台宗の基本的な教えとかを論義のなかで勉強させる内容になっています。今ここに挙げたのは、一の組の者がいうもので、現在行われているものです。これが二の組、三の組、四の組と続き、内容は違いますが、ほぼ同じ長さの問答になっています。稚児論義は、このような四組で行われて、最後に仏名・教化の声明を唱えて終わります。

広学竪義と稚児論義という伝統的な形が、教育とか、コミュニケーションという現代の言葉にピッタリと当てはまるかどうかはわかりませんが、現代的に置き換えれば、教育やコミュニケーションが、論義のなかで行われているると思います。ただ、天台の場合、論義は、宮中に出仕するためだけではなく、山で修行をすること（籠山修行）が媒介となって論義法要が発展し定着した歴史を持ちます。それは仏道という性格を持ち、山で修行をして、悟りを開くことを求めるのが、究極の課題になっているからです。修行の一環として仏道を高めることにおいて、教育とコミュニケーション（問答）がなされ、学問が目的ではないということは、その歴史のなかで一つ理解しておかなければならないと思います。

註

（1）興円・恵鎮『一向大乗寺興隆篇目集』、同『一日一夜行事次第』（『続天台宗全書・円戒1』所収）による。なお、寺井良宣「中古天台期の叡山（黒谷）における籠山修行」（『叡山学院研究紀要』二〇、一九九七年）参照。またほかに、実導仁空（一三〇九～八八）『新学菩薩行要抄』（『大正蔵』七四）には初心の天台行法を記すのをみる。
（2）　尾上寛仲『法華大会広学竪義』（一九七九年、延暦寺）、『天台宗実践叢書〈第二巻〉修行』（第六章竪義、一九九三年、大蔵舎）、古宇田亮宣編『天台宗論義二百題』（一九七五年、隆文館）などを参照。

臨済禅の公案体系について

安永祖堂

はじめに

現在日本には、禅三派といわれるように、一口に禅宗といっても、三つの宗派があるといわれています。最初に道元禅師の曹洞宗。黙照禅といい、公案を使う方もありますが、原則として只管打坐、坐禅専一に修行します。二つ目が黄檗宗で、宇治の万福寺を本山に、明の禅を伝えるものです。これは曹洞宗の黙照禅に対して、念仏禅です。ご承知のように中国の仏教は、最終的に禅浄双修、つまり禅と浄土が融合した形になっています。十七世紀の半ばに隠元禅師がお伝えになった念仏禅です。この黄檗の念仏禅は、臨済禅、つまり白隠の公案禅に変わっています。十七世紀の半ばに伝来したものの十九世紀の半ばには途絶えて、黄檗宗の念仏禅といいながら、実態は臨済の白隠禅、公案禅となっているのです。

最後が臨済宗です。臨済宗は、曹洞宗の黙照禅、黄檗宗の念仏禅と異なり、坐禅と併せて公案の修行を用います。

いわゆる公案禅といわれるものです。

本論では、臨済禅、公案禅と呼ばれるようになるまでの、中国、および日本におけるおおよその禅の歴史について、まずお話しさせていただきます。その後、実際にどのような形で公案の修行が行われているのかという実例を紹介したいと思います。

一　中国禅宗史における公案禅の形成

1　インド仏教伝来

私ども禅宗の立場から述べれば、まず、中国にインドの仏教が伝来したのがおよそ紀元前後で、その後、五百年から六百年という時をかけて、中国の人たちがインドの仏教を仏教として消化していく段階があります。その過程において、いわゆる経典翻訳の仏教から実践派、つまり禅定を自ら行う一派が登場してきたに相違ありません。そこにインドから新たに、菩提達磨に象徴される実践を重んじる新しい流れがもたらされたのです。ですから、禅宗というのは中国で培われた独自の仏教の伝統に、菩提達磨に象徴される新しい渡来仏教が加えられ、その融合の結果でき上がった中国独特の仏教であると、大まかな捉え方をしています。

初祖達磨、二祖慧可、三祖僧璨、四祖道信（五八〇～六五一）、五祖弘忍（六〇一～六七四）とつづいていきますが、最初の達磨、それから二祖、三祖あたりの正確な生没年を記さないのは、多分に後代の要請により創られた系図と現在は解釈されているからです。実質的には、四祖道信の頃から、それまで、律院のような他派の寺に仮住まいしていた禅僧たちが、自分たちのコミュニティをつくるようになったと考えられています。遊行の生活から山林の修行、さらに定住へ——この一派を東山の法門と呼んでおります。

わが国の禅宗史において、道昭（六二九〜七〇〇）という人物が、法相宗を学ぶ傍ら、二祖慧可の法の流れに与する慧満のもとで禅を学んで帰朝したといわれ、きわめて早い段階で唐の時代の禅が日本にも断片的に伝わっていたと考えられています。

2 禅の創生から発展

唐代に入り、五祖弘忍のもとに参じた六祖慧能（六三八〜七一三）が、いわゆる中国禅を確立した中心的人物とされています。六祖慧能の説法録『六祖壇経』には、現在もいわれる「見性」「頓悟」「定慧一等」「無相戒」など禅の典型的な思想を表す用語が見られます。その流れを北宗に対して南宗といいます。この南宗は、後に馬祖道一禅師（七〇九〜八八）を生み、さらに彼に師事した百丈懐海（七四九〜八一四）は『百丈清規』という禅僧の集団生活における生活規範を新たにつくりました。このあたりから本格的に禅宗教団が発展していくと考えています。ここでは「五家七宗」について簡単に述べてみます。

禅は非常に個性を重んじますので、それぞれに個性的な禅者たちが盛んに登場いたします。五つの家とは、潙仰宗、臨済宗、曹洞宗、雲門宗、法眼宗をいい、この五つが成立して、流れというものが意識されるようになるわけです。その臨済宗のなかから、黄龍派と楊岐派が力を伸ばすようになり、両者を加えて、五家七宗というわけです。この曹洞宗と臨済宗のなかの楊岐派の流れが、遠く現代の日本にまで伝わっていると考えてよいでしょう。

3　禅の普及と変質、叢林の確立と公案の出現

このように、仏教がインドから中国へと伝播、発展し、唐から宋へと時代が移るにつれ、禅宗独特の発想と言葉の用い方が登場します。「叢林」もその一つです。木々が競い合って生長し、林をなす様子にたとえて、たがいに切磋琢磨する修行者の集団を叢林と呼びます。また、インド以来、仏教では三宝、すなわち仏（ブッダ）、法（その教え）、僧（出家者集団）がもっとも重要とされますが、禅の世界では、仏よりも祖（祖師）、法よりも悟り、僧よりも人（ニン）が重視されるようになります。祖・悟・人です。初期の禅の語録では、「仏祖によれば」などの表記がみられますが、時代を下ると「祖仏」という表記に逆転しますし、本来の悟りを得ているか否かが問題にされ、集団より個、その人自身が問われるのです。と同時に、仏教の聖典をいう経蔵・律蔵・論蔵のいわゆる三蔵も、おのずから変わります。禅宗では、語録・清規・偈頌です。語録というのは禅の師弟による問答の記録です。つまり、経典より語録を重んじるわけです。律は集団生活を円滑に維持するための生活規範ですが、生活の糧を托鉢に依存するインドの僧侶たちと違い、中国の禅僧たちは自活の道を選びました。作務、すなわち労働を重んじるようになったわけです。そうなると、自分たちの新しい規律をつくらねばなりません。それが清規と呼ばれるものです。三番目の偈頌ですが、偈はサンスクリット語のガーター（詩）の音を写したもので、頌も詩のことです。つまり、理論的な著述を繰り返す論蔵や論書、すなわち散文よりも、象徴的な言葉を連ねる韻文へと比重が移るのです。禅の世界を表すには、主語述語を明確に組み立てていく散文体よりも、象徴的な言葉を投げつけていく韻文体のほうがふさわしいのでしょう。

ですから、本来は日常の会話のなかで生き生きと交わされていた問答も、だんだんと形式化され、その傾向は、とくに宋の時代に入って強まっていきます。

これを一つの民族の大きなうねりの流れで捉えるとわかりやすいのではないかと思います。たとえば、唐詩や宋詩です。唐代は、李・杜・韓・白といわれる天才的な詩人が輩出する黄金時代でした。宋代は、詩人の時代よりも、むしろ評論家の時代です。『滄浪詩話』のような詩論が表に出てきます。禅の流れもそれと同じです。唐代は天才的な禅者が続々と輩出しました。後の時代になって、宋代の禅僧たちは、その天才的な禅者たちの言葉や振る舞いを見て、彼らの宗教体験を追体験するマニュアルを生み出そうとしたわけです。それが公案になります。公案は、もともと、公府の案牘という言葉です。公府は裁判所、あるいは官庁で、案牘は、案件、前例、あるいは判例という意味です。その二つの言葉の一番上の漢字をとり、公案と呼んでいるわけです。別に「話頭」――頭は助辞ですから、意味はなくて――、あるいは「古則」、さらには「因縁」と呼ばれるものが出てきます。先ほど申しましたように、唐代の天才的な禅者たちの悟り体験を、素質に恵まれない後代のたくさんの禅者たちがどのようにすれば追体験できるかという、そのための開悟体験獲得のマニュアル作成が、まず要請されたのです。そこで大いに力を発揮したのが、五祖法演（?～一一〇四）、大慧宗杲（一〇八九～一一六三）、虚堂智愚（一一八五～一二六九）という禅者たちです。これが中国における禅の流れです。

二　日本禅宗史における公案禅の発展

1　鎌倉前期――宋朝禅の日本への移入

では日本では、どのようにその公案禅が発展していったのでしょうか。鎌倉前期に宋朝禅が日本に移されました。大切なのは、唐代の禅ではなく宋代の禅だということです。そのときに中心的な役割を果たしたのが栄西（一一四一～一二一五）、あるいは道元（一二〇〇～五三）、さらには大陸からの来朝僧として、蘭渓道隆（一二一三～七八：鎌倉の建長寺の開山）、大休正念（一二一五～八九：鎌倉の浄智寺の開山）、無学祖元（一二二六～八六：鎌倉の円覚寺の開山）です。

2　鎌倉後期――宋朝禅の定着

鎌倉前期から鎌倉後期にかけては、宋朝禅が日本に定着する段階を迎えます。南浦紹明（一二三五～一三〇八）と夢窓疎石（一二七五～一三五一）の活躍があります。この南浦紹明は、一二五九年に入宋、虚堂智愚のもとに参じて、その法を得て、日本に帰ってきたといわれております。この流れは現在まで伝わっておりますので、日本の臨済禅は、この南浦紹明の流れを嗣いでいることになります。

禅僧としてはむしろ夢窓疎石のほうが名前が知られていると思います。天龍寺の開山で、仏光・仏国派といわれるのですが、無学祖元禅師、つまり仏光国師の弟子にあたる仏国禅師という方の法を嗣いでいますが、現在はその流れは絶えております。

3　室町幕府と五山十刹制度

時代が移りまして、南北朝から室町時代にかけて、五山十刹といわれる、官寺、つまり国家権力の保護を受ける寺院が、京都と鎌倉にそれぞれ定められますが、安土桃山時代から戦国期を経ますと、室町幕府の弱体化とともに、そのバックボーンを失う五山、つまり官寺グループは、その力を同時に失ってしまいます。

4　戦国期

その代わりに勢力を伸ばしてきたのが、いわゆる林下と呼ばれる妙心寺、大徳寺、それから曹洞宗教団です。現在、京都には、南禅寺、天龍寺、相国寺、建仁寺がありますが、初期の段階では、末寺数も多く、勢力を誇っていたのは京都五山といわれたこのような寺でした。その後、下克上の時代を経まして、戦国大名の支援を得た妙心寺、大徳寺、さらに土豪たちの支援を得た曹洞宗教団が勢力を大いに伸ばすことになったのです。

5　室町中期の五山での入室参禅の衰退

そのような時代背景のなかで天龍寺、南禅寺のような五山では、宋朝禅から伝えられた入室参禅、すなわち、師と弟子との間で公案を用いて禅の修行を行うという形が衰退していきます。寺が焼けてそういう場所がなくなる、つまり集団修行をすることが不可能になります。そうしますと、おのずから、禅体験を得ること、その機会を得ることすら難しくなります。そこで、この時代のことを、日本の禅の暗黒期というのですが、密参禅という風潮が広まることになります。これはどういうことかといいますと、かつて天才的な禅者たちの悟り体験を追体験するための手段であった公案、禅の問題ですが、それが、言葉の意味や、故事来歴のいわれといった公案の解釈、いわゆる知的な禅になってしまったのです。それを口伝法門といい、その記録のことを密参録というのですが、それが日本の禅の実態を占めていくことになります。そのときに中心的な役割を果したのが、いわゆる幻住派と呼ばれる人たちで、もともと元の中峰明本禅師（一二六三～一三二三）の流れを汲む一派です。この幻住派が五山、さらには林下にまで、その勢力を伸ばしてまいります。

6　徳川幕府の成立による社会の安定

ところが、徳川幕府の成立による社会の安定により、いわゆる純禅志向が息を吹き返します。やはり宗教体験というものが必要ではないかと考えられるようになり、これを結盟遍参と呼びますけれども、禅僧たちも諸国行脚して名師を訪ね直接問答をすることが再び可能になったわけです。それにより、愚堂東寔（一五七七～一六六一）、あるいは至道無難、道鏡慧端など、地方に秘かに残っておりました宋朝禅の後継者が活躍を始めるわけです。

なかでももっとも大きな功績を残したのが白隠慧鶴（一六八五～一七六八）です。公案禅の確立者とみなされる白隠は、宋朝禅以来の看話禅、公案を用いる禅の伝統を承けて、伝えられていた公案を分類し、その使用法を整備したといわれます。さらに、禅の大衆化にも白隠は力を尽くしました。それまで武家や社会の権力者層にもっぱら支持を得ていた禅を、一般民衆にまで拡げたのです。

三　公案体系

公案は、宋朝禅が日本に移入された段階では、大きく理致、機関、向上という三つのジャンルに分けられていました。初期の段階で、分類は完成していなかったわけですが、現在では次のように九つに分けられています。㈠法身（開悟体験の獲得）、㈡機関（開悟体験と日常の営為の一致）、㈢言詮（体験から経験へ、言語化の訓練）、㈣難透（体験の深化）、㈤向上（悟境の超越）、㈥五位（禅体験の理論的整理）、㈦十重禁戒（禅的持戒の考察）、㈧末後牢関（境地の熟成）、㈨最後一訣（完成からの飛躍）です。各ジャンルの公案の数や問題の数は各派によって多少がありますが、おおよそ、八百則から九百則を、十五年から二十年かけてマスターさせます。それぞれのジャンルには、それなりの目的があります。このステージにおいては、これが要求されるという具合にです。往々にして、この公案体系については、段階的な修禅の方法というふうに捉えられますが、そうではありません。現実的にはそうですが、これは円環的な構造とお考えいただきたい。つまり無始無終、始まりもなく終わりもなく、つまりどこも始まりになり得るし、どこも最後になり得るということです。

こうしたことも含めて説明いたしますと、まず入門すると、法身というジャンルの公案を与えられます。たとえば「趙州無字」を挙げてみましょう。

趙州和尚、因みに僧問う。狗子にかえって仏性有りや。　（『無門関』第一則）

犬に仏性は有るかという問題です。それに対して、「州曰く無」と答える。あの無の公案です。これが代表的な法身の公案になります。

次は機関です。これはどういう目的があるのかといいますと、法身のジャンルでは、何らかの開悟体験、宗教体験、見性体験を修行者に得させるわけです。そして、その体験が日常の行動とどのように一致していくかということを確かめさせるわけです。そのための一群の公案、それが機関と呼ばれる問答です。

三番目は言詮です。初期の法身の段階では、体験ですので、まだ客体化できていないと考えます。ですから体験から経験へ、つまり言語化の訓練をさせるわけです。不立文字・教外別伝といいますが、この言詮の段階では、ヴァーバライゼーション（言語化）の訓練をひたすら行います。それはいうまでもなく、体験の段階から経験の段階へ移させるためです。体験と経験は違います。体験は身体がします。経験は体験を経ているもの、つまり客体化しているものと捉えられるわけですから、この言詮の段階では、自らが体験した見性をどのように言語化するか、主客未分の世界にどのように持ち出すか、そういう訓練をさせます。

四番目には、難透。これは透り難い、難しい、ということになりますので、体験を深めるという目的があるわけです。たとえば「牛過窓櫺」という公案があります。『無門関』という中国の宋の時代にできた禅の問題集の一問ですけれど、一人の人が窓を通して牛を見ているわけです。そうすると、外の通りを牛がユックリと歩いてきて、まず角が通り過ぎた、頭が通り過ぎた、胴体が通り過ぎた、足も全部通り過ぎたのに、尻尾だけが通り過ぎられないでいる。これはなぜかと、そういう質問です。

五番目は向上です。どんな素晴らしい体験をしても、それを後生大事に守っていると、それは新たな煩悩を抱え込んだことにすぎない。ですから、鉄の鎖と金の鎖といいますが、煩悩に縛られている間は、鉄の鎖に縛られている。でも悟りにとらわれている間は、金の鎖に縛られているということです。どちらも鎖に縛られていることに変わりはなく、悟りからも自由にならなければならない。そのための訓練が、向上の公案のグループです。

六番目は、五位といいます。これはもともと曹洞宗の法財といわれ、カリキュラムだったのですけれども、それを白隠禅師の代に禅体験を理論的に整理することをいうようになりました。

次は、戒律の問題です。禅者にとって戒律はどうあるべきか、ということで、不飲酒戒、不妄語戒など伝来の戒律を公案として修行者に答えさせます。ただし、たとえば不飲酒戒といいましても、酒ではなく、酔うことが問われるわけです。悟りに酔う、悟りから醒める、これはどういうことか、それをテーマに問われます。不妄語戒という戒律も、誤った、間違った、嘘をついてはいけないという戒律でしょうが、禅の公案は、本来言葉にならない悟りの世界を言葉にするとは、いったいどういうことか、そういう問われ方をいたします。ですから、戒律も、かなり抽象的な禅の世界、つまり体験というものをどのように捉え直すか、そういう一環になり、いわゆる一般的な仏教のなかでの戒律の扱いとは、かなり違うと思います。

その段階を経て最後に、末後牢関、そして最後一訣、このあたりになりますと、特定の公案というのはなく、ひたすら境地を熟成させる、そういう目的があるのではないかと思います。

四　入室参禅について

このような公案体系を、十五年から二十年かけて修行者に学ばせるわけですけれども、では現在まで伝わっている公案体系――入室参禅といいます――をどのように捉えるべきなのでしょうか。

たとえば、「道」という言葉があります。武道、芸道、仏道などといわれる道は、いかにも日本的ではありますが、そこにはいくつかの特徴を見ることができます。まず、それらは、「型」の反復を要求するということです。武道でも芸道でも、型を初期の段階ではひたすら反復させます。公案のグループは、大きく九つに分けることができ、八百から九百の問題があると先ほどいいましたが、似たパターンのものがいくつもあります。無駄のようですけれど、それは無駄ではありません。繰り返すことで型を身につけさせるのと同じです。

また、量質転化という言葉が挙げられます。これは、もともと弁証法の用語で、量は質に変化するということです。たとえば、自転車に乗れない人が一生懸命練習しているうちに乗れるようになる、つまり、量をこなせば乗れるようになるわけです。乗れない人が乗れるようになる。まさに、臨済の公案禅の十五年、二十年の修行は、量が質に転化するのを待つものではないかと思います。つまり、凡夫であっても、量をこなせば質が変わって仏に成る、そういう考え方です。ですから、単純な公案の修行の繰り返しというのは、量質転化の効果を狙っているといえるのではないかと思うわけです。

では、その公案の実例を一つご紹介しましょう。いずれも『碧巌録』という、一三〇〇年に刊行された、禅の問題を百問収めたものによります。

ところで修行者は、一人で師匠の部屋へ行き、与えられている公案の答え――見解といいます――をいわなければなりません（平日は朝夕一回ずつ、月に一度の接心といわれる坐禅の集中期間には一日に四回から六回）。そのときには、師匠は、ただ、次はこれを見なさい（たとえば、次は『碧巌』の第十六則を見なさい）、といいます。その十六則、「鏡清啐啄機」という問題は、問題文が次のようになります。

挙す、僧、鏡清に問う、学人啐す。請う師、啄せよ。……

清云く、還って活を得る也無。……

僧云く、若し活せずんば、人に怪笑せられん。……

清云く、也た是れ草裏の漢。

この問題をここで取り上げるのは、鏡清道怤という中国の唐代の禅僧に関係する公案だからです。中国の民間伝承では、鳥の卵が孵化するときに、なかから雛が殻を割って外へ出ようと突くことを「啐」といいます。それを察した母鳥は外からもその殻を突いて助けてやろうとする。それを「啄」といいます。ですから、啐と啄、これはオノマトペ（擬声語）ですね。ソツソツと突く。それをタクタクと突いてやる。そのタイミングがピタリと合うと、うまく雛が誕生する、それを啐啄の機というのだそうです。鏡清道怤という禅僧は、その啐啄の機ということを修行者たちに向けて説いていたわけです。両者の関係はまさに師匠と弟子の関係にほかならない。弟子がなかから殻を破ろう、いわゆるエゴとか、自我という殻を破ろうとしている。一生懸命頑張っている様子を見て、師匠が、悟らせてやろうとする。その二つのタイミングがピタリと合えば、開悟決定、つまり大いに悟りをひらくということを、常々説いていた。「学人、啐す」ですから、私は今、悟らんがために努めております。どうか適切なアドバイスを一句お願いしたい、ということでしょう。それに対して、「清云く、還って活を得る也無」。まあ、突くことは突いてもよいが、本当にお前さん、生まれ変わることができるか、そういう感じです。それに対して、「僧云く、若し活せずんば、人に怪笑せられん」。もしもここで悟れなかったら、世の中の人たちに笑われます。それを聞いた鏡清は、「清云く、也た是れ草裏の漢」。草裏の漢は草まみれ、煩悩まみれということですから、ダメな奴め、そういうことです。これは、四つに分割します。まず修行者は、この問題文を覚えて、師匠の部屋に入ると、拝といって、一拝、二拝して、その後、問題文を申します。まず最初に、「挙す、僧、鏡清に問う、学人啐す。請う師、啄せよ」というわけです。それから自分の見解、自分の解答を述べます。禅問答というのは、対話であって対話でないところがあります。対話は、言葉のキャッチボールでしょうが、禅の問答は、一回で終わります。つまり、ボールを弟子が投げたら、それを受けてくれるか、受けてくれないかです。禅の場合は、弟子はまるで暗闇の向こうに言葉のボールを投げているようなもので、もしそれが、伝えられている答えとピタリと合えば、パシッと受けてもらえる。ところがはずれていれば師匠は、「違う、それではない。下がれ」とそれだけです。いわゆるアドバイスとかヒントとか、そういうものは何もくださいません。禅の問答は知識の授受ではなく、むしろ知識は奪われるといえます。ですから禅の師匠の仕事は、奪う、あるいは待つということです。それが大切なことになってくるわけです。そのようなことを延々と繰り返すわけですから、八百から九百の問題でも、やはり十年、十五年という時間が費やされることになります。

この鏡清道怤の啐啄の機の面白さは、この啐啄の機の公案が終わると、本則——先ほどの問題文——の評唱、つまりそのコメントがあるのですが、そのなかで、やはり宋代の南院慧顒（八六〇～九三〇）が、次のように述べています。

作家は啐啄せず。啐啄せば、同時に失す。

現代の日本語では「作家」というのは文筆家のことですけれど、禅語としては、これは「サッケ」と読み、力のある禅僧、優れた禅者ということになります。ですから、「作家は啐啄せず。啐啄せば、同時に失す」とは、本当に力のある者は、啐啄はしない、もし啐啄すれば、そのとたんに失敗する、という文意であると思います。これは非常に面白い。何が面白いのかと申しますと、公案禅者が公案そのものを否定しているところです。つまり、修行者が頑張っているところに、師匠が何かアドバイスを与えて孵化させるのは、人工孵化だといっているわけです。本当に力のある禅僧は、師匠に関係なくこの世に生まれ変わってくるはずだと、いっているわけです。ですから、修行者は、この本則、啐啄の機という公案が終わったら、次に「作家は啐啄せず。啐啄せば、同時に失す」というこの一文を禅の問題、公案として解決しなければならないことになります。つまり、あくまで、どんなに優れた世界であっても、止まることを拒否するのが禅問答の世界ということです。ですから、自らも否定していくことになります。否定に否定を重ねていくことになります。

むすび

こういう話を聞くと、この禅の世界が非常に謎めいていると思われるかもしれませんが、最後にそれはなぜかということを、ご説明させていただきたいと思います。たとえば、中国の民族的な一つの感情の傾向といたしまして、尚古的な保守性というものがあるのではないでしょうか。つまり、模範・先例・過去の事実を非常に重んじて、それに則って物事の判断をする。ですから、『碧巌録』百則のうち、いわゆる大乗経典に基づいている公案は、四則しかありません。残りの九十六則は、皆、中国の禅僧にちなんでいる。つまり、祖師のエピソードを非常に重んじるわけです。二番目に考えられますことは、その唐代の禅というものが開花する前、つまり三祖僧璨、四祖道信、五祖弘忍あたりまでの禅の語録は、読んでわかるわけです。つまり、論理的に禅というものを説明しようとしているわけです。ところが、六祖慧能以降は、いわゆる禅の語録というものが、第三者が読んでも理解に苦しむというような表現が羅列されるようになります。これはどういうことか。禅の世界では、師弟の間での問答にあっては、論理的な説明、定義的な説明、さまざまな事象を統合して、そのなかから分析して抽出した真理を、一般的な真理として授与するという方法はとりません。つまり、個別に対応しますので、その師匠がその場にいるときに来た弟子の心境を見抜いて、比喩的な説明、具象的な説明、情緒的な説明、あるいはこれは一句といってもよいのですが、そういう言葉を発します。ですから、禅の語録を見ればわかるように、同じ質問に対して異なった答えがいくつも出ています。先ほど出てまいりました趙州の無字の公案でも、趙州は犬に仏性が有りますか、と問われて、あるときは「ない」といっていますけれど、別のときには「ある」といっているわけです。つまり、同一の質問に対して、異なった返答が記録されているわけです。これはたくさんそういう例があります。たとえば、「如何なるか、是れ、祖師西来意」、つまり達磨はなぜ中国にやってきたのか、という有名な禅の問答があります。その問いに対しては、百以上の答えがあるわけですね。禅問答の場合には、問いと答えとの間において、意味上の脈絡がまったくないというケースがたくさんあるのです。したがって問答の割には、それが続かない。対話のように発展しない。一瞬のうちに終わる、ということになるのです。一般的な命題というような答えを与える代わりに、具体的な日常的な言葉、あるいは動作を示す。つまり思弁的な解決を期待するのではなく、直観的に解決することを期待する、そういうふうになるわけです。つまり、普遍的な命題をやりとりしているわけではありませんので、尋ねている者と、答えている者との当事者同士には、これはヴィヴィッドな現実です。ところが第三者にとっては、それはまったく意味をなさないわけです。そのようなところを考えていただきますと、禅問答の特徴がいくつか出てまいります。ですから、理論的には矛盾していますが、実践的には整合しております。きわめてよく意味は通じるわけです。ただ、その言葉と言葉を投げ合っている現場にいない人たちにとっては、きわめて理解し難い。ですから、禅は、もともと、即心是仏とか、平常心是道というふうに、日常の生活そのままが悟りだ、などといっている割には、神秘主義的な側面があるといわれるのはそこです。第三者には理解し難い側面がある。そのあたりが、いってみればこの禅の問答の特徴ではないかと思うわけです。

浄土真宗における問答と教育の方法

内藤知康

一　会読とは何か

会読《かいどく》とは何か。ここでは、二つの意味を挙げておきます。まず一つの意味は、複数の人数で一つの書物を読み、また講義をすること。たとえば大谷派の安居では、本講・内講・副講・会読という四つの形式になっているそうですが、これは直接今回の話とは関係ありません。もう一つの意味は、複数の者で一つの問題について問答論義すること。こちらの形の会読が現在本願寺派の安居において行われているもので、今回取り上げる形式です。

二　本派会読の始まり

本派会読の沿革を見ますと、本願寺派では文政八年（一八二五）に所化が会読を行って本山から賞詞があったという記録や、寛永年間（一六二四～四四）に『愚禿鈔』に関して、「二利真実」「厭欣前後」などの論題を設けて会読を行ったという記録があります。『真宗全書』の最後に載っております「本願寺派講学略年表」で調べてみますと、会読論題が挙げられているのは、昭和四十年（一九六五）からです。もちろんこの年から会読が始まったわけではないと思いますが、おそらくこの年以前の資料がなかったということかと思われます。少なくとも、この一九六五年以前から、安居のカリキュラムの一つとして、会読ということが行われてきたと考えられます。

三　現在の会読の形式

1　会読の席次

現在の会読の形式ですが、まず座り方は図のようになります。図は、龍谷大学大宮学舎本館の二階講堂です。講堂の北側にこのような席を設けます。下が西側で、上が東側になります。西から見て右側が問者席（モンジャと連濁するのが習慣になっております）、左側が答者席（これも、タッシャという独特の読み方をします。答〈トウ〉が促音便でタッシャになります）。モンジャ・タッシャという読み癖が、他にまで影響を及ぼし、安居に関しては、モンドウ（問答）ではなく、モンタツと現在はいわれております。

一番西側の席ですけれど、図のA席には門主が座ります。安居は現在十四日間行われていますが、そのうちで会読が行われるのは二日目から最終日の前日までですので、十二日間ということになります。この十二日間のうちのいずれか一日に、門主が会読を傍聴し、現在、これを御前会読といいます。Bの席には、安居総理といって、安居全体の統括の役目をする方が座ります。この安居総理も必ずしも毎日出席するわけではありません。必ず出席するのは、C（本講師）、D（典議）、E（副講者）、F（副講者）です。Cの席に座る本講師は、Bの安居総理がいないときには中央に座ります。

ここで本願寺派の学階制度について簡単に紹介させていただきますと、それまでの能化制度が廃止され、学階制度が始まる文政七年（一八二四）に勧学が設置されます。それから、その次の年に、司教、助教、得業という学階制度が設けられます。明治十五年（一八八二）に輔教が、司教と助教のあいだに置かれます。伝統的に勧学、司教が講義をする側に位置づけられ、能化という言い方がされますけれど、教化する側になります。それに対して、輔教、助教、得業、この三種の人たちが講義を受ける側、所化です。このように二分されます。本講師は、勧学のなかから一名選ばれて、決められた聖教（実質的には自分が決めるわけですが）、これは真宗聖教のなかから選ぶという限定があり、つまり浄土三部経・七祖聖教、または宗祖あるいは歴代のものから、何か一つについて講義します。

EとFには副講者が座ります。講師ではなく講者という区別された役名がつけられていますが、副講者は宗乗副講者と余乗副講者に分かれます。今風にいいますと、宗乗副講者は真宗学の司教から選ばれ、基本的には真宗聖教を講義していきます。それに対して、余乗副講者は仏教学の司教から選ばれ、仏教の書物、つまり必ずしも真宗聖教ではなくてもよいとされておりますので、華厳関係の書物や天台関係の書物、三論関係の書物などを講義します。

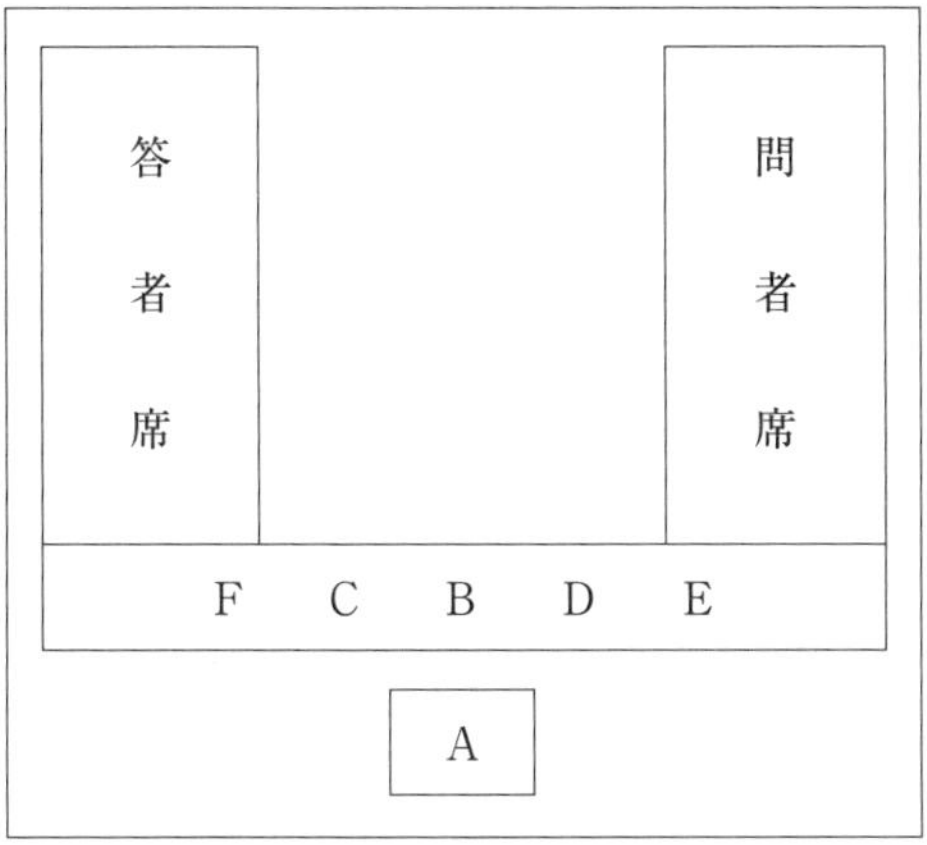

図　本願寺派会読の席次

安居の時間割は、まず本講師の講義があり、それから宗乗副講者の講義、そして余乗副講者の講義があり、それが終わって、いよいよ会読という時間に入っていきます。本講師または副講者の講義に関しては、大衆（ダイシュウ、所化は現在では大衆という言い方をします）、いわゆる聴講者が一方的に講義を聴く時間ということになるのですが、会読になりますと、ある意味主役は大衆ということになります。席次でおわかりのように、問者と答者、つまり問う側と答える側に分かれます。それぞれ六人ずつで、原則として得業二人、助教二人、輔教二人という構成になります。したがって、十二日間の会読ですから、延べ七十二人がこれに参加できることになります。実際には大衆は七十二人にもなりませんから、最低一回は問者なり答者なり、場合によっては問者と答者を一回ずつという形で当てられてきます。そのときに、先述のように原則は、問者が得業二人、答者も得業二人、問者が助教二人、答者も助教二人、問者が輔教二人、答者も輔教二人という形なのですが、そのようにうまく三分の一ずつで構成できるとは限りませんので、必然的に、得業が一組、助教が二組、輔教が三組ということも起こったりします。こういう形で座って始まっていくわけです。

会読全体の司会をいたしますのが、Dに座る典議という役目です。典議というのは、だいたい真宗学の司教から選ばれます。というのも、取り上げられるテーマ（論題《ろんだい》という言い方がされますが）、これは真宗学上の問題が取り上げられますので、それを交通整理していくのは、真宗学の司教が適切であろうということで、真宗学の司教が典議になるのが原則となっております。ただし、歴史的にみますと、必ずしもいつも百パーセント真宗学の司教だったわけではなくて、例外もたまにはあったようです。

2 会読の進め方

内容的な進行に入る前に、形式的な進行から申しますと、会読の場合は必ず問者の発言から始まります。そして進行の内容から申しますと、「題意」、「出拠」、「釈名」、「義相」、「結び」という順番で行われます。「題意」というのは、そのテーマを論じるにあたって、全体の見通しやテーマ設定の理由を一応ここで明らかにするのです。次の「出拠」とは、テーマの文献上の根拠です。このテーマを論じていくうえにおいての文献上の根拠です。先ほど申しましたように、論題、テーマそのものが真宗学のテーマですから、当然そのテーマの出発点となるような文献上の根拠は、真宗聖教、真宗の文献ということになります。そういう根拠を明らかにしていくのです。その次は、「釈名」といいますが、名というのは言葉、名辞です。テーマに関する概念規定です。テーマの言葉の意味を明らかにしておくというのが「釈名」です。次の「義相」とは、これがまさにテーマそのものを論理展開し、考察をしていこうということです。最後は「結び」。「結び」は必ずしもなされない場合もあります。この「結び」にあたるのが、判決です。先に申しましたとおり会読が行われるのは十二日間で、ここ数年ちょっと形式が変わってはおりますが、一応テーマが四つ挙げられておりますので、一つのテーマに原則として三日ずつあてることになります。三日目の最後、そのテーマを論ずる最後の日に、判決が行われます。これは裁判の判決と同じ字を書きます。結局、いろんな議論がされたけれど、最終的にこのテーマに関してはこう考えるべきであるというのが判決であり、これは本講師の責任で行われます。そのテーマに関する最終的な結論ということになります。ちなみに、このような「題意」、「出拠」、「釈名」、「義相」、「結び」という進行は、現在では殿試のときにも用いられます。殿試は百パーセント試験です。その試験のためのテキストには最後に「結び」と書いてありますが、会読ではこの「結び」というのは、判決という形で行われるわけです。

3　論題「逆謗除取」を例に

具体的にどういう形なのかという例を挙げてみましょう。安居会読論題の提要は、前もって公表されます。といいますのは、出席者たちはあらかじめ予習をしてくるからです。安居の出席者には二通りあります。まず学階を持っている者のなかで、輔教、助教、得業のなかから指名された者が招集を受けます（ただし、招集を受けた者が全員集まると、この本館講堂には入り切れませんので、来られない人もあるという前提で招集をかけます）。そして、招集されないが、本年の安居に参加したいと自ら希望して参加する人たちです。前者の場合には、本願寺から招集をかけたわけですから、交通費が支給され、宿泊費の補助もあります。後者はすべて自前となっております。そういう違いはありますが、実際に参加してからは待遇に何ら変わるところはありません。

会読のテーマそのものが発表されるのは前の年の安居の最後の日ですから、テーマに関しては一年間予習する期間があるということになります。それとともにだいたい一月頃に、「安居会読論題提要」というものが発表されます。これは典議の責任で発表されるのですが、この年度のこのテーマの会読に関しては、こういう流れで進めることを告知するものです。とくに大事なのは、「義相」、つまりテーマに対して、どういう形で話を進めていくのか、ということですから、予習をするにあたって、こういうものが前もって発表されたほうが親切だということで、あらかじめ提示されるのです。そこで今年度（平成十八年度）の会読論題として出されておりますものの一つ、三番目の「逆謗除取」の会読論題提要を例として説明させていただきます。

〔題意〕

『大経』第十八願の抑止の文には逆謗が除かれるが、『観経』下々品には五逆が摂取される。この相異について逆謗の意義を問い、除取の意趣についてその所顕をたずね、悪人正機の源意を明らかにする。

〔出拠〕
『大経』「第十八願」、『観経』「下々品」、『往生論註』、『散善義』、『本典』「信巻」、『尊号真像銘文』等の文。
〔釈名〕
「逆」「謗」「除」「取」
〔義相〕
一、『往生論註』の釈
二、「除取」の意義
三、『散善義』の釈
四、摂抑二門と逆謗除取
五、唯除の所顕

まず「題意」についてですが、真宗学を学んでいない者にとってはチンプンカンプンの文章ということになります。『大経』の第十八願文では、文章の形式上・表面上の意味としては、五逆と謗法の者は救いから除かれると示されていますが、『観無量寿経』という経典の下々品という箇所では、五逆を犯した者が救われると説かれています。一方では救いから除かれると説かれ、一方では救われると説かれています。この違いをどう考えるか、この違いについて、結局五逆謗法とはどういう存在なのかということを考えていって、そしてその五逆謗法を救いから除くといわれていることがどういう意味なのかということから、悪人正機というものの源意をみていこうという、このような流れになっております。五逆謗法を除くということと悪人正機ということと、どういう関係にあるのかという疑問をいだかれるかもわかりませんが、これは、従来から五逆謗法を除くというふうにわざわざいわれているのは、五逆謗法を犯す者がいるからで、誰もそういう罪を犯す者がいなかったら、わざわざそういう必要はないわけです。よく使われるたとえですが、トイレなどに履き物をキチンと揃えなさいという張り紙がされているのは、履き物を揃えない者がいるからであり、それと同様に、とくに第十八願に五逆謗法ということがいわれているのは、五逆罪・謗法罪を犯しかねない者を対象にしているからであり、第十八願の救いの対象というのは五逆・謗法という罪を犯しかねない者なのだ、とだいたいこういう流れでみていきます。

「出拠」として挙げられるのは、まず『大経』第十八願文、『観経』下々品です。これが先ほど申しました、五逆謗法は救いから除く、と言葉上いわれている『大経』と、五逆罪は救われるという『観経』です。この両者の相異についてどう考えればいいのか、そのあたりが論じられてきましたのが次の曇鸞の『往生論註』、それから善導の『観経疏』の「散善義」、それからまさにそれをテーマにしておりますのが、親鸞の『教行信証』の「信巻」、とくに末といわれているところです。それから、『尊号真像銘文』という書物に、第十八願文の、「ただ五逆と誹謗正法を除く」という言葉についての親鸞の解釈が示されていますので、そういうものを文献上の根拠にしようという意味です。ただこの「出拠」という文献上の根拠をどう位置づけるのかは、典議の方針によって、いろいろと変わったりいたします。私が典議にあたりましたときには、最低限必要なものだけを挙げておきまして、あとは義相のところで、論を立てていったり、あるいは論を批判するときに、それを出しなさいという形にしました。提要には「『尊号真像銘文』等の文」とありますが、「等」という語がついていますと、実際に会読が始まりますと、いくつ挙げてもいいわけです。関係がある文でしたら、何を挙げてもいいということになります。場合によりますと、これで時間をとってしまって、一番大事な義相のところが時間があまりとれないという場合もないではありませんので、私が典議のときには、この「出拠」というのを最小限に絞りました。

「釈名」というのは、この逆謗除取について、「逆」とはどういう意味か、「謗」とはどういう意味か、「除」とはどういう意味か、「取」とはどういう意味かということを明らかにしていきます。「除」とは

「義相」は、こういう順序でやりますよ、ということです。『往生論註』では、五逆謗法の扱いはどうなっているのか、「除取」はどう考えられるのか、それから「散善義」では、どういわれているのか。「散善義」では摂抑二門、これも内容を知っていないと意味不明でしょうが、除くというのは、やってはいけない、と止めるために除くといわれるのであって、実際は救いから除くのではないという言い方が『観経疏』の「散善義」ではなされています。たとえば昔からよく使われるのですけれど、母親が小学生くらいの子どもに対して、五時までに帰ってこないと家に入れませんといっておきながら、実際には五時を過ぎて帰ってきたときでも怒りながら家に入れる、というたとえがあります。「五時までに帰ってこないと家に入れない」という言い方が、第十八願文の言い方にあたるのであり、現実に五時を過ぎて帰ってきたときに、やっぱり入れるというのが『観経』下々品の、やっぱり救うという内容にあたるのだということになります。このようなたとえを使っているわけではありませんが、同じような意味のことを善導はいっています。それと逆謗除取ということの関係で、ただ除くといわれていることはどういうことか。この「五、唯除の所顕」のところで先ほど申しましたような、第十八願というものが五逆謗法を犯しかねないような者を救いの対象として立てられているのだということを論じます。こういう形で、こういう流れで会読というものは進められてまいります。

4　会読の論題

ここで、会読論題として、どういうテーマが挙げられているのかをみてみましょう。先ほど申しましたように、

ここ二、三年は傾向が変わりましたが、この論題が大正十四年（一九二五）に整理されております。それ以前は、このテーマはそれこそ山のようにありまして、学者が個人的にテーマを決める、そのテーマの名前、ネーミングもそれぞれの学者がそれぞれ好きなようにするということで、それぞれの学者の書物によって、当然テーマの数も違うし、同じようなテーマが取り上げてあってもネーミングも異なり、バラバラだったのですが、大正十三年にそれを整理しようという動きが起こり、大正十四年に整理されたのです。教義に関する論題七十、安心に関する論題三十、それから附題（これはだいたい異安心に関する論題）が十題、それから外題です。この外題は、けっこうタイムリーなテーマがあります。たとえば「大乗仏説」という題が外題のなかにはあります。はたして大乗は仏説か、ということを、ここで論じるわけです。また、現場に密着したような教学、「読経意趣」、経を読むということは宗風からみるとどういう意味があるのかとか、「祈禱卜占」などのテーマが外題にはあります。あわせて百三十題になりますが、この百三十題のなかからいわゆる会読論題が選ばれるようになったのです。

ここ二、三年は変わってきたと申しますのは、近年、非常に現代的テーマが設けられて、たとえば脳死・臓器移植について討議されるようになりました。この場合は正式の会読という形をとらず、自由討議という言い方がされておりますが、形式的には会読に近い形で行われております。大衆、つまり、講義を受ける側がテーマについていろいろ議論を戦わせるというものです。それが試験的意味合いもあって三年前から始まったわけです。形式も必ずしも定まっておりません。いちおう人数だけを決めただけの、まさに自由討議です。大学の演習のように、特別に質問者、問者と答者を決めることなく、好きなようにおたがいに議論をしてくださいという形式をとったこともありますし、そうではなく、ディベート形式に、強制的に脳死認容と脳死不認容のグループに分け、それぞれが自分の主張を展開する、それに対してそれぞれの時間を決めて質問をする、という形で試してみるなど、いろんな形で現在行われております。ちなみにこの脳死・臓器移植は三年で終わり、今年度（平成十八年度）は、仏教と平和について、平和という問題を仏教ではどう考えるのかを取り上げることになりました。

四　会読の心得

1　問いも答えも簡潔に

それぞれのテーマについて会読が行われるのですが、会読はこういう形で行うという規定があるわけではありません。それぞれ典議の任にあたった者が、それなりの思いを持って会読を進めていきます。ただ、普通は会読は七十分間とされています。七十分ということは、先ほどいいましたように、六組ありますから、一組わずか十分強しか時間がとれないということになりますので、延々と質問をしたり、長々と答えたりということをしますと、問答の往復ができず、一回の問いと一回の答えだけで終わってしまうということになりかねません。

心得としてまず、問者の問いは、簡潔なのがベストです。何を聞いているのかよくわからない問いはもちろんのこと、丸投げのような問い、全部投げてしまうような問いもよくありません。簡潔に答えられるような、そういう問いをするべきです。たとえば、本年度、「執持名号」というテーマがあります。これは『阿弥陀経』の「執持名号」という言葉を取り上げたものですが、親鸞は『阿弥陀経』について、隠顕という表と裏の二重の構造があり、表に見えているのは方便の教えだと示しましたので、当然このテーマは、『教行信証』の「化身土巻」が中心になってまいります。そのときに、「執持名号」について、宗祖の「化身土巻」の釈について説明してください、という質問ですと、それこそ、丁寧に答えれば一時間でも二時間でもかかります。このような丸投げの問いは避けるべきです。一方、答者の答えも簡潔なのがベストです。問われていないことについて答えを展開する必要はありません。延々と答えますと、かえってどのように答えたのかわからなくなります。また、問者の問いは、最初の問い以外は、答者の答えについて問いとするのがよろしいといわれています。最初の問いは問答の緒として重要ですが、あとは答えのなかの言葉について、「あなたはこういう言葉で答えましたけれど、あなたはこの言葉をどういう意味で使っているのですか」「あなたはこういう主張をされましたけれど、その主張の根拠は何ですか、どうしてそのようにいえるのですか」という形で聞いていくと、その会読の問答というのがある意味で生産的な方向に動いてまいります。

2　合意のこと

もう一つは合意に関することです。問者と答者のあいだで合意できる点を共許（グウゴ）という呼び方をいたします。共に許す、というのは、認めるという意味だと思われますけれど、おたがいに共通に認められる部分と、認められない部分とがあります。この共許に関しては、当然、会読を始める前から、前提として、みんなが認めているものがあります。それはどういうことかというと、真宗教義について論ずるうえで、最高の根拠は親鸞の書いた物であるということです。わざわざいう必要もないほど、当然の合意事項なのです。ただ、そういう合意事項、前提が、時代によって少し変化している場合があります。たとえば、これは必ずしも安居の会読ではないのですが、過去の真宗内部の論争をみますと、完全に、親鸞と覚如、蓮如が、同じレベルで論じられています。当然、三者とも真宗の教義を明確にした人物ですが、親鸞の『教行信証』と蓮如の『御文章』が、完全に同列に論じられているのです。もっというと、それぞれが水戸黄門の印籠なのです。『教行信証』にこう書いてある、『御文章』にこう書いてある、という言い方がされてきたのです。しかし、最近は必ずしもそうではありません。依然として、真宗教学についての議論であるわけですから、親鸞の書物、『教行信証』にこう書いてある、といえばそれが印籠になるのは当然ですが、『御文章』、あるいは覚如の釈文は現在では必ずしも印籠にはなりません、そういう時代になってきております。それと同時に、これもまた時代性といいますか、一時代前には考えられなかったことですが、『教行信証』を出してくる場合でも、現在では、真蹟本にはこうあるという議論になります。と申しますのも、以前は真蹟本自体がそう簡単には見られませんでしたが、今は、写真版も、コロタイプもけっこう自由に見ることができる時代ですから。たとえば信一念義という論題について論じられるときに、信巻の信一念についての親鸞の説示に「時剋の極促」という言葉がありますが、その「促」という字の左側に、「トシ」という仮名が付いています。かつてはそれが根拠になって、「促」というのは、速いという意味だといわれてきたのですが、現在では、「トシ」という仮名は親鸞の真蹟本である板東本にはないから、それは根拠にならないのではないかという形になってきております。

また、合意できない、つまり共許できないということについてですが、本願寺派内におきましては、江戸時代後期に能化制度が崩壊してから学階制度になるわけですが、この時代から、いわゆる学派分裂という形で、各学派によって学説の違うことが明確になってまいります。現在では必ずしも学派というものは残っていないのですけれど、先ほど申しましたように、前もって予習するときに、やはりこの学派のこの先哲の説がいいと思うなど、それぞれ依用していく学説が違ってきます。そうすると、けっこう丁々発止のやりとりになってきたりする場合があります。ただ、合意できないものについては、どうしてもそこを議論しなければならないのか、というと必ずしもそうではありません。会読ではあまりこういう例は出てきませんが、先哲の講録などを見てまいりますと、そのなかに出てくる言葉の一つに、取捨任情（シュシャニンジョウ）というのがあります。いろんな考え方を出して、どれを取り、どれを捨てるのかは、それぞれお好きなようにしなさいという意味です。どれを取れば間違い、どれを取ったから正しいということはありません。それぞれ、それこそ、宗教的な意味からいうと、自分が有り難いと思う解釈を取ればよろしい、ということもあります。合意できなくても、それは取捨任情だから一向に構わないのです。

五　会読の教育的意義

会読の教育的意義について論じるとき、大事になってくると思うものに、問者と答者の組み合わせがあります。それは前の日に発表されるわけですが、どうしても力の差が出る場合があります。教学理解に浅い深いがあるからです。基本的には同じ学階で、得業なら得業同士、助教なら助教同士、輔教なら輔教同士というふうに当てるわけですが、とくに輔教同士の場合にその差が大きくなるようです。問者が深くて答者が浅い場合、これは問者が試問をするような流れ、形になります。逆に、問者が浅くて答者が深ければ、答者が教えるという形になります。問者と答者のあいだに教学理解の浅深があまり存在しない場合には、まさに教育的意味としては、おたがいに多様な視点とか、多様な論理が呼び起こされてくる会読になります。そうなれば理想的ですが、実態は、必ずしもこんな風にうまくいっているとはいえません。先ほども申しましたように、前の日に問者と答者が発表されますので、二人で相談して台本をつくることもあります。しかし、一番はじめの一組目はどこから始まるかわかりやすいのですけれど、二組目、三組目になりますと、いったい最初の組がどの辺まで進むのかよくわかりません。だいたいの狙いをつけて台本をつくってもヤマがはずれて全然違うところがあたり、二人とも立ち往生してしまうこともあります。

また典議が交通整理をしますから、台本通りに質問しているのに、典議にそういう質問じゃなくて、こういう質問をしなさいと指示される場合があります。そうすると、台本が何の役にも立たなくて、あとは実力で何とかしなければならなくなります。そのほか、せっかく台本をつくったのに、片方がドジを踏んでうまくいかないという場合もあるようです。おたがいに、一番目にこれを聞きますからこう答えましょう、二番目にこれを聞きますからこう答えましょう、三番目にこれを聞きますからこう答えましょう、と打ち合わせているにもかかわらず、一番目の問いに対して二番目の答えが出てきたりするのです。問者があわてて二番目の問いをすると、また次に三番目の答えが返ってくる。実際に聞いておりますと、問いと答えが全然合わないのです。聞いていることと答えていることが、まったく食い違っている。そういうのを聞きますと、これは前もってつくっておいた台本が、どこかでずれてしまったことが見えてきます。

この会読といいますのは、はじめに掲げた図をご覧いただきたいのですが、回りには門者や答者に当たっていない人たち（大衆）がみんな座りまして、あるいは大衆以外の関心がある人もみんな座って、なりゆきを見守っているのです。上手にできる人にとっては晴れ舞台になるでしょうし、自信のない人にとっては非常に困った場面ということになります。それでも、晴れ舞台だと思っている人は、精一杯自分をアピールしようと一生懸命勉強をしてきますし、困った、と思っている人も、恥をかかないように一生懸命勉強してきます。それでも恥をかくことがあります。ですからこの会読が、それぞれ真宗学のいろんなテーマについて勉強していくモチベーションの一つになっており、その意味で教育的意義もあるのではないかと思います。

Ⅱ 宗教内論争と宗教間論争

豊後の宗論

中国初期仏教における道教・儒教との論争と交感

佐藤智水

一　魏晋時代における談論の風景

私は中国の漢代から唐代にかけての社会変容において、そこには経済構造の変化、民族問題や身分制の問題も関わってきますが、その変容に宗教がどう関わっていたのかということを最大の関心事としています。本論では魏晋南北朝時代（三～六世紀）を取り上げたいと思います。ところで西晋の時代（三世紀前半～四世紀はじめ）までは、道教と仏教とのあいだで敵対的討論というのは、あまり見られません。その後に仏教が社会に浸透し始めた四世紀後半から五世紀に入ってから、その拡大動向を見逃すことができないと道教側が考え始めたときに、仏教の勢力を押しとどめようとしたり、あるいは、それに勝ろうとしたりするような動きが出てきます。

今回の連続シンポジウムの課題は、異文化・異宗教間の対話のあり方、と理解していますが、儒教と仏教との論争に関していえば、この両者間には対等な議論は成立しませんでした。なぜかというと、この時代の思想や文化は中国的な礼教のあり方と深く関わっていたからです。古代中国人は、宇宙は天が主宰するものであって、天の意志によって世界が成り立ち、天上の星の運行も、地上の世界も、天によって秩序が保たれていると信じていました。ですから、天の権威や、天と深く結びついている聖人たち――尭、舜、禹、孔子など――の発した言葉をひっくり返すような発想はありえませんでしたし、たとえそのような論法を立てても蔑まれ、最初から埒外に置かれました。すなわち、古代知識人のあいだでは、天は超越しており、批判の対象とすることは許されない絶対的真理であると受け止められていたのです。こうした中国の伝統的観念に対して、仏教徒の側は、迂回した論理で説得にかからなければなりませんでした。仏教の有する世界観や生命観を展開するのに、つねに中国的な天の絶対性にしばられた状態で議論しなければならなかったということです。

また、儒教と道教との関係は、知識人にとっては、礼と俗、公的領域と私的関心、表と裏の補完関係にあり、道教が分をわきまえている限りは、両者のあいだに深刻な論争は存在しなかった、といえます。

そういう中国社会に、不思議なことに、少しずつ仏教が浸透していきました。その際、仏教者の側からのいろいろな取り組みや働きかけは、あるときはばらばらと散漫に、あるときは並行的に相互に影響し合いながら、徐々に中国の人々に受け入れられていくというプロセスをたどりました。その過程で仏教も変容し、中国社会にも何がしかの変化が起こってきました。すべての人が意味のある人生を求めることができるとする人間観の変化は、その顕著な例だと思います。

仏教と道教・儒教とのあいだで行われた対論や討論のありさまや内容について、史料はきわめて限られています。今回取り上げる中国初期仏教における道教や儒教との論争については、知識人の議論として有名な「清談」――私は「談論」といっております――が、具体的な例として手がかりになるかと思います。史料として紹介するのは、

『世説新語』(1)という書物です。撰者の劉義慶が四四四年に亡くなっていますから、四〇〇年代の前半に書かれたものです。最初に取り上げる事例は、三国の魏の時代に、何晏(?~二四九)と王弼(二二六~四九)という二人の玄学で著名な知識人が議論するものです。何晏は、中央で官僚の人事を取り仕切る吏部尚書という地位にあり、名声の高かった人物です。

おりしも談客たちが席をうずめている。まだ二十歳前の王弼が会いに出かけた。何晏は王弼の評判を耳にしていたので、それまでに提起された優れた論を列挙し、王弼に語った。「これらの論は、自分は最高のものだと思う。まだこのうえ批判の余地があるかね」。王弼はさっそく批判を始め、それを聞いた列席者はまいったと思った。そこで王弼は自ら難者となり答者となって数番やった。どれも列席者が及びもつかぬものであった。

(『世説新語』文学篇)

これは仏教を論議している場面ではありませんが、いわゆる主者と客者、ホストとゲストがいて、その二人が問答をし、そのやりとりを周りで談客が見ているというものです。ここから、魏の時代の談論の場の様子をうかがうことができます。当時の知識人たちは、まったく一対一で対峙してやり合うこともあったようですが、多くの場合、談客の前で主者と客者が論議のやりとりをするという談論が多かったようです。ときには仲間数人を引き連れて、「おい、あいつのところへ遊びに行こう」とドヤドヤと押しかけ、そのうちに、何かをきっかけに談論を始めたという話も残っています。

たとえば、あるとき、ある有名人が娘にお婿さんをもらいます。お婿さんもなかなかの知識人です。みんなで結婚式のお祝いに行って、そこで興に乗って、お客の一人が「おい、あんたのところの婿さんと、ちょっと一番やりたいんだけど」といって談論を持ちかけます。するとだんなが「おいおい、今日はそれぐらいにしてくれよ。婿殿も疲れているから、それ以上とっちめないでくれ」といったというほほえましい話もあります。

二人が対峙する談論のとき、手には、柄の先に毛を束ねたものが付いた麈尾《しゅび》というものを持って議論をしたようです。席次については、はっきり書いてあるわけではありませんが、主人が南に向かって座り、客がその向かいに座って、介添人が西側に東を向いて座る、という事例が多かったようです。もともとそういう場はいちおう儀礼にのっとって——たとえば年齢順で席順を定めるなど——いたわけですが、お酒が入ってくると席も乱れて崩れたこともあったと思われます。

談論のテーマを選ぶときには、「おまえのところに書斎があるだろう。ちょっと本を見せてくれ」などといって本を見て、「おい、これはどうだ」「これ、いいんじゃないか」というふうにそのなかの一冊を取って始めたこともあったようです。といっても、そういう議論を仕掛ける人は、たいてい自分の得意な本を選ぶに決まっているわけですが……。

素材としてもっとも多く取り上げられたのは、『老子』や『荘子』といった老荘思想でありました。なぜ、そういう素材が多く使われたかというのは、魏晋時代を考える一つのポイントになります。漢王朝は、国家の支配体制と儒家的な礼教思想との関係が比較的うまくいっていて、知識人たちの現状認識と彼らの思想とが、それほど乖離していませんでした。けれども、二世紀の後半に起こった黄巾の乱という農民の大反乱を契機に、その漢王朝が崩壊し、社会が根底からひっくり返ってしまうわけです。漢王朝が倒れるということは、私たちからすれば日本国が瓦解するというような感じだったのではないかと思います。そのときにはじめて自分たちが大事にしてきた儒教的秩序、盤石だと思っていた礼教的世界は仮の姿ではないかということが、知識人のあいだで共感されていったのではないかと思われます。そこで、人々の関心を引いたのが老荘思想でした。われわれが生きているこの世界を秩序立てていると思われるものは、じつはその背後にある大きな見えない何か、それを老荘思想では「無」と表現しておりますが、知識人たちは、この無こそ物事を動かす根源的な力そのものであるという設定を『老子』や『荘子』のなかに見出し、盛んにそれを議論するようになります。漢王朝を支えていた価値意識の揺らぎは、仏教者の側からすると、格好の状況が現出したわけです。

次に紹介するのは、支遁（支道林：三一四〜六六）という中国人の僧侶です。彼が活躍した時代は東晋王朝といいまして、華北に少数民族が南下してきて、漢族王朝は南に追いやられていました。江南の社会で、支遁は貴族たちに誘われて、いろいろな談論に参加します。

　許詢の若いとき、人々は彼を王修になぞらえた。許詢はたいそう不満である。おりしも、名士たちが林法師（支遁）とそろって会稽の西寺で仏典を講ずることになり、王修も参加した。腹にすえかねていた許詢はさっそく西寺に出かけて王修と討論し、勝負を決した。こっぴどく相手をやり込めたため、王修はまったくかたなし。許詢が今度は王修の論理を使い、王修が許詢の論理を使ってもう一度やり直したが、王修はやはり屈した。許詢は、支遁に向かって言った。「私のさきほどの議論はどんなものでしょう」。支遁はさりげなく「君の議論はすばらしいことはすばらしい。でも、あそこまでやり込めなくとも。あれじゃ妥当な理を追求する談論じゃないね」と言った。

（『世説新語』文学篇）

ここで面白いのは、「あんたの持っている論理と自分の持っている論理を取り替えて、やろうじゃないか」という提案を、相手も受けて議論をしているという点です。こういう討論は、常人わざではできない珍しい例だったために、史料として残ったのだと思われます。

この奇抜なやりとりに対して、支遁が「あれじゃ妥当な理を追求する談論じゃないね」といいます。原文では

「豈是求理中之談哉」（豈に是れ理の中るを求むるの談ならんや）と書いてあります。「理の中る」というのが、「妥当な理を追求する」というところに相当します。つまり、理（真理）というものに、ピタッとあたる、できるだけそこに近づくというふうなことにはなりにくいね、という支遁の評が述べられています。支遁自身は、ゲーム化していく談論に対して、思うところがあったということが、ここでは読み取れるように思います。

次の事例を紹介します。

支遁や許詢の面々が、そろって会稽王（のちの東晋簡文帝）の書斎に集まり、支遁が法師、許詢が都講をつとめた。支遁が一つの意味に解釈をくだすと、参会者一同がなるほどと満足する。許詢が一つの反論を投げかえすと、みんなは手をたたいて小おどりする。ただ、みな二人のみごとさにほれぼれするだけで、どちらが道理にかなっているのかはわからなかった。（『世説新語』文学篇）

これはいわゆる講経の場面です。その席には、講師役である法師の支遁と、質問役である都講の許詢がいて、その二人がやり合うのを参会者が見ています。ここでは、参会者は勝ち負けがわからなかったということになっています。

勝負がはっきりわかるというのは、おそらく片方が、もうそれ以上答えられなくなるというときでしょう。しかし、最後まで双方で激しく丁々発止とやり合って痛み分けになることもあります。そうすると参会者の多くにとっては、勝ち負けがわからないことになります。でもなかには、ああ、今日の議論はこっちのほうが示唆に富んで面白かったな、という感じ方をする人がいて、それがゆるやかな評価として広まり、やがて彼ら貴族社会のなかで輿論として定着していったと考えられます。

主者と客者が談客の前で論議する談論のやり方は、こうして仏教の講経に取り入れられて一般化していき、さらには斎会などの僧の説教でも採用されました。

次の話も同様の事例です。

于法開ははじめ支遁と名声を競い合っていたが、その後、人気は次第に支遁に帰し、心の整理もつかぬままに剡山のあたりに引きこもってしまった。弟子を都につかわすにあたって、会稽に立ち寄るよう言いつけた。その頃、支遁はちょうど『小品般若経』を講義していた。于法開は弟子をさとしていった。「道林（支遁）の講義は、お前が着く頃には、なにがしの章のところをやっておろう」。そこで数十回分の反論を教示し、「昔から、ここは解釈のつかぬところだ」といった。弟子はいいつけどおりに支遁を訪れた。ちょうど講義のまっさいちゅう。そこで慎み深く于法開の意見を陳述した。

長時間にわたってやり合っているうちに、支遁はかぶとを脱ぎ、声をあらげていった。「お主、もうそれ以上ひとのうけ売りをする必要はなかろう」。

（『世説新語』文学篇）

于法開と支遁は、都（建康）でいろいろな談論の場に出掛けていました。けれども、支遁の評価がだんだん高くなっていって、于法開は誰からも誘われなくなりました。彼は、『高僧伝』にも載せられている著名な人物なのですが、『世説新語』では、于法開が支遁の人気に嫉妬し、弟子を使って講義に反論してやりこめさせ、それには支遁もいささかキレたという、知識人の遊び心をくすぐる内容になっています。

ただ、このように、談論の場が臨場感をもって伝わる記録はきわめて少ないですし、また、この例でも、談論の具体的中身がどのようなものであったのか、という点について、素材が『小品般若経』という以上のことは記録されていません。

二　陸澄『法論目録』

仏教がある程度広まり理解されるようになると、仏法の真理を知りたい、究めたいという真摯な仏教者が、先達たちに対して真義を問う、そういうことも多々ありました。どのような疑問が発せられたか、それにどう応じたかを伝える史料として、陸澄（四二五～九四）撰述の『法論目録』[2]という記録があります。

この書物はもともと目録だけで、法論の中身については、他の書物に残っているものもありますが、すでに失われているものもたくさんあります。陸澄は、劉宋明帝（在位四六五～七二）の命を受けて材料を集め、それらを分類しました。たとえば「法性とは何か」「般若とは何か」「法身とは何か」「解脱とは何か」ということを論じたもの、というように、それぞれのテーマごとに十六帙に整理しました。この目録を見ると、陸澄がどういう論議に関心を持ち、どういうことに対してより深い理解を得たいと思っていたのかということが、よくわかります。

この目録には、訳出経典に付された経序というものもありますが、多いのは往復書簡です。第四帙と五帙には、廬山の慧遠（三三四～四一六）が長安の鳩摩羅什（三四四～四一三）と交わした書簡について記録しています。慧遠が「法身とは何か」などについて羅什に尋ねたということは有名ですが、この書簡は『鳩摩羅什法師大義』（別称『大乗大義章』）として大正蔵経四五巻（諸宗部二）に収められています。また、具体的内容は不明ですが、王謐（王稚遠：三六〇～四〇七）が羅什に対して、しきりに慧遠以上にさまざまなことを尋ねたということも、この「法論目録」でわかります。また、沙門は王者に対して礼敬をいたすべきだということを押し付けようとした実力者桓玄（桓敬道：三六九～四〇四）と、それに反論した廬山の慧遠の書簡のやりとりなどもあります。これらは書簡の往復ですから、両者が同じ場所に会して交わす対論ではありません。対論で行われたことをきちんと記録するというのは、記録上の問題や言葉、とくに方言の違いもあって、正確に記録するのは非常に難しかったのでしょう。相手に自分の意見を正しく通じさせるために、誤解のないように、手紙で論じ合うという方法がこの当時多く行われたようです。

三　問答形式の仏教解説書

次に問答形式の仏教解説書について見てみましょう。仏教が中国の人々に理解されるようになるまでに、およそ三百年以上の積み重ねが必要でした。いわゆる中国初期仏教の時期、仏教に関心を寄せていた知識人や僧たちは、いろいろな談論の場で、仏教に対する冷やかな非難や、的外れな疑問を投げつけられることが多々あったことが予想されます。その事情をうかがうについては、『弘明集』に収められている牟子『理惑論』がまず最初の素材を提供してくれます。この書は後漢の終わりから三国のはじめ――おそらく三国の呉――に、牟子という人物が三十七条の項目ごとに、「問曰……。牟子曰……」として整理したものです。すなわち、ある人が「問曰（とうていわく）……」と、しかじかの疑問を投げかけた、そこで、私牟子は次のように回答するという問答形式で、相手の質問に答えつつ相手の迷妄をさとすという構成の書物です。

『理惑論』は、当時の仏教者が、中国社会に対して、いかにして仏教理解を勧めようとしていたかを伝えるテキストとしてもよく読まれています。『理惑論』では、たくさんの譬喩、たとえ話が巧みに使われます。また、論証のために、『尚書』『論語』『左伝』『老子』『荘子』などの古典が頻繁に引用されます。つまり、絶対的な権威である天の観念を基盤とする古典を次々に出していって、「仏教というものは、こういうものだ、そのことは『論語』や『左伝』にも、こう書いてある、『老子』も、こういっている」といって、逐一防波堤をつくりながら、「だから仏教は、中国の儒や老荘の奥義と少しも矛盾しないのだ」というふうに説得しようとするわけです。

それから、孫綽（三二〇～七七）の『喩道論』という書物もあります。これは、『理惑論』よりもう少し時代が下がります。孫綽という人は著名な人物でした。仏教に対して疑問を抱く者に対して、彼の場合は、ある人が「難曰（なんじていわく）……」と、仏教を次のように批難している、そこで、「答曰（こたえていわく）……」と、自分はこういうふうに答えるという形式で、疑念の最たる応報・殺生・孝の問題を主に取り上げて、相手をさとすという筆法をとっています。

そして孫綽は、「周・孔はすなわち仏、仏はすなわち周・孔なり」と主張して、仏（ブッダ）というのは周公旦や孔子と同じような存在なんだと、先聖と同列に論じています。積極的に儒教と仏教の奥義は一致すると論じているわけです。

もう少し時代が下がって五世紀になりますと、仏教が民衆のあいだでもかなりの勢いで広がり始めます。そうすると、それは当時の巫師や道士たちの生活の基盤をも危うくするものになってきました。そこで彼らは仏教に対して、さまざまな攻撃を仕掛けていきます。

作者不詳の『正誣論』は、道教側の仏教に対する攻撃、たとえば『老子化胡経』や『老子西昇経』を踏まえて仏教へのいわれなき誹謗がなされるのに対し、それを正すべく、十一条の項目ごとに「誣曰（そしりていわく）……」と、ある人が、こういうふうにそしっていうけれども、私は彼に対して、こう正していくのだという形式で、論を展開し反駁していきます。『正誣論』も、牟子や孫綽と同じく、『尚書』『論語』『老子』などを頻繁に引用しています。

『理惑論』や『喩道論』『正誣論』の説得方法というのは、おそらく前の時代に談論の場で行われていた対論形式をヒントに、難者の批難を「問曰……」「難曰……」「誣曰……」とし、それに対する主者の対応を「答曰……」として展開し、自分の主張をわかりやすく社会に向けて発信するという性格のものではなかったかと思います。また、同時にこれらの書は仏教解説書としても広く読まれるようになりました(3)。

四　僧祐『弘明集』後序にみえる「六疑」

五世紀後半に活躍した僧祐（四四五～五一八）は、『弘明集』を編纂し、この時代に「難曰……」とか「誣曰……」というふうに出された疑難の内容を整理して、それらを六つにまとめました。

一つ目の批難は、「仏教の経説は迂誕、大にしてしかも徴《きざし》なし」。つまり、仏教の教えは大げさなだけで真実でない、というものです。

二番目は、「人死すれば神は滅し、三世は有ることなし」という批難。これは、魂が輪廻を繰り返すというのは嘘であって、魂が滅したら、もう滅したままだという「神滅」という考えです。

三番目は、「真仏を見ることなく、国の治に益するなし」というものです。仏、仏といっているけれども、真仏に会った者を見たことがない。それに、仏教の教えというのは国の政治にまったく有益でない、という批難です。

四番目は、「古には法教なく、近く漢世に出ず」という批難で、仏教は古い古いというけれど、せいぜい漢代の頃に中国に来たものだ、というものです。

五番目は、「教えは戎方にあり、化は華俗にあらず」という批難。夷華論といわれていますが、仏教は夷狄《いてき》社会にのみ通用する教えであって、高度な文化を持つ中国社会にはとても通用しないものだ、という批難です。

最後に六番目は、「漢魏には法は微かにして、晋の代に始めて盛んなり」というものです。これは、仏教は三国時代までは微々たるもので、晋の時代にようやくのさばってきただけではないかという批難です。

五　夷華論争

この六疑のなかで、とくに夷華論争について、見ていきます。道教の夷華論で主張される仏教批判は、「道教の道と仏の道とは、もともと一であり、たがいに感通する。しかし各地域には固有の俗（風俗習慣）がある。仏教は本来的には夷の俗を教化するための教えであるから、高邁な中華の俗には不適である（中華から夷狄を教化することはあっても、その逆は不要）」という批難です。

ここで注目されるのは、「道教の道と仏の道とは、もともと一である」とある点です。この部分を理解するためには、歴史的経過をたどってみる必要があります。じつは、道教もまた、儒家思想を軸とする礼教的世界のなかでは長いあいだ裏の役割、日陰の存在でした。それが漢帝国の崩壊と相まって老荘の立場から儒家思想を解析しようとする玄学が発達してきて、老荘への興味が高まってくると、彼らは世界の根源を「道」であるとか、「元始」であるとか、「一」であるというふうに立てていき、それは結果的には老荘と仏教とのあいだの垣根を低くし、あるときは老荘を掲げる道教が仏教の発想に触発されて教義を練り直し、あるときは仏教が老荘を引き寄せて理解するという、仏教と老荘とが交感し合う関係が成り立った格義仏教の時代があったわけです。

しかし、仏教が顕著な広がりを見せると、急成長してきた仏教に対して優位に立とうとする道教側の攻勢が始まり、仏教は夷狄（外国）の神を拝する野蛮なものと蔑視する態度が露骨になりました。こうした仏教批判の夷華論を本格的に主張したのは、道士の顧歓（四二〇頃～八三以後）で、『夷華論』という書物を著しています。それに対して、袁粲（四二〇～七七）が反論を書き、それに顧歓が答書を書きます。すると今度は、『夷華論』に対して、明僧紹（?～四八三頃）という知識人が『正二教論』という書物を著します。また謝鎮之が『与顧道士書』を著し顧歓に論議をしかけると、顧歓がそれに答える。謝鎮之はもう一度『重与顧道士書』を書きます。そして、朱昭之『難夷華論』、朱廣之『疑夷華論諮顧道士』、釈恵通『駁顧道士夷華論』、釈僧敏『戎華論』等々、次々に道士顧歓の夷夏論を批難する書簡や一文を著します。顧歓はほぼそれらに反論する、という激しい論争が起こりました[4]。

夷華論について、実際にはいろいろな場で談論が行われたと思いますが、記録として残っている仏教側の資料では以上のような経緯をたどっています。非常に盛んに双方のやりとりが行われていますが、道教側の資料にはほとんど見られないので、実情は少し違っていたのかもしれません。これらのやりとりのなかで気になるのは、双方ともに意味のあるところを見つけようという生産的な議論には至っていないことです。しかし、まだそれでも、この時期まではおたがいに少し自己抑制が働いていたと感じます。

六　「老子化胡」説と交感

「老子化胡」説については、「後漢　襄楷の上奏文」と、「伊存　口授仏教」という初期の史料を紹介します。

後漢の桓帝（在位一四六～六七）の時代に襄楷という人物が、皇帝に対して、「陛下が日頃行われていることは、清らかな道に背いています」ということを切々と訴えます。西暦一六六年のことです。結局この訴えは聞き入れられず、やがて黄巾の反乱に突入していくわけですが、その訴えのなかに仏教に関する記述があります。中国初期仏教史においては必ず取り上げられる史料です。

「後漢　襄楷の上奏文(5)」

私（襄楷）は申し上げます。「宮中には黄老・浮屠を祀る祠を立てておられると聞いております。これらの教えは、清らかで無為をたっとび、生を好み、殺生を悪み、欲望を取り除き、奢侈を遠ざけるものであります。いま陛下は諸欲を遠ざけることなく、政においても刑死の罰は度を超え、すでに静虚の道に背いておられます。どうして黄老・浮屠の神の祚（さいわい）を得られましょうか。

ある人の言によると、老子は夷狄の地に渡って浮屠となられた、とのことでございます。しかも、その浮屠は執着心の生じないよう、同じ所に三宿せずつねに遊行するという、じつに清虚の精神の極致に達せられました。……」

この上奏文で襄楷は、老子が西に行って浮屠、つまりブッダ（仏）になったという説を引用しています。しかし、先述の夷華論に描かれているような仏教を軽蔑するとか、あるいは、強い対抗心を持つという雰囲気はうかがわれません。つまり、老子が西に行ってブッダ（仏）になったという「老子化胡」説が発生した当初は、いわゆる中国上古の聖人である黄帝と老子を併せてお祭りする神仙信仰の世界に仏も加えるという、非常におおらかな老子化胡であったわけです。

次に紹介する史料も、若干変化はしていますが、まさに、そういうふうにいうことができると思います。

「伊存　口授仏教(6)」

思うに、老子は西の方、関門を出て西域を過ぎ、天竺に行き、胡を教化し、浮屠となった。その弟子の別号は、合わせて二十九ある。詳しく載せることができないので上述のように略した。

この史料では、老子が天竺に赴き胡を教化し仏となった、とあり、上からの目線が少し気になりますが、全体として見れば、浮屠（仏）に対する蔑視はないように思います。

ところが、五世紀後半になって、道士の顧歓などが、この老子化胡説を引き出して、もともと浮屠（仏）の教えというのは老子が向こうへ行って教化したその教えだ、だから、こっちが本家で、おまえのところが分家だというふうに、仏教に対して論争をしかけていきます。

ところで、顧歓の主張は、道教と仏教の違いを強調し仏教を凌駕しようとする対抗心をむき出しにしたもので、当時の人々の受け止め方とは大いにずれがあった、と思います。むしろ、大衆のあいだでは、初期の「老子化胡」説のように、老子と仏というのは区別する必要もないというような受け止められ方をしていました。そういう社会的な風潮というものがあったのではないかと思っております。大衆のなかでは道教と仏教は交感し合い、仏も老子も自分たちが頼りにできるものとして峻別せずに受け止められていて、それがまた仏教が老荘を借りて成長拡大する土壌となっていたのでしょう。そのことが道士顧歓に危機感をもたらした、と思われます。

七　志怪小説にみる交感

次に、四四〇年頃に編纂された『幽明録』[7]から、「巫師の舒礼《じょれい》——あの世で鉄板焼にされた男」という話を紹介します。

巫師（まじない師）の舒礼は病で死にますが、彼が冥土の世界に行くと、お呼びがかかって太山（山東省の泰山）に連れて行かれます。そこで、冥界の主である太山府君から「おまえは生前の世界では、いったいどういうことをしてきたのだ」と尋ねられます。舒礼は、「私は三万六千の神々に仕えてまいりまして、人々のために病気や厄除けのお祓いをし、また牛・豚・羊・鶏・鴨などを犠牲として捧げて、神々をお祭りしてきました」と答えます。すると府君が、「おまえは神にへつらって、数々の殺生を行ってきた。その罪は重大で、まさに熱熬《ねつごう》に上すに相当する！」といって、役人に命じて熱熬所――いわゆる地獄の一種――に連れて行かせ、舒礼は焦熱の鉄板で焼かれます。鉄板の上で転げまわって身体中焼け爛れるのですが、死ぬこともできず、その苦しみは二日間続きました。一方、府君は、「もうそろそろ死なせてやろうか」といって禄籍（天に保存してある人々の寿命の戸籍）を調べさせたところ、舒礼の寿命は余りがまだ八年もありました。そこで府君はただちに舒礼を連れて来るように命じ、放免します。最後に府君は舒礼に向かって、こういいます。「さて、今、おまえを生き返らせてやるが、これから残りの人生を終わるまで、けっして再び殺生・淫祀をしてはならぬぞ」。こうして舒礼は生き返り、そしてその後は二度と巫師となろうとはしなかった、という説話です。

この話には、まだどこにも具体的に「仏教」という文字は入っていません。しかし、神々を祭るため犠牲として動物たちを殺すことが「殺生の罪」にあたり、その罰として「冥界の地獄の責め苦にあう」というのは、それまでの中国的な発想ではありえないものです。巫師に貢ぐ人々を仏教の方に向かわせようとする意図が読み取れますので、この話をつくったのは確実に仏教者でしょう。仏教に思いを寄せる人たちが、布教を目的として、民間信仰に仏教風味を加えた目新しいうわさ話をこしらえたのだと思います。

じつは、この手の話、つまり、一度死んであの世の地獄を見てきた話は、この時代にたくさんつくられまして、これが意外な反響を呼びました。一段と仏教風味の強い地獄めぐりの話、過去に実在した人物を登場させ地獄に送る話など、もっと面白い話がたくさんあるのですが、この巫師舒礼の話は仏教に関わるもっともプリミティブなものです。このような説話を介して人々は、地獄の存在と三世の因果を知り、かつそれまで続けてきた生き方を少しばかり反省し、胸をなで下ろしつつ、ささやかな幸せの感情を覚えたのではないでしょうか。加えて、こうした経験は人々にとってはきわめて斬新で、これを契機に仏教者と関わり、律儀に生きるという自らの生き方に自信を持つようになったのではないかと思います。

おわりに

今回の報告では、前半には、まず、仏教や道教が儒教を相手に真っ向から論争するということはありえなかったことを述べ、次に、魏晋南北朝時代における仏教と道教の論争のありさまについて、魏晋期の談論の風景、書簡による論争、問答形式による仏教解説書、そして論争の要点が「六疑」に集約されることを申し上げました。後半では「六疑」のなかの夷華論を取り上げ、夷狄の地で生まれた仏の教えが、中華の世界にふさわしいか否かの論争について「老子化胡」説を紹介し、若干の考察を加えました。

以上のような仏教と道教による道仏論争は、主として知識人のあいだで行われたものですが、ここで指摘しておきたいことが三点あります。

一つに、論争の結果は、知識のレベルにさほど差がない場合は、目前の結末としては痛み分けに終わることが多かったと思われます。双方とも儒家思想に基づく知識や価値観・倫理観を引用して自説を補強し主張するために、具体的証明方法のない場合は結局水掛け論に終わることになります。

二つに、中国初期仏教の時代、道仏論争の論者は相手の言辞をいちおう理解する必要があり、論争では批判を加えながらも、魅力的だと感じた部分については、巧みに取り入れました。とりわけ道教は、仏教思想の持つ体系性、広大な時間・空間を組み込む世界観などについて、大いに影響を受けました。顕著な例は、死後の世界を設定したことです。そして鬼神とともに仏教から拝借した地獄も盛んに強調し、後には功過格という功徳の通信簿まで考案しました。仏教もまた、とくに大衆への布教においては、中国伝統の道徳や民間信仰を取り入れました。中国撰述の経典『盂蘭盆経』や『父母恩重経』などは、その代表例といえます。

三つに、知識人たちが仏教、道教を峻別して認識しようとする対応に対して、大衆の反応は志怪小説に見られるように、道教・仏教・民間信仰をあまり区別することなく受け止め、そのなかで自分に新たな風を吹き込み元気を与えてくれる信仰に傾きました。知識人による談論では痛み分けに終わった論争も、長い時間的視野でみますと、人々はどちらが自分たちをより生かしてくれるか、元気を感じるか、という大衆感覚によって選択を行ったといえます。その結果、南北朝時代に限っていえば、仏教が選ばれ勝利しました。

この結果は、この時代の抱えていた諸課題の根源に仏教が寄り添った結果ということもできますが、ただし、仏教側というか、仏教者自身に、時代の根本的課題に立ち向かっているという自覚があったかといえば、それは疑問です。むしろ、自らの可能性を信じて「成仏道」の課題に専念することが根本的課題だと認識していた仏教者のあり方、そのことが結果的に、古代から中世へと移行する社会の大変容のなかで、先行き不透明な閉塞感から人々を解き放つ作用をなしえたのではないか、と思っています。

以上、大雑把な検討ではありましたが、私は、魏晋南北朝時代における仏教の普及は、中国人自身による歴史的選択であって、中国史上第一の文化革命でもあった、と考えています。

これを受けて、六世紀後半~九世紀の隋唐時代は、仏教全盛の時代を迎えましたが、中国社会自身は新たな課題を胚胎させていきます。次なる時代の根本的課題に対して仏教はどのような対応をしたのか、この次なる課題に仏教は意識的に向き合えただろうか、それらは今後の研究課題であります。

註

(1)『世説新語』の訳は、基本的には吉川忠夫著『魏晋清談集』(講談社、一九八六年)に従った。ただ、部分的には目加田誠著『世説新語』(明治書院、新釈漢文大系、一九七八年)を参考にし、且つ私見を反映させた。
(2)陸澄『法論目録』は、梁の僧祐『出三蔵記集』巻十二に所収(大正蔵経五五巻)。
(3)牟子『理惑論』は、梁の僧祐『弘明集』巻一所収。孫綽『喩道論』は、『弘明集』巻三所収。『正誣論』も『弘明集』巻一所収。『弘明集』は大正蔵経五二巻所収。京都大学人文科学研究所『弘明集研究』(一九七三年)参照。
(4)『夷華論』に関わる論争の資料は、『南斉書』巻五四、及び梁の僧祐『弘明集』巻六・巻七に見える。
(5)襄楷の上奏文は、『後漢書』巻三十下参照。
(6)伊存の口授仏教は、魚豢『魏略』西戎伝(『三国志』魏書、烏丸鮮卑東夷伝、裴松之注引)。
(7)『幽明録』は、『世説新語』と同じく、劉宋の劉義慶(四〇三~四四四)の撰述。

平安時代の宗論

中川　修

一　応和の宗論

奈良から平安時代にかけての仏教史には、問答形式による論議（論義とも書く）が、法会の一部として行われるようになったという特色があります。このことは説話文学などにも描かれております。以前から、論議がなぜ仏教行事化したのか、ということに関心がありましたので、今回この機会に、平安時代の宗論について、少し考えてみたいと思います。

最初に、応和の宗論を取り上げたいと思います。宗論としてはもっとも代表的な宗論です。応和三年（九六三）、十世紀の半ば過ぎといえば、藤原氏に権力が集中した摂関政治の時代です。同時に、空也が人々に念仏を広めて、多くの人の支持を得た時代でもありました。その年の八月、村上天皇が『法華経』を写経された完成記念の法会で、論争が起こりました。この論争は、比叡山の天台宗と、南都の中心的勢力であった法相宗の対立なのですが、ただ、

『応和宗論日記』などを読みますと、法相宗が当時の仏教界のリーダーであることに対して比叡山の良源は疑問を抱き、三論宗や華厳宗といった勢力に話を持ちかけたことに、この論争は端を発しているようです。それがどのような形で具体化したかといいますと、『法華経』の解釈をめぐる争い、いわゆる仏性についての激しい論争になりました。論争自体は次のような形で行われる予定でした（『大日本史料』第一編、十一）。

簡単にするために表にしましたが、第一日から第六日——実際は五日間ですが——、午前と午後、朝と夕という形になっています。それぞれ講師とそれに対する問者という形で論議が行われます。問題は二日目の夕方に起こりました。法相宗の法蔵と天台宗の覚慶の論争は、法蔵が非常に優勢でしたが、それを見た天台宗の良源が、法相宗の側を徹底的に叩くという事態が生じました。今度はそれを見て、法相宗の拠点である興福寺は藤原氏の氏寺ですから、藤原氏の文範という者があわてて南都に行き、法相宗の仲算を連れて参りました。そして五日目に天台と法相のあいだでもう一度論争があり、最終的には法相宗方が、興福寺側の史料ですと、仲算が非常に有利な形で終わり、良源が黙ってしまったという内容になっています。

		導師（講師）	問者
第一日	朝座	観理（三論	余慶（天台
	夕座	玄慶（華厳	能恵（天台
第二日	朝座	安秀（法相	賀秀（天台
	夕座	法蔵（法相	覚慶（天台
第三日	朝座	良源（天台	平州（法相
	夕座	禅愉（天台	千到（法相
第四日	朝座	智興（天台	真喜（法相
	夕座	湛照（法相	崇寿（天台
第五日	朝座	寿肇（天台	仁賀（法相
	夕座	聖救（天台	円芸（法相
第六日	結座	御経供養導師	観理

論争結果について、天台宗側を優勢とする見方は、『扶桑略記』——比叡山の皇円阿闍梨がまとめたとされています——とか『元亨釈書』が伝えています。また、法相宗側が優勢であったという見方は、『応和宗論日記』——興福寺側の史料なので当然なので

すが――とか『本朝高僧伝』が伝えています。このような論議的な仏事が平安時代の仏教史の一つの特徴とするならば、どうしてこのような論議的な法会というものが成立したのか、その起源から考えたいというのが今回の主な狙いです。

二　論議の起源

法論あるいは論議の起源は、釈尊が説かれた教えが仏教として各地域・各時代で引き継がれてきた過程で生じる、仏教の解釈上の対立にあります。仏教は教えのある宗教ですから、いつだって解釈や理解をめぐっての論議が起こるのは当然といえば当然です。このことを念頭に置いたうえで、「論議」という言葉が出てくる史料を探してみますと、古くは『日本書紀』白雉三年（六五二）にあります。大化の改新が終わって数年後のことですが、唐の留学から帰った恵隠を天皇が内裏に招請して、『無量寿経』の講義が行われ、そのときに論議が行われたとあります。

沙門恵隠を内裏に請せて、無量寿経を講《と》かしむ。沙門恵資を以て、論議者《ろんげ》とす。法門一千を以て、作聴衆《さちやうじゆ》とす。

（『日本書紀 下』日本古典文学大系68）

これは奈良時代以前のことですが、奈良時代にも論議が行われていたかというと、史料的にはあまりありません。たとえば、早い時期のものとしましては、養老二年（七一八）十月のことですが、

五宗〔法相・三論・倶舎・成実・律〕の学、三蔵〔経・論・律〕の教へ、論討に異有りて弁談同じからず。自《おのづか》ら能く宗義に該達せるを最も宗師と称すべし。

（『続日本紀 二』新日本古典文学大系13）

と『続日本紀』にあり、五宗の学や経・論・律にわたる仏教の教えには追究すると差異があり、論議の方法も同じ

ではなく、解釈も相違する。宗の教義に広く通じておればその宗の師として称えてよい、と書かれてあります。これは太政官が仏教界を指導する僧綱に対して下した告示のなかにあるものです。仏教とは何かを追究し、経典を研究すれば、解釈をめぐって議論が行われるのは当然です。しかしこの告示が出された養老年間は、民間に伝道する行基らが弾圧されたりしまして、仏教興隆に努める国家とは異なる仏教理解に立った僧侶が人々の支持を得て活動する時代で、仏教界の混乱を鎮めるリーダー、この史料でいえば「宗師」が求められていた時代です。

しかし、その当時の国家が僧侶に求めたことは、『続日本紀』の養老四年（七二〇）十二月に、

釈典の道、教は甚深に在り。転経・唱礼、先に恒規を伝ふ。理、遵ひ承くべくして、輙く改むべからず。比頃《このころ》、或は僧尼自ら方法を出して妄りに別音を作す。遂に後生の輩をして積み習ひて俗を成さしむ。肯へて変へ正さずは、恐るらくは法門を汚《けが》さむこと、是より始まらむか。漢の沙門道栄、学問僧勝暁らに依りて転経・唱礼すべし。余の音並びに停めよ。（同）

とありますように、経典の読み方、読み方の統一なのです。その乱れが、仏教界が混乱した元凶の一つだと見なされたのでしょう。この経典の読み方につきましては、天平六年（七三四）十一月に「法花経一部、或は最勝王経一部を闇誦」できることが得度の必須条件と規定され（『続日本紀』）、その後も一貫して国家は僧侶に音読の習得を要求しております。たとえば『日本後紀』大同元年（八〇六）正月には、得度の試験のときに漢音と訓で読むことが求められていることを思えば、経典の教学的な理解をめぐる論議の前提には、おそらく経典をどう読むかをめぐっての議論があったものと思われます。仏教伝来以来ずいぶん長い間そういう時期があり、そうした段階を経て教学的な議論が本格化してきたのではないでしょうか。ですから教学論争が公の場で何らかの社会性を持って行われ、記録するに値するものとして残されるのは、平安時代に入る頃からになるのではないでしょうか。ただ、得度試験

のときに経典の読み方を国家が求めたように、当時の国家である律令国家が仏教を受容する際には、国家の理解した枠内での仏教を容認したのであり――仏教史研究では国家仏教という概念で呼び習わしておりますが――、それが僧尼令という形で僧尼に求められたわけで、論争の有無はわかりませんが、いったんは国家とは異質な仏教の理解に立った行基のような僧侶の存在を忘れてはならないとは思います。

それにここで検討しているのは宗論ですので、日本における宗の成立はいつかということも考えておかねばなりません。先ほど「五宗」という言葉が出てまいりましたが、具体的に「六宗」という言葉が出てくるのは、天平宝字四年（七六〇）七月、東大寺の良弁らが僧位制定を奏上したときで、「三学六宗」（『続日本紀』）とみえます。ということは、東大寺の大仏が完成した、その後のことです。日本における宗の成立、宗という言葉が意識されてくるのは、東大寺の大仏開眼供養の時期ではないかと一般的にいわれています。そうしますと、宗と宗とのあいだでの論争が公的な、社会的な意味を持ってくるのは、当然、奈良時代後半からではないかと思われます。従いまして宗論が具体的に、記録として残されるのも、やはり平安時代に入ってからではないかと考えられます。と同時に、経典の講義は、聖徳太子が『勝鬘経』を講じられたという記録――伝説か事実であったかどうかは別にして――は早くにありますけれど、実際問題、経典の講義があって、それについて論議がなされるというのは、最澄の法華十講、そういうものが史料的に割合と早いのではないかと思います。『叡山大師伝』などを読みますと、南都の十大徳を請じて論議をします。また大安寺三論宗の勤操《ごんぞう》という僧侶がいますが、最澄の法華十講の少し前くらいに、法華八講を始めたという非常に有名な話があります。『三宝絵詞』という平安時代の出家した姫君に仏教のことをいろいろと説いた説話の、大安寺の栄好という僧侶の話（中巻十八）のなかに出ています。それは次のような話です。

大安寺に、栄好という貧しいけれども一生懸命修行している僧侶がいました。当時、食事は大安寺の政所で用意しており、飯を炊いて、各僧侶に一日四升ずつ支給されました。配られた飯を栄好は毎朝四等分し、四分の一を年老いた母親にお付きの童子に持っていかせて、四分の一は乞食をする僧侶に与えていました。もう四分の一は自分の童子に与え、そして残り四分の一は自分がいただくという生活をしていて、そして、勤操と友人であったといいます。ところがあるとき、勤操は、隣の部屋から泣き声がしますので、栄好の童子に理由を聞くわけです。そうすると、じつは栄好が亡くなってしまったというのです。どう葬っていいかわかりませんし、年老いた母親に食事を持っていくこともできなくなって、途方に暮れているというわけです。そこで、勤操はこれからは私が代わりに届けるから、母親には黙っておけよと童子に伝えます。ところが翌年になり供養のものを勤操に差し上げる人がいて、客人たちも集まることがありました。勤操も勧められた薬酒を飲んだものですから――もちろん僧侶の飲酒は僧尼令で禁じられていますが――、すっかり寝込んでしまったのです。それで、食事が母親に届かないわけです。母親も、どうもおかしいなと思うのです。気がついた勤操はあわてて御飯を運びます。そうすると母親は持ってきた童子を問いただし、栄好がすでに亡くなっていたことを知ると嘆きのあまり息が絶えてしまうのです。そういうことがあったため、反省した勤操が当時住んでいた石淵寺《いはぶちてら》の仏前にあった『法華経』八巻を、追善供養のために一座一巻ずつ講説したことから法華八講が始まった、と伝えられております。法華八講は僧侶の志によって誕生したのでした。

こうして、平安時代になると盛んになる、経典や仏の功徳などを講説し、講讃する僧侶の集会が始まりかけたのです。そうした形式をいちはやく最澄も取り入れて、『法華経』のなかに見出した自分自身の仏教的な立場を、南都の十大徳との論議を通して闡明にする方法を試みたのではないでしょうか。そこで次に、論議と結びついた法会が平安初期になぜ起こってくるのか、という問題を考えてみたいと思います。

三　論議的法会形式の成立——興福寺維摩会の勅会化——

1　維摩会の起源と勅会化

論議的な法会の形式がもっとも早く成立するのが、先ほども出ました南都の興福寺、藤原氏の氏寺です。そこで、維摩会というものがなされるのですが、それが、じつは問答形式の論議的な法会のもっとも早いものではないかと考えられています。その由来は『三宝絵詞』にもありますが、『今昔物語集』にはより詳しく出ております。

於山階寺行維摩会語第三

今昔、山階寺ニシテ維摩会ヲ行フ。

(A)此レハ大織冠《ダイシヨククワン》内大臣ノ御忌日也。彼ノ大織冠、本ノ姓ハ大中臣ノ氏。而ルニ、天智天皇ノ御代ニ、藤原ノ姓ヲ給ハリテ内大臣ニ成給フ。十月ノ十六日ニ失セ給ヘレバ、十日ヨリ始テ七箇日、此ノ会ヲ行フ。此ノ会ハ此ノ朝ノ多ノ講会ノ中ニ勝タル会ナレバ、震旦ニモ聞エタリ。

(B)此ノ会ノ蕟《オコ》リハ、昔シ、大織冠、山城ノ国、宇治ノ郡ノ、山階ノ郷末原ノ家ニシテ、身ニ病有テ久ク煩ヒ給フ間、公ニ不仕給《ツカマツリタマ》ハズ。而ル間、百済国ヨリ来レル尼有リ。名ヲバ法明ト云フ、大織冠ノ御許ニ来レリ。大織冠、尼問テ宣《ノタマ》ハク、「汝ガ本国ニ此《カカ》ル病為《ス》ル人有キヤ否ヤ」ト。尼答テ云ク、「有キ」ト。大織冠ノ宣ハク、「其レヲバ何ニカ治セシ」ト。尼答テ云ク、「其ノ病、医ノ力モ不及《オヨバ》ズ。医師モ不叶《カナハ》ザリキ。只、維摩居士ノ形ヲ顕シテ其ノ御前ニシテ維摩経ヲ読誦《ドクジユ》セシカバ、即チ喩《イエ》ニキ」ト。大織冠、此レヲ聞給テ、忽ニ、家ノ内ニ堂ヲ起テ、、維摩居士ノ像ヲ顕ハシテ、維摩経ヲ令講《コウゼシ》メ給フ。即チ、其ノ尼ヲ以テ講師トス。初ノ日、先ヅ、問《モン》疾品《シッホン》ヲ講ズルニ、大織冠ノ御病即チ喩エ給ヒヌ。然レバ、喜ビ給テ、尼ヲ拝シテ、明クル年ヨリ永ク毎年《トシゴト》ニ此レヲ行フ間、大織冠失《ウセ》給テ後、此ノ事絶ヌ。

大織冠ノ御子淡海公、其ノ流ヲ伝ヘ給フト云ヘドモ、未ダ年若クシテ父失給ヌレバ、此ノ事ヲ不知給《シリタマハ》ザルニ、漸ク仕ヘ上《ノボリ》テ大臣ノ位ニ至リ給ヌル時ニ、其ノ人、手ニ病御《オハ》ス。其ノ崇《タタリ》〔祟〕占フニ、祖《オヤ》ノ御時ノ法事ヲ断タル崇ト云ヘリ。此レニ依テ、亦改テ維摩経ヲ講ズル事ヲ蕟《オコ》シテ行フ間、其ノ時ノ止《ヤム》事无キ智者ノ僧ヲ以テ講師トシテ所ミニ拝行フ。遂ニ、彼ノ山階ノ末原ノ家ヲ運ビ移シテ造レルニ依テ、奈良ノ京ニ起《タテ》タレドモ尚、山階寺ト云ヘリ。

（C）彼ノ会、其ノ山階寺ニシテ行フ。承和元年〔八三四年、仁明天皇の治世〕ト云フ年ヨリ始メテ、永ク山階寺ニ置ク。毎年ノ公事《クジ》〔朝廷の行事・儀式〕トシテ、藤原ノ氏ノ弁官ヲ以テ勅使トシテ、于今《イマニ》下遣シテ被行《オコナハ》ル。亦、諸寺・諸宗ノ学者ヲ撰テ此ノ会ノ講師《カウジ》トシテ、毎年ニ其ノ賞ヲ以テ僧綱ニ任ゼル事、此、定レル例トス。聴衆《チヤウジウ》ニモ諸寺・諸衆ノ学者ヲ撰テ係《カ》ケタリ。亦、藤原ノ氏ノ上達部〔公卿、三位以上〕ヨリ始メテ五位ニ至マデ、衾《フスマ》ヲ縫テ此ノ会ノ僧ニ施ス。惣テ、会ノ儀式ノ厳重《イツクシ》サヨリ始メテ、講経・論義ノ微妙ナル事、昔ノ浄名ノ室〔維摩の部屋、方丈の居室〕ニ不異《コトナラ》ズ。仏供《ブツグ》・僧供《ソウグ》ハ、皆、大国《ダイコク》〔中国のこと〕ノ饌《ソナヘモノ》ヲ学《ナラ(ウ)》フテ、余所ニ不似所学《ニルトコロナクガク》ス。朝〔「此ノ朝ニ」の意〕ニ仏法ノ寿命ヲ継ギ、王法ノ礼儀ヲ敬フ事ハ、只、此ノ会ニ限レリ。

然レバ公・私此ヲ貴ブ事不愚《オロカナラ》ズトナム語リ伝ヘタルトヤ。

（『今昔物語集』巻第十二、日本古典文学大系24）

内容は、上のほうに符号を（A）（B）（C）と打ちましたが、（A）は維摩会が行われる期日、いわゆる藤原氏の祖である鎌足の亡くなった十月十六日を期して、前の十日から七日間であることをまず書いて、（B）のところでは、維摩会が行われるに至った由来が記してあります。その由来ですが、鎌足が病気になって、どうも治らない。

困っていたところ、百済国からやってきた尼さんがいたので、鎌足がこのような病気はあなたの国にもあるかと、聞くわけです。ありますよ。では治るのか。治りますよ。どうしたら治るのか。維摩居士の像を造って、『維摩経』を読誦すれば治りますよ。そこでいわれたようにしたところ、たちどころに治ったといいます。ところが、鎌足が亡くなるといったんそれが絶えます。ところがまた、息子の不比等の時代に、同じように不比等が病気になり、その原因を占ったところ、この『維摩経』を父が尊重して供養していたことを忘れていたことがわかり、同じように供養すると彼も治ったという話が書いてあります。そして、(C)の段には、突然ですが、承和元年(八三四)以降、平安時代に入って盛大になった維摩会の次第が具体的に書いてあります。当然これは藤原氏の寺の仏教行事なのですが、鎌足や不比等の時代とは相違して、それは勅会として、つまり天皇が主催される形式で行われた様子が書いてあるのです。天皇の勅使が派遣され、そしてそこでは、傍線を付したように「講経・論義」が行われ、参加者の僧侶に対しては、さまざまな褒美が与えられたことなどが書かれているのです。

平安時代の仏事としてはもっとも代表的なものである維摩会は、どうして平安初期になって勅会になったのでしょうか。しかも、論議の形式を伴っております。最初の百済の尼さんの言葉通りに『維摩経』を「読誦」するとたちどころに病気が治った、というものから、ずいぶん形を変えているわけです。平安時代になると論議がなされるだけではなく、勅会になっているのです。では、どうして論議を伴う勅会が平安時代になると成立するのか、というのがここで考えたいことなのです。

それを考えるにはやはり、平安時代初期の宗教状況を考えておく必要があるのではないでしょうか。そこでまず、維摩会が勅会になった時期を確認する必要があるのですが、その手がかりとなる史料に次のようなものがあります。

十月。勅ありて、維摩会は本の如く、興福寺において行なひ、永く移転せず。是より先、或ひは長岡神足家に於いてこれを修め、或ひは南都法華寺に就きて開講す。よつてこの宣旨あるなり。

とりあえずここでは、『扶桑略紀』の延暦二十一年（八〇二）の条を掲載したのですが、『日本逸史』などでは、延暦二十年ということになっており、一般的には延暦二十年といわれています。これを見ますと、維摩会は長岡の神足家、あるいは奈良の法華寺で行われたこともあったけれど、今回からは他に移転せず、永く興福寺でするようにという勅があったことがわかります。だから延暦二十年頃、興福寺の維摩会が勅会になったという一つの理由になっているのです。そして、次の延暦二十五年正月の史料を見てください。

まさに分ち定むべき年料度者の数幷に学業の事

華厳業二人〈並に五教・指帰・綱目を読ましむ。〉

天台業二人〈一人は大毘盧遮那経〔大日経の異称〕を読ましめ、一人は摩訶止観〔天台摩訶止観〕を読ましむ〉

律業二人〈並に梵網経もしくは瑜伽声聞地を読ましむ〉

三論業三人〈二人は三論を読ましめ、一人は成実論を読ましむ〉

法相業三人〈二人は唯識論を読ましめ、一人は倶舎論を読ましむ〉

右、右大臣の宣を被るに、偁く、　勅を奉ずるに、災を攘ひ福を殖うること、仏教尤も勝れ、善を誘ひ生を利すること、この道に如くことなし。（中略）今、仏法を興隆し、群生を利楽せんと欲す。凡そこの諸業、一だも廃するは不可なり。よろしく十二律呂〔六律（陽）と六呂（陰）に分けられる音律〕に准じて度者の数を定め、業を分ちて勧催し、共に競学せしむべし。仍つてすべからく各本業の疏に依つて、法華・金光明二部の漢音及び訓を読むべし。経論の中、大義十条を問ひ、五以上に通ずる者は、乃ち得度を聴す。縦如し一一の業の中に及第する者なくんば、その分を闕き置きて、当年に度することなかれ。省寮・僧綱、相ひ対して案記し、その人あるを待ちて、後年に重ねて度せよ。遂に彼此をして相ひ奪ひてその業を廃絶せしむることを得ざれ。もし義を習ふこと殊に高きものあらば、漢音に限ることなかれ。受戒の後、皆な先づ必ず二部の戒本を読誦せしめ、一巻の羯磨四分律鈔を諳案せしめ、更に十二条を試せよ。本業の十条、戒律の二条なり。七以上に通ずる者は、次に依つて立義・複講及び諸国の講師に差任せよ。本業に通ずと雖も、戒律を習はざる者は、任用を聴さざれ。てへれば、省よろしく承知して、宣に依つてこれを行ふべし。今より以後、永く恒例となせ。……

（『顕戒論縁起』〈『日本思想大系4　最澄』〉）

いわゆる最澄の天台宗が国によって公認された史料、太政官符です。内容は、毎年、各宗の年分度者を許し、各宗の学問、研究をさせなさいというものですが、得度には試験を行うと書かれてあります。しかも試験は「法華・金光明二部の漢音及び訓を読むべし」とあり、僧侶たり得る前提条件として経典の正確な音読が求められておりま す。そして教学に関する試験をしているのです。得度試験に通ったあと、受戒を経て、その後さらに試験などがあったのち、修めた学業成績によって、「立義・複講及び諸国の講師に差任せよ」と書いてあります。ここで立義《りゅうぎ》という言葉が出てまいります。「竪義」とも書きますが、この場合は論議の場における講師のことで、経典を講説し義を立てる者という意味です。後には、竪義は問答により学僧の教学理解の深浅をみる試験方法の呼称となり、受験者たる学僧を竪義とか竪者《りっしゃ》と呼ぶようになります。この史料は延暦二十五年（八〇六）正月の太政官符ですから、先ほどの『扶桑略紀』の史料とほぼ同時代です。ですから勅会になる頃には、興福寺の維摩会ではすでに竪義が試みられていたと考えられます。ところが先ほどの『今昔物語集』では、山階寺つまり興福寺の維摩会は承和元年（八三四）以降、勅会として行われたと書いてあります。年代的にみて、勅会の開始時期に『扶桑略記』などとは少しズレが出てまいりますが、『今昔物語集』に承和元年云々とあるのは、平安末期に完成された『今昔物語集』

の編者が、承和元年に維摩会に関する何らかの重要な意義を見出していたからではないでしょうか。おそらく、承和元年には、維摩会の竪義の試験を通過した僧侶が諸寺の安居《あんご》講師になることが太政官符により認められたことにもよるのでしょう（『類聚三代格』巻二）。維摩会で竪義が行われるようになるのは、確かな証拠はありませんが、もうすでに勅会になる以前より始まっており、それがどうして延暦二十年頃、つまり九世紀のはじめ頃から、論議を伴う法会が勅会化されたのか、ということを次に考える必要が出てくるわけです。

それまでの法会としては、宮中で行われる御斎会などが有名ですが、そこで論議が行われていたのか否か、わかりません。御斎会の場合、弘仁四年（八一三）以降は天皇の御前で論議が行われるようになっています（『類聚国史』巻第百七十七）。しかし、どうしてか九世紀のはじめには、興福寺では勅会として論議が行われるようになりました。そして、勅会ということもあり、これが契機となって、各寺院の法会でも論議を伴うものが行われるようになったと考えられます。一般的に法会といいますと、現在もそうですが、経典を読んで――その目的が何であれ――、参会者はお斎《とき》（食事）をとるというのが一般的なあり方で、それが法会の概念といえます。それまでの法会は、仏教伝来以来、経典を読んで斎食をする斎会が一般的でしたが、平安初期から大きく変わって、論議を伴う法会の形式が加わってまいります。その理由がどこにあるのか、それが私が一番考えたいところなのですが、その前に、時代背景となる平安初期の宗教状況を確認しておく必要があろうかと思います。

2　平安初期の宗教状況と仏教界の対応

平安初期の宗教状況を、仏教だけではなく、当時の神々への信仰も含めて見てみますと、四点ほど特徴が確認できるかと思います。まず、この当時、なぜか私的な寺が増えるということです。ご承知の通り、日本では、僧侶が寺を建てることは僧尼令で禁止されていました。でも、僧侶以外の俗人が寺を建てることは、ずっと奨励されているのです。天武天皇による「諸国に、家毎《いえごと》に、仏舎を作りて……」という有名な命令がありましたが（『日本書紀』天武天皇十四年三月）、この「家毎」の家がどういうものかという議論はおくとしまして、いずれにせよ、仏教が伝来して以来、俗人が寺を建てるということは、一貫して奨励されていました。ところがこの当時、あまりにも寺院――その規模はともかく――が増えますので、建てるのを禁止するという法令が出ました。これが一つ（延暦二年の私寺建立禁止令）。二つ目は、この当時の僧侶には俗人とあまり変わらない生活――具体的にいいますと、妻子を養い、田畑を耕作するなど――をする者が大勢いたこと。僧尼令的な秩序がたいへん乱れているというのが二つ目の特徴です。三つ目の特徴は、当時、奈良から平安へと都が遷るのですが、平城京や新しい平安京では、まじないが非常に流行っています。これを禁止する法令がいくつか出ています。そしてもう一つは、古くから行われてきた、各神社での神々への祭祀が滞っているという指摘やそれを改善すべきだという法令が出ているのです。それらは『類聚三代格』の巻十九のなかに、網羅的に出てきます。

そうしますと、平安初期の宗教状況を生み出した原因は何かという問題が当然出てきます。それを考えるには、当時の農民のあり方に目を向ける必要があると思います。当時の農民は班田農民と呼ばれますが、過酷な収奪に遭い、税負担がありますから、苦しみから逃れるために村を出て行かざるを得ない人が大勢出て、国もあれこれ対策を立てるのですが、なかなか状況は好転しません。そうした農民は、当時の史料では、浮浪とか逃亡と呼ばれております。彼らは、元来、村落で社《やしろ》を中心とした、神祇《じんぎ》信仰を拠り所とする宗教生活もしていました。ところが当時、逃げ出した農民たちは、平安京などの都市へ流入するか、あるいは有力農民が土地を開墾しているところの労働力として加わるか、そういう形で生き延びていくしかありませんでした。そういうなかで、各地域の有力者――富豪層と研究上は呼ばれますが――は、この浮浪・逃亡民を労働力として編成して台頭していきます。こうして最初は、春秋の田地を耕作する季節的な働き手として編成された農民は村落民ではありませんから、富豪層の所属する村落にある社の祭りには参加できません。ですから、富豪層たちは新たに寺を建てて檀越となり、逃亡してきた農民たちの宗教的な、精神的な受け皿としたのではないかと私は思います。その結果、在地といいますか、村落レベルで長年つづいてきた神祇信仰を拠り所とする宗教生活に大きな変化がもたらされ、仏教が根づく社会的背景が形成されたのではないでしょうか。つまり平安初期になり「民衆の仏教化」がようやく始まったといえるでしょう。

こうした宗教状況の出現は在地の社会構造の変化に起因したのですが、平安初期の政権は律令体制を維持するために諸改革を断行します。仏教に対しても、平安初期の光仁・桓武朝は、得度制度の改革であるとか、そのための山林修行も含めた僧侶の学業奨励だとか、いわば僧尼令的な秩序を再建するための諸政策を頻りに立てます。僧尼令的な秩序を再建するためには、それまで奨励さえしてきた俗人による寺院建立までをも禁止するほかなかったのです。ところが当時、仏教界では三論宗と法相宗が教学的に対立していました。しかも法相宗を学ぶ僧侶の増加に対して三論宗を学ぶ僧侶が著しく減少していることに国家は頭を痛めているのです（『類聚国史』巻第百七十九）。三論宗と法相宗の対立の背景には何があるのかという問題がありますが、よくわかりません。こうした仏教界の混乱のなか、国家は僧侶に対して勉学を勧めるのですが、問題はどのような問題意識を持って勉強するか、でしょう。こうした平安初期の宗教状況を真正面から何とかしようとする取り組みのなかから、民衆の仏教化に対して仏教界はどうあるべきか、という課題が生まれたのではないでしょうか。その一つの表れとして、『願文』に示された最澄のあり方があるのではないかと思います。

3　論議的法会の成立

悠々たる三界は純《もは》ら苦にして安きことなく、擾々《じょうじょう》たる四生はただ患にして楽しからず。（中略）伏して己が行迹を尋ね思ふに、無戒にして竊《ひそ》かに四時の労《いたわ》りを受け、愚癡《ぐち》にしてまた四生の怨《あだ》と成る。（中略）ここにおいて、愚が中の極愚、狂《おう》が中の極狂、塵禿《じんとく》の有情、底下《ていげ》の最澄、上《かみ》は諸仏に違し、中は皇法に背き、下は孝礼を闕《か》けり。謹んで迷狂の心に随ひて三二の願を発《ほっ》す。無所得を以て方便となし、無上第一義のために金剛不壊《ふえ》不退《ふたい》の心願を発す。

我未だ六根相似の位を得ざるより以還《このかた》、出仮せじ。

未だ理を照す心を得ざるより以還、才芸あらじ。

未だ浄戒を具足することを得ざるより以還、檀主の法会に預《あずか》らじ。

未だ般若の心を得ざるより以還、世間人事《にんじ》の縁務に著《じゃく》せじ。相似の位を除く。

三際の中間《ちゅうげん》にて、所修の功徳、独り己が身に受けず、普く有識《うしき》に廻施《えせ》して、悉く皆な無上菩提を得しめん。伏して願はくは、解脱の味ひ独り飲まず、安楽の果独り証せず、法界の衆生、同じく妙覚に登り、法界の衆生、同じく如味を服せん。（後略）

（『願文』〈『日本思想大系24　最澄』〉）

これは、最澄が国分寺の僧侶として出家して、すぐに比叡山に籠りますが、そのときの決意を書いた文章です。そのなかに、傍線を付しましたように、「未だ浄戒を具足することを得ざるより以還、檀主の法会に預らじ」、つまり当時の僧侶たちは檀越の寺院での法会に出向くが、私は「浄戒を具足」するまでは行かないという決意を書いて、最澄は修行生活に入るのです。その過程で『法華経』すなわち天台の教えのなかに、自分自身の仏教における立脚点をあらためて見出したと思うのです。あらためてと申しますのは、先に確認しましたが、『法華経』の諳誦は奈良時代より得度の必須条件だったからで、その理解も国分尼寺が正式には法華滅罪之寺と呼ばれましたように、功徳としての「滅罪」が重視されていました。『法華経』の新たな理解の上に立った最澄が、南都の教学と厳しく対立していきました。その過程で、最澄なりに仏教を闡明にする試みのなかで、仏性――衆生が備えている仏になれる本性――が中心的な問題になってきます。要するに、平安初期になりようやく民衆が仏教に馴染んでくるわけですから、そういう民衆を仏教的にどう位置づけるかということが最澄の問題意識でもありましたし、対立した南都側の勤操や徳一、そして同時代の空海といった、平安初期に新たな動きを始めた僧侶たちの共通の問題意識ではなかったでしょうか。その過程で、論議、あるいは論議的法会も各地で行われるようになったと考えられます。むろん国家は僧侶の学業を奨励していますから、そういう点からでも論議が起きます。しかし論議というのは野放図にすると無茶苦茶になりかねません。それを国家の管理のもとに置くという形で、維摩会が勅会になり、国が法会を介して、当時の僧侶の学問のあり方を、統制、管理していくという形態が考案されたのではないでしょうか。もちろん藤原氏の氏寺である興福寺で行われる維摩会ですから、そこでの論議を経た僧侶がいずれは僧綱などの仏教界の指導者に任命される道筋が整備され、藤原氏による仏教界への影響力が大きくなることも忘れてはなりません。

そこで論議的な法会の代表例である維摩会の構成を簡単に確認しておきますと、先ほど掲げました『今昔物語集』にも「藤原ノ氏ノ弁官ヲ以テ勅使」とありましたように、朝廷の行事である公事ですから勅使の臨席のもとで、竪義者（竪者）・問者・精義者・講師・読師・聴衆と探題より成っております（『延喜式』巻二十一、『日本高僧伝要文抄』第三、『古事類苑』宗教部十六）。論題を出題する探題を最高の学僧とし、宣旨により専寺学頭などが勤仕します。竪義の立論に対して問者が質疑を行い、精義が批判し、探題が及落の判定を行うもので、諸大寺より聴衆が参加しました。読師は経題の朗読、藤原氏長者の奏請により宣旨で任命された講師は経典の講説を行います。

構成メンバーと役割は以上のようのものですが、このうち探題は、専寺の学頭、つまりこの場合ですと、興福寺の学頭が任命されることになっております。勅会の探題などはなぜ宣旨で任命されるのでしょうか。このことを言い換えれば、論議の場の判定者が天皇から任命されるというわけですから、それはやはり仏教の解釈の正否、その論議のある意味では最終判定ですが、それは天皇が任じた人が行うという形式になっております。その背景には、「詐りて聖道得たりと称せらば」罰するという僧尼令の冒頭にある立場（『日本思想大系3　律令』）、仏教のあり方の最終的な判定は天皇であるという立場があるがゆえに、法会の論議の最終的な判定者も、天皇の権威を背景に判定を行ったのではないかと考えられます。勅会を頂点として、論議を組み込んだ法会がこれから各寺院で盛んに行われるようなっていきます。なぜかといいますと、維摩会の竪者となって、そして、そこで及第しますと、資格を得て、各寺の安居の講師であるとか、いろんな寺の法会の講師や探題などを経て、最終的には仏教行政のトップである僧綱に任命されるというシステムが形成されたからです。僧侶は論議形式の法会をいくつも経ることで、仏教界の階梯を昇っていくシステムが摂関時代にはでき上がります。そしてこのシステムの前提にある僧侶による仏教の追究を国家的に最終的に管理する装置として、論議的法会は勅会化されねばならなかった、と私は考えます。

四　論議的法会の変容

最後に、今まで見てきたような論議的な法会が成立していく条件は何かについて触れておきたいと思います。先ほどの最澄の場合は、自分なりに仏教を闡明にしたいという『願文』の決意の延長線上に幾多の論議を行い、この伝統はその後も受け継がれて、延暦寺の広学竪義を始めた良源なども論議というのは伝法の場であるといっています（『慈恵大僧正伝』）。ですから、論議が成立する条件というのは、現実にある仏教の実状を踏まえて、仏教を修めようとして、仏教とは何かという追究姿勢が生じたときに、いうなれば道心が生じたときに、論議は不可避的に成立してくるのだろうと思います。

けれども、残念ながら、この論議的法会というものは、たとえば平安時代の、仁和二年（八八六）の史料ですけれど（『日本高僧伝要文抄』第三）、論議の場で、問者のほう、つまり質問する側の人がやりこめられて、口を閉ざしてしまって、そこで問答が行き詰まってしまうような場面が出てくるのです。ということは、論議というのは徹底的に行われると、応和の宗論もそうですが、最終的な決着をつけるのは難しく、論議の当事者双方に違和感が残るのは避けようもなく、論議の行方には判定者の力量が問われたことでしょう。

ところで、史料を追って行きますと、応和の宗論を契機として次のような対策がとられたことがわかります。それを伝えるのは勝利したかのような書きぶりの興福寺側の史料で、しかも長寛元年（一一六三）に書かれていますので、応和の宗論から約二百年年後の史料になります。その最後のところで、「これよりの後、宗争有るべからざるの由、勅定おわんぬ」とあるように、応和の宗論を最後に、もう「宗争」はあってはならないという天皇の命令が出たというのです（『興福寺僧綱大法師等奏状』長寛元年五月〈『大日本仏教全書』巻一二四〉）。論議的な法会は勅会にまでなるのですが、結果的に論議内容の優劣が生まれ、宗派のあいだで確執が残ったりするのでしょうか、応和の宗論以降はそうした宗争が禁止されたようです。

仏教とは何かを追究しますと、否応なく論議が生まれ、論争は果てしなく続くものです。論議的法会では論争を裁く判定者が設定され、応和の宗論以降は論争それ自体を避けようと制限するのですから、判定者の判定基準も大いに制約を受けます。これ以後も論議的な法会は、形、制度としては維摩会も維持されますが、もはや儀礼的なものに変容せざるを得ません。そうした論議に参加するような僧侶は、その後どういう形に姿を変えていくかといいますと、『平家物語』の僧侶の集会の場に「老僧のなかに三塔一の僉議者《せんぎしゃ》ときこえし摂津竪者豪運」とありますように（巻一、御輿振）、いわゆる「僉議者」、論議に非常に長けた者として、次の中世には現れてくるのではないかと思われます。これは『平家物語』の一節ですが、摂津の竪者である豪運は僉議者として非常に有名だとあります。道心のある人というより、弁論術の卓抜した人として有名だという表現なのです。

以上、雑駁な内容でしたが、これまで考えてきたことを振り返りますと、平安時代の宗論は、一方では僧侶の側に仏教とは何かを追究する強い意欲があり、他方では仏教界の掌握を国家が勅会を介して行うシステムがつくられ、そのうえに、法会の判定者のなにがしか幅のある裁量のあり方があってこそ、成立を見たといわざるを得ません。

戦国時代におけるイエズス会宣教師と仏教僧侶との宗論

マルティン・レップ

はじめに

「宗教間コミュニケーション」あるいは「宗教内コミュニケーション」に関する私の興味は、宗教間対話の経験から起こってきました。「宗教間対話」という言葉が流行ってきたのは最近のことなので、新しい現象という印象を受けますが、歴史を振り返ると、宗教と宗教との間には数多くの交流、交換がありました。このような交流や交換——いわゆる相互的なコミュニケーション——は、具体的にはどのように行われたのでしょうか。この疑問から、宗教におけるコミュニケーションについて研究する必要があると考えるようになりました。これが、日本における仏教とキリスト教との最初の出会いについて勉強し始めたきっかけです。インド仏教史、中国仏教史、日本仏教史、西洋のキリスト教史など、さまざまな宗教におけるコミュニケーションについて研究を進めていった結果、やはりコミュニケーションの形式は、教義の内容より重要なのではないかという理解に至りました。

宗教における交流の具体的な形式にはさまざまなものがあります。たとえば、問答、宗論、論争、論義、談義などです。ルイス・フロイス（一五三二～九七）の『日本史』は、一五四九年にイエズス会のフランシスコ・ザビエル（一五〇六～五二）と二人の宣教師が日本に到着した後、すぐに仏教の僧侶との宗論を始めたことを伝えています。『日本史』に目を通すと、驚くほど多くの宗論に関する記述が出てきます。では、なぜ仏教僧侶とキリスト教宣教師の間で、すぐに宗論ができたのでしょうか。その理由として、宣教師も僧侶も、自分たちの教育体制のなかで、問答や宗論といった対話的な教育を受けていたことが挙げられます。もちろん、それぞれの教育制度には相違があります。しかし、対話的な教育は、それぞれの教育のなかで大切な役割を果たしていました。戦国時代に出会った二つの宗教の間で、すぐに宗論ができたこと自体は非常に注目すべき事柄です。歴史的な比較をすると、その教育の意義がわかってくると思います。というのも、明治時代には宗論の技術はもうなくなっているからです。明治時代の古い木版画を見ると、キリスト教の宣教師と日本の仏教の僧侶が争っている様子が描かれています。かつてあった宗論の技術が失われた原因は双方にあります。日本では、宗論がたびたび騒動に発展したため、徳川幕府が異なる宗派間での論争を禁止していましたし、ヨーロッパでは、問答術と弁論術の教育は、近代の神学において次第に少なくなってきたからです。

さて、フロイスの『日本史』を読むと、イエズス会宣教師にとって、宗論は伝道、布教の大切な手段の一つだったことがわかります。『日本史』では、説教と宗論は、ほとんど並行的に出てきます。たとえば、宗論や対話において、自分の抱く疑惑や疑問を解決できたら改宗するという事例があります。都である人が宣教師に、「私の質問を解いてくれれば、私はキリシタンになります」といっています（1、一〇〇頁。以下、中央公論社刊、フロイス『日本史』1・2・6巻による）。非常に印象的な表現でしょう。ただ、友好的な議論と敵対的な議論の区別に当てはめると、当初、友好的であった宣教師たちの宗論は、後に紹介するように、一五五一年の山口で行われた宗論以来、敵対的なものに変わりました。中国で活躍したイエズス会宣教師マテオ・リッチの友好的宗論と比べると、この相違にはキリスト教神学的な原因もあったようです。それぞれの神学によって、友好的宗論か敵対的宗論かという相違がでてきます。

また、戦国時代の宗論で注目すべきことは、第三者が介在することです。仏教の僧侶とキリスト教の宣教師の間だけで行われる個人的な宗論だけでなく、たとえば織田信長のような権威を持った為政者の前で行われる宗論もありました。インドや中国でも、王や皇帝の前で行われた宗論がありますが、当事者同士の二者の関係で行われる宗論と、第三者を交えた三角の関係を持った宗論とでは、その構造が異なることになります。

以下では、戦国時代にイエズス会宣教師と仏教僧侶との間で行われた宗論の背景と、その要素について述べていきたいと思います。

一　イエズス会設立の背景と日本における宗論

イエズス会は、カトリック反宗教改革運動のなかで、一五三四年に修道会として設立されました。宗教改革によってカトリック教会は、中央・北ヨーロッパの多くの国々を失いました。反宗教改革の目的の一つは、これらの国々を取り戻すことでした。もう一つの目的は、失ったこれらの国々の代わりに他の国々で宣教して、カトリック教会を強めることでした。この目的は、スペインとポルトガルの植民地主義によって開かれた南米、アフリカ、東アジアでのカトリック宣教において追求されました。

さらにイエズス会設立の背景は、反宗教改革運動以外にもありました。イエズス会の創立者はほとんどスペイン人でした。薗田先生の話（本書一八八～八九頁参照）にもありますように、スペインはイスラームによって長いあいだ侵略されていました。それに対して、キリスト教の国々がレコンキスタ（再征服）をして、ムスリムを追い出すということになりました。レコンキスタの精神は、十六世紀のポルトガルとスペインの宣教師に大きな影響を与えました。そのためイエズス会では、とくに他宗教に対して攻撃的な態度を強めていったのです。イエズス会で修道士に対して行われた文学と科学の教育は、当時の人文主義にたよって非常に進歩的でした。しかし、神学の教育は、中世期のトマス・アクィナスによるもので保守的でした。

一五四九年、設立者の一人でもあったザビエルがに日本に到着しました。これは一五三四年のイエズス会設立から、わずか十五年後です。このことは注目に値します。当時新しく設立された修道会の組織化と、長くて危険な旅の道程を考えると、驚くほどの速さといえます。これはイエズス会の異常ともいえる力、エネルギーを表しています。

次に、日本の歴史的な事情について振り返っておきましょう。イエズス会が日本に入ってきたときは、ちょうど戦国時代で、中央政府も平安もありませんでした。日本はそれぞれの国に分かれていましたから、宣教師たちは、ある国では大名の許可を得てわりあい自由に宣教活動に専念できましたが、ある国では危険にさらされることもありました。たとえば、ザビエルは最初から首都である京都に入ろうとしましたが、それはかないませんでした。宣教師たちは都に入ろうとしては何度も追い出され、堺に逃げたり、都に戻ったり、また追い出されたりしています。要するに、宣教師たちは、戦国時代という状況のなかで非常に苦労して宣教に努めたということです。

宣教のなかでは、宗論がたびたびなされて大きな役割を果たしていました。その例をフロイスの『日本史』から挙げると、一五四九年に薩摩でザビエルがはじめて宗論をしました。そして一五五一年に山口で重要な宗論が行われました。また一五五五年、豊後でも宗論がありまして、一五五九年には比叡山で、一五六〇年には都で宗論がありました。一五六九年には、フロイスと日本人でキリスト教に改宗したロレンソが、信長の前で、日乗という日蓮宗の僧侶と宗論をしています。ロレンソは非常に重要な宣教師でした。琵琶法師であった彼は、一五五一年に山口で改宗し、非常に有効的な伝道を行う宣教師になったと、フロイスは伝えています。

ところで、一五五一年に山口で行われた宗論は、大きな転機となる役割を果たしました。なぜかというと、そのときの宗論で、はじめてザビエルは、自分たちの神デウスと大日如来が違う存在であることを知ったからです。ザビエルは日本に入ってきた当初に、日本人のアンジローという人から日本の宗教について学び、キリスト教を伝道する方法について考えました。どのようにしてキリスト教の「神」を伝えるのかということは一つの問題でした。アンジローは、「大日如来」という言葉を使ったらよいのではないかと提案をしました。その提案をうけて二年間ほど宣教師はキリスト教を伝えるために「大日如来」という言葉を使ったのです。

山口で行われた討論で、ザビエルはキリスト教と仏教の相違を理解するために、二つの質問をしました。一つは、仏教では「三位一体」ということを説くかどうか、もう一つは、仏教では三位一体の「第二のペルソナ」、つまりイエズス・キリストについて説いているだろうか、という問いでした。このときのやりとりについて、「仏僧たちはこれらのことをまったく知らず、あまりにもかけ離れていて、寓話か夢物語のように思い、奇異なことと見なし、司祭から聞いたことを笑う者もいた」とフロイスは伝えています（6、五三頁）。僧侶たちのこのような返答を聞いたザビエルは、すぐに「大日如来の福音」の説教を禁止して、そのときから「デウス」というラテン語を使ったのです。それ以来、ザビエルは仏教の僧侶に対して非常に攻撃的な姿勢をとるようになりました。それまで、僧侶たちは宣教師を天竺人、つまりインドの仏教の新しい教えを伝える人として親切に受け入れていました。最初のうちは、宣教師たちは寺院のなかにも出入りして、僧侶との間に非常に友好的な関係が保たれていたのです。しかし、山口の宗論が行われた一五五一年から、両者の関係は悪くなってしまいました。

この対立の原因は宣教師の神学にあります。フロイスの『日本史』に指摘されていることですが、そこには「日本人が、自らの創造者に関して、真の知識と認識からおよそ遠ざかっており」と書いてあります（6、一三頁）。キリスト教神学では二つの原理があります（パウロの「ローマの信徒への手紙」第一章〜第五章参照）。一つは「一般啓示（自然啓示）」です。これは、人間は創造者としての神を自然・普遍的に知って、道徳にも従うということです。この点については、仏教が他宗教に対して「本地垂迹」を説くことや、普遍的・自然に存在するとみなす「仏性」の思想を説くことと、構造的に似ています。もう一つは「特殊啓示」です。これは、歴史のなかでモーセとキリストに示された具体的な啓示です。戦国時代と明治時代に日本に来た宣教師のほとんどは、「一般啓示」を無視して「特殊啓示」を一方的に強調しました。その結果、他宗教に対して敵対的な姿勢をとることになりました。一方、中国で活躍したイエズス会宣教師マテオ・リッチは、「一般啓示」の原理によって宣教を展開しました。そのため、長くキリスト教と中国の宗教とは友好的な交流をしました。ここでのテーマは宗論の形式を検討することですから、神学的な考察には踏み込みませんが、他宗教とのコミュニケーションにおいて、教義は強い影響を持ちます。

二　戦国時代における宗論の要素

十六世紀におけるイエズス会宣教師と仏教僧侶との宗論を分析すると、主に形式に関して七つの要素を取り上げることができます。まず第一は言葉です。戦国時代における宗論の一番根本的な問題は、それが異なる言葉の間で行われたということです。いわゆる異文化コミュニケーションの問題です。第二は専門用語や思想内容です。宣教師は仏教の専門用語や経典の内容について知らなかったので、仏教の勉強をする必要がありました。第三は共通の根拠です。異宗教間コミュニケーションには、コミュニケーションを成立させる共通の根拠が必要です。もし共通する根拠がなければ、両者が論じ合うことができないからです。第四は原則です。コミュニケーションの原則には、さまざまなものが想定できますが、宣教師と日本の仏教者との間に行われた宗論の場合、その原則は勝敗でした。第五は政治的戦略です。イエズス会宣教師は宗論を伝道の手段として使いましたが、宣教の許可を得るために、とくに殿など為政者の前で宗論をするよう努力しました。一方、仏教の僧侶は宣教の禁止を得るために、そのような場での宗論を利用しようと考えました。つまり、宗論には政治的な戦略という側面があったのです。第六は教育です。宗論の教育、訓練、またはトレーニングについて検討をしたいと思います。最後に第七の要素は娯楽性です。宗論はエンターテイメントの役割も果たしていたという事例を紹介します。

まず第一の点についてですが、宗論を行う場合、共通する言葉が必要です。ザビエルは、ほとんど日本語が話せませんでした。そこで、最初の宗論では、日本人のアンジローとフェルナンデスという修道士が通訳をしました（イエズス会では神父と修道士は区別され、修道士は聖職者ではなく普通の仕事に従事しました）。フロイスの『日本史』には、神父であった「フランシスコ様は御自分の説きたいことを僧侶たちに理解させるに足りる日本語の知識はほとんどなかった」とはっきり書いてあります（6、二四六頁）。しかし、宗論の一番根本的なことは共通する言葉ですから、やがてイエズス会の宣教師は日本語の勉強をするようになりました。また、異文化コミュニケーションのためには、その国の風習を理解することも大切です。あるときに、キリシタンになった仏教の僧侶がイエズス会の宣教師に、坂東にある足利学校の偉い学者と宗論して、改宗させようという提案をしました。でも、そのためには、うまく日本語ができて、日本の風習がよくわかる宣教師が必要ですと、その僧侶ははっきりと希望しています（2、四四頁）。

しかし、言葉と風習を学ぶだけでは十分ではありません。仏教の専門用語や仏教そのものを勉強することが必要でした。これが第二の要素です。フロイスが伝えているのですが、仏教の僧侶たちは教義やその根拠を権威づけようとして、「非常に難解な漢語の表現」を用いたり、お経から引用したり、普通の日本人でもわからない言葉で話をしたりしました（6、一〇六頁）。それは、日常会話では用いない日本語でした。ですから、宣教師もほとんどよく意味がわからず、宣教師の一人であるコスメ・デ・トルレスは、宗論を行うときに、言葉の意味を推測することしかできませんでした。逆に、イエズス会側もある場合にはラテン語やポルトガル語を使ったので、比叡山の僧侶は会話をするときに、「自分たちに判らないヨーロッパの言葉を用いることなく、皆が理解できるような明白な言葉でもって話してもらいたい」と要求したようです（1、五〇頁）。このような事例からもわかるように、宗論を成立させるためにわかりやすい言葉を使うこと、あるいは専門用語を学ぶことが必要です。

しかし、宣教師たちの仏教専門用語についての知識は十分ではありませんでした。結局、彼らは仏教の経典を勉強しなければなりませんでした。フロイスの表現を使うと、討論をするためには、宣教師は「一つの別種の学問、すなわち彼らは日本人の諸宗教の本質を新たに研究せねばならなかった」というわけです（1、二九二頁）。要するに、宣教師が神学から、新しい学問、新しい分野である「仏教学」に入らなくてはいけないというわけです。そのために彼らは、天台宗の僧侶を雇って、宗門の最高の経典である『法華経』を勉強し始めました。その僧侶は、出家生活をやめて貧乏になり生活に困っていたので、宣教師に雇われて『法華経』を教えたのです。このことを聞いた都の他の僧侶は、「キリシタンや教会に光と武器と与える」（2、二九二頁）と考え、止めさせようとしましたが、彼が教会を訪れるのをやめる頃には、すでに一年間続いた『法華経』の講義はほとんど終わっていたようです。このように、宣教師たちは、ある程度、仏教の専門用語や教義内容について勉強をしました。

第三の点は共通の根拠です。異宗教間コミュニケーションには共通となる根拠が必要です。共通する根拠によって論じ合うことが成り立つのです。たとえば、キリスト教とユダヤ教の間では、『旧約聖書』がその共通する根拠になります。仏教の諸宗派の間で討論が行われるときには、経典が共通する権威の役割を果たしています。しかし、仏教とキリスト教の間には、共通する聖典がありません。異なる宗教が宗論する場合、共通する権威は一つしかありません。それは合理性です。異宗教間の宗論は、論理的合理的に行われることで成り立ちます。他の可能性はないでしょう。双方が合理的に賛成できる、あるいは否定できるような共通するルールが必要です。イエズス会は、その点に関して、日本人を高く評価しています。たとえばフロイスの『日本史』によると、日本人は「優れた判断力を備え、道理に従う賢明な国民である」という記述が何回も出てきます（1、二八九頁）。宗論は、伝道の手段でしたから、論理的合理的に、キリスト教に対して抱く疑問に答えることができなければ、日本人は改宗しないであろうと宣教師たちは考えました。

第四の要素は、宗論における原則・原理についてです。その原則は勝ち負けでした。負けたほうには次の選択がありました。一つは、改宗してキリスト者になるということです。もう一つは、恥をかかされて、そして敵になるということです。フロイスの『日本史』によると、当時の日本の仏教僧侶の宗論には一つの習慣があって、もし負けたら衣を脱ぎ、勝った側に渡さなくてはならなかったようです。要するに宗論に負けることは、恥だったわけです。ある宗論に勝ったロレンソは、負けた相手に対して衣は渡さなくてもいいといったそうです。負けたことによって、改宗した例を挙げると、法華宗のある二人の信者は三日間、都で宣教師との宗論をしました。そして、最終的に仏教徒が沈黙させられました。宗論において沈黙は負けを意味します（インド仏教の討論の場合も同じ沈黙の習慣があります）。この二人のうち一人の法華宗信者は負けたことで改宗して、その後は自分たちが学んでいた僧侶のもとへ行って宗論をし、その僧侶を「いとも容易に屈服せしめた」と伝えられています（1、六六頁）。このように、宗論という形式で行われる宗教と宗教の間のコミュニケーションでは、勝ち負けしか考えないというパターンが見られます。

このような勝ち負けの原則は、やがて、僧侶が次第に宗論を拒否したり、禁止したりして、参加しなくなったという結果をもたらしました。フロイスの『日本史』によると、いつもイエズス会側が勝ったと報告されています。しかし、たとえば信長の前で行われた宗論では、もう一つの報告があります。歴史学的にはあまり信頼できないのですが、『南蛮寺興廃記』という本によると、イエズス会側が負けたとされています。仏教の歴史のなかで行われたその他の宗論の場合にも、結局、報告する側がいつも勝つというパターンです。ですから、どちらが勝ったかは、結局よくわかりません。

宣教の手段としての宗論に関連する第五の要素は、政治的な戦略としての側面です。たとえばイエズス会は、殿の前で僧侶と論争して勝ったら宣教の許可を得たいという提案をしました。もし負けたら宣教の許可は得られませんし、帰国しなくてはなりません。ですから逆に、僧侶も同じような提案をしました。たとえば、フロイスの『日本史』によると、仏教側が宣教師たちを追放するために、結城山城殿という方に宗論を提案しました。

ところで都の仏僧たちは他の方法をもってしては自分たちの意図を実行することができないことが判ったので、万策尽きたものと考え、この結城殿のところに行き、次のように述べた。「殿は、あの天竺の伴天連が、五畿内において、どれほど有害で憎まれていることか、またどれほど彼が日本でいとも敬仰されている神仏の宗教を害し、信用を失墜せしめんと努めているかよくよくお聞き及びのことと存ずる。されば伴天連の追放を見合すような同情は無用でございまして、追放してしまえば殿は彼から、その家屋、所持人、ならびに彼がインドの諸国から持って来ているに違いない上等の珍しい品々を没収することも可能でございます。しかし我らにその点なんら根拠がなくては多少厄介なことも生じるでありましょう。殿はいとも著名な学者であり、大いなる学識の主であられるから、殿が彼と宗論なされるならば、彼はわずかの言葉でもって説き伏せられること疑いなきことでございます。かくてそれを口実に殿は彼を追放し、その家財を没収する機会と完全な自由を得られるであろう」と。結城殿はこの提案を喜んだ。（1、一五二頁以下）

イエズス会側も信長に宗論の提案をしましたが、信長は笑っただけで、許可を与えませんでした。宗論の第六番目の要素は教育です。宗論は、すぐにできるわけではない。なぜなら宗論の議論やその方法は、技術だからです。たとえばザビエルは、宗論が下手であった神父には、宗論を行うことを許しませんでした。宗教間コミュニケーションにおける教育の大切さを理解するためには、次の例が参考になるでしょう。廣川先生が紹介された裁判法廷での対話は、ある意味で命懸けの行動でした。そのため、討論の方法は非常に重要でした（本書一六六頁）。薗田先生は、一四五三年、イスラーム勢力がコンスタンチノープルに侵略したときに、クザーヌスがわずか三か月のあいだに『*De pace fidei*』（信仰による平和）という本を書いたことを紹介されています（本書二〇一～〇二頁）。つまり、彼は戦争の代わりに宗教間対話を提案したのです。戦争・死を避けるためには対話が必要です。日本での宗論の場合も、イエズス会にとってそれは命懸けでした。もし勝たなければ追い出され、帰国しなくてはいけない。そのような切実な要請から、イエズス会のコレギオ（collegio）とセミナリオ（seminario）では、宗論の訓練、教育がされていました。その成果の一端として、このような面白い事例があります。都ではイエズス会の家に時々、身分の高い客が訪問しました。あるとき幕府の要人が訪問すると、食事の後に二人の子どもが宗論を演じました。一人はキリスト者の役を、もう一人は異教徒の役を演じました。つまり、子どものときから、宗論の教育が行われていたのです（1、二九一頁）。

宗論の教育に関連して、第七点目の娯楽性という要素は、同じく幕府要人の接待の例からうかがえます。宣教師たちは、学校で行われていた子ども同士で行う宗論の訓練を、かれらのために「気晴しとして」、つまりエンターテイメントとして聴かせました。面白いことに、子どもの教育で行われる討論をエンターテイメントとして催す事例は、イエズス会だけではなくて、日本仏教にもあります。これまで紹介してきた宗教間コミュニケーションのやりとりは命を懸けた真剣なものでしたが、ここでは宗論のなかにエンターテイメントの側面もあることがわかってきます。たとえば、宗論の勝ち負けで、負けた側はもちろん恥ずかしかったのですが、周りにはたくさん人が集まって、討論を聞きながら笑ったり批判したりといろんな反応を示しました。現代でいえば演劇のようなものでしょうか。テレビもラジオもなかったので、宗論はある意味でエンターテイメントでした。このような宗論の娯楽性は、日本だけでなく、インドにもヨーロッパにもありました。先ほど紹介した都のイエズス会宣教師の家で行われた子どもの宗論劇が終わったときに、幕府要人が「大いに満足」したと伝えられています。つまり、少なくともここでは、敵対的なコミュニケーションが友好的なコミュニケーションに改装されているのです。

おわりに

「学際的研究」というのは、一つのテーマをさまざまな分野、または視野から研究することです。そして、研究結果をわかりやすくまとめておたがいに交換することです。さらに私たちは、歴史的な視点を持つことで、現代の具体的な問題をどのように扱うべきかを学ぶことができるでしょう。宗教間コミュニケーションに関して、現代の問題の例を挙げると、二〇〇五年にデンマークの新聞に掲載されたムハンマドの風刺画が発端となって、翌年の二月頃、世界で大きな騒動、争いに発展しました。そして、この争いによって多くの人が犠牲になりました。ヨーロッパの言論の自由を確かめるために、新聞がムハンマドの風刺画を挑発的に印刷したことから、このような騒動が起こったのです。ここには宗教間、または異文化間でのコミュニケーションの問題があります。このような不幸な衝突を回避するためにも、現代の私たちは、宗教と宗教との間の平和的なコミュニケーションについて、歴史から学ぶことが求められていると思います。

参考文献

フロイス『日本史』1・2・6（松田毅一・川崎桃太訳、中央公論社、一九七七年・七八年）

Ⅲ

ヨーロッパに由来するコミュニケーション

―対話をめぐって―

コンスタンツ公会議において自らの信念を主張するヤン・フス

古代ギリシア哲学における「対話」

廣川洋一

古代ギリシアにおいて宗教間論争は、あまりないように思います。そこで、対話にあたっての技術、単に形式的な技術というだけではない、対話に関わる、大きくいえば方法、あるいは学問といった基礎的なことをここで話したいと思っております。

一　弁論術と問答術

対話の技法で決定的に大事であり、以後の影響力が非常に強かったのは、やはり、問答法あるいは問答術といわれるディアレクティケーと、普通、修辞学、あるいは弁論術といわれるレートリケーの二つです。しかも、基本的には大きな影響を与えた、という意味では、アリストテレスの『弁論術』と、アリストテレスの問答術を述べている『トピカ』という二つの書物が、後の議論法、つまり論議のうえでの方法に大きな影響を与えて、中世から近世まで続くという、そういう形になっていくかと思います。

いわゆる弁論術、あるいは問答術といわれるものの成立を、ごく大雑把に紹介します。年代的にいうと紀元前四五〇年から紀元前三〇〇年くらい、アリストテレスが亡くなる頃までの一五〇年くらいの間にこの学問が成立しています。

まず、コラクス、ティシアスが、弁論の技術関係の書物を著します。またコラクスの弟子ともいわれるゴルギアスが出ます。プラトンの対話篇を少しお読みの方は、すぐにお気づきになると思いますが、ソフィストの大者でもあります。こういう人たちが弁論術を用います。それから、ヒピアス、アンティフォン、リュシアス、イソクラテス、デモステネスと続きます。アテネでは当時は、ギリシア的民主制がしかれていますから、弁論術はきわめて盛んであり、また必要とされていました。弁論には三種類、三領域が設けられております。一つは民会、いわゆる議会で行われる議会弁論で、もう一つは裁判法廷で行われる裁判弁論です。それからもう一つは、儀礼的な弁論。演示的弁論といいますが、たとえばある人の徳を讃えるための演説、あるいは追悼演説といったものです。

いかに相手を説得するかということは、民主制国家ではきわめて重要ですから、競って弁論術が学ばれる。ソフィストはその教育を担当しました。それから法廷弁論の場合を頭に入れていただきたいのは、今のように検事がいるわけではなく職業的な専門家がいるわけではありません。裁判官も弁護士もいません。したがって、訴えた原告と訴えられた被告とが、市民のある一定数からなる陪審員を前にして争い、無実か有罪かをめぐっておたがいに応酬する場面がつねにあったわけです。当然、弁論術がうまく使えない人は負けてしまう。ですから、弁論術はただ美文を書くための、あるいは美辞麗句を連ねて演説をするための道具ではない。命懸けのものであるという面もあったわけです。したがって弁論術は非常に盛んになり、高等教育の場面において、もっとも必要とされました。

次に問答術のほうでは、いちおう先駆的な人としてゼノンという人物にアリストテレスは言及するのですが、まず、ソクラテスの問答法といわれるものがあります。ソクラテスの対話法といってもいいでしょうけれど、これはあくまで一対一の対話ということになります。その伝統を受けて、プラトンがやはり問答術を受け継いでいきます。これはもちろん、先ほどもいいましたように単に技術の問題ではなくて、やはり哲学そのもののあり方でもありました。

ソクラテスの対話篇をご存じの方も多いと思いますけれど、一対一でのソフィストとの討論が非常に多いのです。たとえば、『ゴルギアス』という名前、あるいは、『プロタゴラス』という名前がついた書物が初期対話篇にあります。そして、そのソフィストのやり方を強く批判するという形になっております。おたがいの意見の応酬があるわけです。

弁論術的なやり方に対して、ソクラテス、プラトン側が強く反発して批判している。この時代、哲学と弁論術の相互応酬がなされますが、こういう哲学からの弁論術批判ということは、ずっと古代の特色として考えられました。プラトンの『ゴルギアス』と『パイドロス』という二つの作品のなかで、とくに『ゴルギアス』では、弁論術が技術といえない——レートリケー・テクネー（rhētorikē tekhnē）というのが正式の名前ですが——、技術の名前などにとうてい値しないと、登場人物のソクラテスはいいます。テクネーというのは、プラトンの言い方によれば、学問的なしっかりした知識という意味を持っています。テクネーというのは、もう一つの学問的知識としていわれるエピステーメー（epistēmē）という言葉とほとんど同義的に使われる場合が多いのです。ですから、そういう知識などには値しないというのが、プラトンの大きな批判点なのです。

もう少し後の、いわゆる中期プラトン作品の『パイドロス』になりますと、弁論術のあり方の批判は続きますが、よき弁論術、理想的な弁論術の必要性ということも語られるようになってきています。いわばディアレクティケー

（問答術）によって、弁論術というものが、むしろ改善されるというのでしょうか。哲学的な精神、あるいは哲学的な知のあり方を取り入れる形で、弁論術はまともな弁論術になるというような言い方をしているのです。そのためには、説得の場面でも、いろいろ相手の魂のあり方を考え、こういうあり方の場合にはこのような弁論がいい、といったような形で分類していこうといっております。ここには、プラトンの哲学的な手法、方法論である分割法がおそらく見え隠れしています。しかしプラトンは、基本的には弁論術をずっと、技術とはとうていいえない代物だといって批判しました。

プラトンの弟子であるアリストテレスは少し形が変わって、一対一の仕方でなくて大勢の人たちにまともな形で信じてもらうという意味で、弁論術の重要性というのは、やはりあるのではないか、というふうに考えるようになっています。初期のアリストテレスは、プラトン同様、弁論術に対して批判的でした。しかし、アリストテレスは、まともな弁論術、技術としての弁論術、あるいは学問的知識としての弁論術を構成しようと考えます。そして、そこでできたのが、アリストテレスの『レートリカ』（*Rhetorica*）、つまりレートリケー・テクネーです。レートリケー・テクネーは、通常、弁論術と訳されます。修辞学と訳す人もいますが、ギリシアの場合は、やはり口頭によるやりとりですから、弁論術というのが正しいだろうと思います。

また、アリストテレスには『トピカ』（*Topica*）といわれる書物があります。この『トピカ』というのは何を書いたものかというと、基本的には、いかに一対一の問答を行うかという、やはり問答術なのです。これは全八巻にわたるかなり大部なもので、問答術の議論法をかなり精密に展開していったものだと思われます。ただし、単に議論法だけではない面があるということは、後でお話ししたいと思います。

これと同じように、『詭弁論駁論』という、誤った推論をするソフィスト、その流儀のやり方を主題としたものがあります。

この二つが、いってみれば、議論法に非常に深く関わっています。これは、ほぼ残されておりますから、そういう全貌がわかるのです。『トピカ』と『詭弁論駁論』とは一体であると見てよろしいかと思います。

『トピカ』は、アリストテレスの著作でいうと、論理学的な著作に入っております。つまり、哲学を学び研究するうえでの手段的なものといわれるようなオルガノン（「学問の道具」の意）に属しております。

こういう形で分けましたのは、弁論術を述べた『レートリカ』と、問答術の系統である『トピカ』とは、いわば車の両輪のような形で、アリストテレスの広い意味の言論の技術のところにも入ってくると考えられるからです。さらに『トピカ』は、哲学の方法論としても非常に重要な側面を持っています。単に、いかに議論するかという技術論的なものだけを含んでいないということです。その意味では、また重要な著作だろうと思われます。

対話というのは、先ほどいいましたように一対一というのが基本でしょう。レトリックの場合でも、法廷弁論などでは一対一です。私も詳しくはわからないのですが、たとえば殺人法廷などでは、口頭弁論が原告と被告の間で行われます。まず第一回は、両者がそれぞれ四十分以内で、「私はやっていません」、「あなたがやったんです」ということを、いわば証拠立てるわけです。それから、さらに第二回口頭弁論があって、十五分ぐらいで口頭弁論を行います。それは、やや演説的な面はあり、間接的にではありますが、やはり一対一での応酬という側面は認められる。それを聞いた陪審員が判定をするという形だったようです。ですから、これもある意味で対話のなかに当然入れるべきであろうと思いますので、私としては、この弁論術と、いわゆる一対一でやりとりをする問答術と二つを併せて、ここでは考えていく必要があるだろうと思います。

そこで、まずプラトンの問答法について話し、次にアリストテレスの弁論術を紹介します。これは学問的弁論術の成立ということで、これがヨーロッパのいわゆる弁論術の伝統になります。

じつは私もわからないので、皆さんにも諮りたいことが一つあります。日本では、レトリックという言い方が非常に頻繁に交わされた時代があったと思うのです。一九三〇年もしくは一九三五年ぐらいから終戦の一九四五年ぐらいまででしょうか。その頃、満州事変が起こりましたし、まもなく太平洋戦争へと向かっていく時期というのは、言論が抑圧され、あるいは政治活動も抑圧されるといった形で、言論その他の関係が非常に圧迫を受けます。その時代に、レトリックという言葉が、一部の思想家の間に非常に強く意識されて用いられたのです。それは京都大学の出身者たちのグループです。たとえば、三木清が一九三五年頃「レトリックの精神」という論文を書いています。それから、「解釈学と修辞学」を含めて一連のかなり多くの関連論文があります。その周辺の仲間たち、たとえば中井正一、それから歳は少し下になるでしょうが久野収といった人たちがレトリックという言葉を用いて、その当時としてはかなり活発に『思想』その他の雑誌に発表しております。それはなぜだったのでしょうか。それから、同じく京大出身の林達夫もレトリック関係の論文を書いています。これらをうまく要約した論文が久野収の「三木哲学におけるレトリックの論理」で、「レトリックの論理」という言い方をしています。今から四十年ほど前、一九六七年に、彼はこの論文を『思想』に発表して、十月号、十一月号の二度にわたって、三木清のレトリックの論理とはどういうものであったか、ということを紹介します。

レトリックの論理の側のちょうど正反対のところには、通常の意味でのロジックがあるわけです。これは、いってみれば、客観的な対象をそのまま扱うというロジックでしょう。それに対して、レトリックの論理というのはどういうものかというと、実践的な主体同士間でのやりとりです。実践主体、生きている人間、生身の人間同士が、やり合う、話し合うときの相互の論理です。実践主体相互の論理です。ロジックはロゴスといってもいいわけでしょうから、通常の意味での論理的なロゴスと、修辞学的な、レトリック的なロゴスとがあって、このレトリック的なロゴスというのが実践主体相互の論理なのです。

レトリックの論理というのは二つの力を持っています。一つは人間を動かす感動の力、相手を感動させ実践へと導くというような意味の感動力です。それから、もう一つはロゴス本来の証明の力、事柄が、こうであるということを証明する証明力です。レトリックの論理というのは、この二つを併せ持っていて、社会のなかで生きて働くロゴスであるといえます。

それから、その修辞的、レトリック的なロゴスというものには三つの要素があるとされます、一つは当然、話す人、次にそれを聞く人、さらにその主題という、この三つです。何を語るかという主題がある。平和について語る人、それを聞く人というふうに、この三つの項目があるのだと、いろいろ分析しているわけです。

右に述べた、当時のすぐれた知識人たちの、戦時中のレトリックをめぐる活動には大変興味をそそられ、その意味を、そしてレトリックそのものをいかに理解しているかを知りたいと思いますが、それはここでは控えさせていただきます。

二　ソクラテスの問答術

ソクラテスの問答術というのは、通常、エレンコスというギリシア語で、論駁などの意味ですから、論駁法という言い方をする人もあります。ソクラテスは書物を一切書いていませんので、ソクラテスの考え方をプラトンの初期の作品が伝えているだろうというので、私もソクラテスの問答術としております。この場合は、どういうふうに議論が進んでいくかというと、まずソクラテスは何についてでも議論できるとはいっていません。ソクラテスが何かを討議しようというときには、現実に人はいかに生きるべきか、その問題しか取り上げません。宇宙は永遠か否かなどということは、まったく問題にしていません。問題になるのは、人はいかに生きるべきかという場面での問題に限られます。

そこで、まず対話者が設定されます。対話の相手は結局、その人間の生き方に関わる、たとえば勇気の徳について問うということになります。その場合、またもう一つ大事な条件は、そのことを知っているという相手としか基本的には対話していません。ですから、「私は勇気とは何かを知っている」という人がいたら、そこへ行って問答するという形になっております。ソクラテスが、そういう人を見つける。そういう評判の人がいたら、そこへ行って問答をして聞いてくる。

ソクラテスが「徳とは何ですか」と聞いたら、相手は「それは男の徳もあるし女の徳もあるしね」というような、いろいろな事例を挙げる。すると、その人に対していつも、「それは、ちょっと困る」とソクラテスはいいます。ソクラテスは、どの事例にも通じてある本質的な姿、一つの姿を示してくれといいます。ですから、結局、たとえば「勇気とは何であるか」という問いの仕方になります。勇気として、どんな事例が挙げられますかといっているわけではないので、そのすべての事例を通じて姿を見せている、ある一つの形を示さなければなりません。通常は定義の形で、「定義例」といわれます。そういう形式をとります。

すると、対話者が「Xとは、こういうことである」というふうに答えます。たとえば、初期対話篇に『ラケス』という勇気について問う短い対話篇があります。さまざまな討議が繰り返されるのですが、そのごくごく一部を切り取って単純に整理した形でいいますと、勇気とは何かを、アテネきっての将軍と対話します。名将といわれている人、当然その人は、勇気だったら俺に任せておけというぐらいの人物でありましたから、それと対話するという形になる。ソクラテスは、勇気とは何であるかと問いますので、「Xはpである」というふうに、ラケスは「勇気というのは、戦場で敵に決して背を向けることなく踏みとどまって、あくまで戦うことである」と答えます。いかにも将軍らしい言い方です。これは、その問題の前提、あるいは立論になります。勇気とは、敵に背を見せず、そこに踏みとどまって戦うことであると。

それに対してソクラテスは「私もそう思う」というのですね、実際。この場面で基本的な態度として、全面的に誤っているとはけっしていえないでしょうね。戦場において踏みとどまって頑張り通すということが勇気であるということに、ソクラテスも心から賛同しています。ですけれど、ソクラテスとしては、しかしこういう場合もあるのではないか、qという場合もXではないかということをいいます。それは、ちょうど背を向けながら戦うことも勇気があることにならないだろうか。敵に背を見せずに、ただ踏みとどまるだけではなく、たとえばスキュタイ人の騎馬兵の戦い方などを見れば、いったん逃げると見せて、また襲いかかる、そして勝利を得た名将がいる。「歩兵の場合は、違うよね」といったのに対しては、スパルタの重甲兵の場合の事例を挙げて、そういう形で勝利を得た名将がいる、といったようなことをいいますので、このアテネきっての将軍も、やはりそういうことも考えられると、自分で深く思うところがあるわけです。

対話者の信念pと、同じX、つまり同じ勇気という問題に関わる他の信念qとでは矛盾してきます。「背を絶対に見せない」、「背を見せる」、こういう形でいいますので、対話者は、なるほど自分も戦闘の経験からすれば、そういうこともあり得ると、こちらのほうも、やはり心から賛同するのです。ですから、自分の今までの信念が、やはりそこで揺らぐことになるわけです。

ここで対話者は、どうしたらいいのかと途方に暮れます。行き詰まりを哲学の用語では「アポリア」といいます。「アポリア」とは、道がなくなってしまうことです。「ア」は否定辞で、「ポリア」は通行を意味しますから、通行、どちらへ行ったらいいのかわからなくなる。行き止まりになってしまう。そういう形で初期対話篇の大多数は終わっています。

この場合は、ｐが本当の意味で真実なのか、ｑが真実なのかは、別に決まっておりません。ですけれど将軍ラケスは、やはり自分の考え方も、どこかおかしいところがあると思って、これ以上進むのはやめています。そして、また別なことから検討を始めている。

もし、これを理屈だけで行おうとするのであれば、Ｘはｐであるという前提をもう一度やり直すとか若干変える形で論議することはできるはずです。あるいは、Ｘはｑであるという相手の見解にケチをつけて、もう少し形を変えて論議する。そして、自分の有利なほうへと持っていこうとすることはできると思うのですけれど、それをやらない。ソクラテスもラケスもどちらもやらない。しかし、この行き詰まりが、まったく何の取り柄もない、何の成果もない、ゼロの状態なのかどうか。アポリアに陥るという、そういう心のあり方が、やはりそれほどゼロ的なあり方のものなのかといえば、けっしてそうでもない。たとえば後期作品『ソピステス』では、自分が今まで、こうだと知ったつもりになっていたのが、やはりそうではない。いろいろ問題を抱えていることに思い至る。そういうことは、むしろ魂のもっとも優れた、人間としてはもっとも思慮深い状態であるというふうな見方をしておりますから、けっしてこれが元の木阿弥、何もならなかった、落ち込んでいるだけという状態ではないのだろうと思います。ですから、次の探究へと向かうことができる。

ソクラテスの問答術で大事なのは、問答を始めるにあたっては、「知識と好意と率直さとを具えていなければならない」（『ゴルギアス』四八七A）ことだとあります。単に憎しみから敵と論議をして勝つというのではなくて、ともに真実を探究しようという好意を持っているということが大事だとされます。それから、心に思っていることをその通り話すという率直さ。これは議論ではきわめて大事なことになります。

それから、「同意」です。同意がなければ次に進めません。同意は非常に重要です。『クリトン』では、ソクラテスが死刑判決を受けて獄中にいるときにクリトンが会いにくる場面があります。そこではソクラテスは、繰り返し、前に同意したことが今も変わっていないか、もし変わっているとすれば、やり直せ、変わっていなければ、このまま継続してやろうと述べています（『クリトン』四九A～E）。また、『ゴルギアス』では、次のようにいっています。

しかしながら、ぼくとしては、たとえぼく一人になっても、君に同意しないつもりだ。というのは、君は論証の力でぼくが同意せざるをえないようにしているのではなく、ぼくに対して偽りの証言をする人たちを数多く持ち出すことによって、ぼくの財産である真理から、ぼくを追い出そうとかかっているからなのだ。

（『ゴルギアス』四七二B　岩波文庫）

論証の力で私を同意させようとするのではなく、たくさんの証人を持ち出して、その威力で同意させようとしているといっているのです。そういうことはするなということです。あくまで論証の力によって同意させる。たとえばアリストテレスの弁論術においても、証明力というのが非常に重要視されてきます。そうすることによって技術化、本当の意味での技術になっていくのだろうと思います。

三　アリストテレスの弁論術

1　従来の弁論術批判

アリストテレスの『弁論術』は全三巻から成りますが、ここには主として、基本的なことを書いた一巻を岩波文庫から引用しました。

ところが、実情を言うと、世の弁論技術書なるものをまとめ上げている人々は、弁論術の部分たりうるものは何一つもたらさなかった、と言ってよい。というのは、技術に属することができるのは説得方法（証拠立て）だけであって、それ以外は付属物にすぎないのであるが、ところが彼らは、説得方法の本体に当たる説得推論（enthymēma）については何一つ語っておらず、大部分の労力を当面の問題とはかけ離れたことに当てているからである。なぜなら、中傷とか憐れみとか憤りとか、その他、心が抱くこの種の感情は、当面の問題にはなんの関わりもなく、ただ裁判官の気持に狙いをつけているにすぎないからである。（『弁論術』一・一）

ここでは従来の弁論術を批判しています。それは結局、証拠立て、つまり証明法に関して、ほとんどまともなことをいっていないという意味です。大部分は何かというと、相手の感情（パトス）に訴えるという面だけだというのです。そういう工夫だけ見られるので、本来の筋である「論証によって」という面の書き方はなされていないといって、従来の技術書を批判します。また、別の箇所では、説得方法というのは、「一種の論証」だといっています。この場合、論証というのは通常な意味での論証法という、いわゆるロジックの基本です。それに対して、弁論術における論証というのは説得推論のことであるとされます。説得推論というのはエンテュメーマ（enthymēma）

という言い方で通常いわれていますけれど、ゆるい意味での推論というふうに理解してよいと思います。

2　弁論術の定義

次に、弁論術の定義と領域について、「弁論術とは、どんな問題でもそのそれぞれについて可能な説得の方法を見つけ出す能力である」（『弁論術』一・二）としています。つまり領域を問わない。医術なら当然領域が限定され、建築術も領域が限定されているように、個別科学は、それぞれ領域が限定されています。それに対して、弁論術という技術は領域が限定されていない。どの面に関しても議論できる。ですから、どういう問題が与えられても、それについての説得方法を見つけ出すことができる。その領域は、ある特定の種類に限られていない。こういうふうにいっております。あらゆることを議論できるのが弁論術です。ただ、弁論術の場合は、後の弁証術と比べると領域限定的でないとはいえません。やはり裁判、法廷、議会での演説といった方面、つまり広い意味での政治的な領域に限定はされますけれども、いわゆる個別科学の限定から比べれば、非常に幅広い領域を対象にできる。そういうふうにいっているかと思います。

弁論術の説得には三種類があります。これは、じつは説得というものを生み出すための三つの要素があるということです。相手を説得させるうえで重要な要素が三つある。それをいっているのですから、これは非常に大事です（『弁論術』一・二）。一つは「人柄によって」という要素です。

「人柄によって」というのは、論者を信頼に値する人物と判断させるように言論が語られる場合のことである。こういう聴衆だから、ここでは謙虚な仕方で演説したほうがいいだろうと思える場合があるかもしれません。しかし、こうもいっています。

だが、この信頼も、言論の内容によって結果されるべきであって、論者はこれこれの人間である、と先入観を抱くことによって結果するのであってはならない。

ですから、もちろん、「人柄によって」というのは、そういう限定付きではあります。第二の要素は、「聴き手を通して」ということです。

「聴き手を通して」というのは、言論に導かれて聴き手の心が或る感情を抱くようになる場合のことである。聴衆は好意的であるときと憎しみを持っているときとでは違ってきます。そういう聴き手を通して、つまり相手の心の状態ということが一つの大事な要素になる。第三の要素は、最重要です。

「言論そのものによって」説得がなされるというのは、個々の問題に関する納得のゆく論に立って、そこから真なること、或いは真と見えることを証明する場合を言う。

したがって、今いったように言論（ロゴス）そのものによって、人柄（エートス）を通して、相手の感情（パトス）を通してということになります。この三つが大事だといっています。

ところで、『弁論術』のなかに非常にしばしば弁証術が出てきます。この弁証術という訳語について、ちょっとおことわりすると、日本でいうディアレクティケーを、アリストテレスの場合は弁証法というのです。それ以後はみな、ヘーゲル弁証法とか、マルクスの弁証法とか、弁証法になっており、どうも日本の古代哲学でも、アリストテレスに関しては、問答術といわないで、なぜか弁証術という人がたちが多いのです。岩波の訳本でも弁証術になっています。これはディアレクティケー、問答術のことです。

弁証術と倫理学との関係は非常に大事なことで、次のようにいっています。

したがって、弁論術は、弁証術と品性に関する研究（倫理学）とから派生するいわば分枝のようなものなのである。

（『弁論術』一・二）

アリストテレスのなかでは、弁論術というのは、一方に倫理学があり、一方に弁証術があり、それから、いわば生み出されてきた分枝的なもの、派生物のようなものだと位置づけられている。したがって、アリストテレスの『弁論術』という非常に影響力の強かった書物の背後には、一つには弁証術、つまり問答法があり、一つには倫理学がある。こういうふうにいえるかと思うのです。エートスそしてパトスに関わるのは倫理学のほうで、いかに言論をなすかという論理学的な側面では、その親元は弁証術、つまり問答術である。弁証術と倫理学が並んで、そこから弁論術が生み出されていくのです。

3　弁論術の証明——例証と説得推論

アリストテレスは、弁証術の証明方法には、推論と帰納があるといっています。先ほどいった説得推論というのは通常の、しかしいくらかゆるい意味での推論です。それから例証、例として挙げるのは帰納法です。説得推論の例としては、このようなものがあります。

例えば、「ドリエウスは栄冠のかかった競技で勝利を得た」という結論を導くためには、「彼はオリュンピアの競技で勝利を得たのだから」と言えばそれで済むことで、「オリュンピア競技は栄冠のかかった競技である」という命題をつけ加える必要はない。

（『弁論術』一・二）

三段論法式にいえば大前提にあたることは、いちいちいう必要はないのだ。だから、「ドリエウスという男は栄冠のかかった競技で勝利を得た。なぜなら彼はオリュンピアの競技で勝利を得たのだから」といえば、それでいいのだということです。これは、ある意味で推論の形をとっている事例です。ただ、何がなんでもステップをすべてそこに書き込んで、推論の形をとる必要は少しもない。こういうふうにいっています。

それから、帰納法にあたるといっている例証は、こうです。

例えば、「ディオニュシオスは親衛隊を要求しているから専制政治を狙っている。なぜなら、以前にペイシストラトスが専制政治を狙った時も親衛隊を要求しており、それを手に入れた時に僭主の座についたのであるし、メガラにあってはテアゲネスの時もそうであったから」と言うのがそうである。他にも、人々がよく知っている僭主たちのすべてが、ディオニュシオスの、すなわち、親衛隊を求めているのがそのためかどうかは未知の状態にあるディオニュシオスの、例証となる。

（『弁論術』一・二）

他にも、これこれの事例があるから、したがって、今ディオニュシオスは親衛隊をつくれといっているのだが、これは結局、彼が専制政治を狙っているからだと、こういうことです。これが例証の事例、これもゆるい意味の帰納法の事例です。

このような推論をうまい具合に進めるための技術的な拠点を「トポス」というらしいのです。アリストテレスのトポスは、アリストテレス自身がきっちり説明していないので、人によっていろいろ違う見方もありますけれど、この岩波文庫の訳書でいえば、「論点」です。推論をうまく進めていくうえでの論拠、論点です。アリストテレスは、たとえば説得推論のトポスとして合計二十八を挙げています。そのうちの一つだけ紹介します。

また或る論点は、「より多い、より少ない」の比較に基づくものである。例えば、「神々ですら一切を知らないのであれば、まして人間がすべてを知るなど、ほとんど不可能である」というのがそうである。なぜなら、これは、「何かが属している可能性のより多いものに、その何かが属していないようなら、その可能性のより少ないものに属していないのは明らかである」と言っているのと同じだから。

（『弁論術』二・二三）

ここで、「何かが属している可能性のより多いもの（右の例では「何でも知っているような神々」）に、その何か（知）が属していないようなら、その可能性のより少ないもの（知の乏しい人間たち）に属していないのは明らかである」とあります。これがトポスということになりますね。こういうものを応用して、その論理のなかに使って、うまく議論を進めていく。そのための拠り所のようなものをトポスといって挙げている。そのほかにもいろいろあるわけですけれども、そういう形で彼はやっているということです。

四　アリストテレスの問答術

1　弁証術の議論

最後に、先ほど申し上げました弁論術を、ある意味で支えるような形になっていると思える、アリストテレスの問答術を、簡単に述べたいと思います。

アリストテレスの弁証術というのは、弁論術が先に広く人間的・政治的な領域を対象とするといわれましたが、それと同じように、領域は限定されませんが、ありそうな事柄（蓋然的な事柄）を推論の出発点とするもので、その点、厳密な論証と対比されることになります。この弁証術の大きな特徴は、社会的な共通通念、一般通念を前提にして論議を進めることです。通常の論証（apodictic syllogism）といわれるものは、真なる第一原理から出発して推論を進めます。ロゴスの推論の形としての、理想型ともいえるものは、そういう形になる。それに比べると、弁証術的推論といわれるのは、エンドクサ（endoxa）からの推論です。エンドクサというのは、アリストテレスの用語で、一般社会的な通念ということになります。一般社会的な通念を前提として、そこから推論を行っていくというものです。

ただ、その場合、社会的通念はいい加減なものではなく、大いに信頼するに足るものという意味を含んでいますから、そういうふうに見ないといけないのです。社会的通念については、『トピカ』に、こういうふうに書いてあります。

すべてのひとたちによってか、あるいは大多数のひとたちによってか、あるいは知者〔学者〕たち、つまり、知者たちのすべてによってか、あるいはその大多数のひとによってか、あるいは、最も知名で評判のひとたちによって〔そうだと〕思われていることどもが、通念である。（『トピカ』一・一）

すべての人たちによってか、あるいは大多数の人たちによってか、あるいは知者たち、知者たちでも、すべての知者がやってくれれば一番いいのですが、基本的には、すべての人たちが認めている見解を前提して、そこから推論をしていく。あるいは、それが不可能なら九割方、それが無理なら八割方の人が同意し賛同している見解を基にして推論を下していく。そういうやり方なのです。

そういう意味で、論証のまったく明白な真実である第一原理から出発するような――たとえば数学の公理のようなもの――純粋理論学のような場合の第一原理からの出発とは違った意味での、原理からの出発というのが弁証術の議論になります。弁証術というのは、先ほど、弁論術について対象がないといいましたように、やはり領域を問わない。いかなることに関しても議論できるというふうにいっておりますから、個別科学とは違う。個別科学は、すべて限定的な第一原理から出発しておりますが、そうではない。その代わり通念から出発する。ただ、通念も、今いったように、かなり厳格なものになっています。一般にどこかでいわれているそれでいいというものを扱うわけではない。

2　弁証術の有用性

そして、弁証術の有用性ということで、四つを挙げておきました。一つは知的訓練のために有用である。二つ目に討論のために有用である。三つ目に哲学的な知識にとって有益である。それから四つ目に個別科学の第一原理にとって有益である。このうち、二つ目の討論のために有用であるということ、つまり議論の仕方で非常に有益だというのは、議論法としての面です。

3　弁証術のトポス

討論の技術としての弁証術というのは、弁論術に比べてはるかに詳細なやり方をしようとしています。たとえば、

すべての命題〔提題〕とすべての問題は、類か、特有なものか、付帯的なもの〔付帯性〕を明らかにする。

（『トピカ』一・四）

ただし、特有なもののあるものは本質を示し、他のものは示さないから、二つに分けられます。そこでアリストテレスは、本質を示すものを定義と呼び、他方のものを特有性と呼んでいます。そこで、右の引用文には実際には定義、類、特有なもの、付帯的なもの四点が挙げられていることになります。

すべての命題は主語と述語からなっています。たとえば、「平和はよいものであるか」が命題になります。ここから議論をするということです。「平和はよいものであるか、それとも、よいものではないか」、これは問題と呼ばれます。それを議論していく。これは同じことです。その場合に、「平和はよいものである」、というときの主語と述語の関係を、より厳密には「述語の形態」を四種に区分するのです。それが、定義になっているか。それとも類を示しているか。それとも固有性なのか、それしかないものなのか。また付帯的なのか。ですから、それはいった

いどうなのかといって、問題の性格をまず区分しろというわけです。たとえば、「人間は文法を学びうるものである」という場合、文法を学べるような動物などは、他にはいないでしょうから、人間の固有性を示しています。「人間は文法を学ぶものであるかどうか」という議論を始める場合、それはいったいどこに所属するか。主語との関係で述語はどうかということを見ると、そこのところが固有性を示している。あるいは、付帯性というのは、たまたまあるものです。たとえば「人間は白い」という場合のように。議論の出発点としての命題を承認できるか否かはきわめて大事な点ですから命題がどういう性格のものかをまず認定して、それから論議を始める。

具体的に事例を挙げますと、

「善い人は嫉妬ぶかい」〔と相手が主張する〕とすれば、「嫉妬ぶかいものとは誰であり、また嫉妬とはなんであるか」を問わねばならない。たとえば、「嫉妬とは、或るまじめなひとの外見上の成功を見て心を痛めることだ」とすれば、善いひとが嫉妬ぶかくないことは明らかである。なぜなら、〔嫉妬ぶかければ〕賤しい〔悪い〕人であろうから。

（『トピカ』二・二）

というのです。「善い人は嫉妬ぶかい」ということが正しいかどうか議論するときに、その命題の述語の形態は、先の四種のうちどれを明示するかを問うのです。その場合、付帯性だと思ったら、そのどちらかについて、あるいは両者でもいいですけれど、相手に定義を立てさせろというのです。その人は、嫉妬ぶかいものとは、何であるかを問いなさい。たとえば相手が、「嫉妬とは、或るまじめなひとの外見上の成功を見て心を痛めることだ」という規程を与えたとしますと、だったら善き人が嫉妬ぶかくないことは明らかであるということになる。なぜなら、そういうことで嫉妬をするということは、賤しいことであり、善き人のすることではない。悪しきことであるから、という形です。

ですから、たとえば、この問題の述語は付帯性を示している、と思ったときには、その定義を問う。そして、さらに吟味していく。このように、それが付帯性であるなら、この命題は議論の出発点としては成立しないことになります。そういう議論の仕方なのです。これは付帯性のトポスですが、四種に関するトポスが、それぞれ八十以上ありますから、合計すると三百数十ぐらいのトポスが、『トピカ』のなかでは述べられています。そういう意味では、先ほどの『弁論術』に比べれば、はるかにロゴス的にでき上がっている。こういうものが、弁証術の議論法としてあるということです。この議論法は、キケロを通じて非常に影響力を持ちます。キケロは、これを非常に簡略化して『トピカ』をつくりました。それが中世から近代に伝えられて、とくに法律専門家たちが裁判で使ったのです。

4　個別科学の第一原理への関わり

それともう一つは、個別科学の第一原理への関わりということがあります。第一原理に近づく道を持っていると先ほどいいましたが、単に議論法というだけではなく、弁証術というのは、ちょうどプラトンの問答法のように、哲学そのもののあり方も示すものだということを一言いって終わりにしたいと思います。アクラシア（無抑制・無自制）ということを探究するのが、『ニコマコス倫理学』の第七巻の最重要のテーマです。これは人間の行為と知識の関係を問うたものです。倫理学ではもっとも基本的な問題です。こういう倫理学における原理的なものを、問答法的に探究する、ディアレクティカルに探究するというのは、まさにソクラテス的な吟味・論駁と、ほとんど形が一つになっているといえます。

まず、㈠観察される事実があって、それが共通見解（エンドクサ）によって確認される。㈡それに矛盾点がないかどうか検討するのが「アポリアの提出」。そして、㈢そのアポリアをうまく解決できれば、現象を救済できる。アリストテレスの哲学を「現象の救済」ということがあります。アリストテレスの弁証術はこの三つのプロセスを遂行するのです。つまり、非常に手堅い一般的な通念をもとにして、そこから立論していく、推論を重ねていくというやり方です。「観察される事実の提示」というのは、ここでは、自分は悪いと知っているのに、ついその行為をしてしまうということが、人間にあるかどうかということなのです。これをアクラシアといいます。自分にとってお酒は身体に悪いと思っていながら、つい飲んでしまう。朝、会社で、今日は酒は止めておくといっていたはずなのに、夕方、酒場の前を通りかかると彼は酔っぱらって倒れていた。これが社会的な現象として通常観察される情景といえるかもしれません。ですから、それに対する「アクラシア」という言語が確立しているといった場合、そこに彼は、一般的見解の確認を見ることができるとしています。しかし、そこにはアポリアがあるのではないか、問題点があるのではないのではないかといって、ソクラテスのパラドクスといわれるものを提示する。それは「知っていながら、抑制のない行いをすることはありえない」で、最善のことを了解しながら、それに反する行為がなされるなら、それはただ彼の無知によるのだ、というのです。さすがに知者ソクラテスの示す問題点は重く根底からの考察をせまります。しかしアリストテレスは、この提起されたアポリアに対して、「観察された事実（夕・パイノメナ）」と明らかに矛盾するときっぱり述べます。そしてそのあと理由を詳しく論じてこの難点を解消し、最終的にこの命題（アクラシアという事実のあること）を証明します。そのやり方が弁証法、問答術なのです。倫理学という個別科学の原理、学的議論の出発点が、弁証術によってここに成立を見たということです。

中世キリスト教世界における異宗教間対話をめぐって

薗田　坦

一　中世キリスト教世界におけるイスラーム教との歴史的関係

これからお話ししますことは、このシンポジウム全体のテーマに沿うものかどうか、じつは私自身でも問題だと思っております。とりあえずは「異宗教間対話をめぐって」と題しましたが、この「めぐって」にも、ちょっと曖昧なニュアンスがあります。というのも、基本的に異宗教間対話ははたして可能か、そもそも成り立つものかどうかということに対する、ある種のスケプティック（懐疑的）な考えが、じつは私にはあるからです。宗教間対話が本当の意味で成り立ち、それが真に行われれば、もちろん素晴らしいことだと思います。しかし、ここではそれがはたして成り立つのかどうかという疑問をも踏まえたうえでの話であることをお断わりしておきます。

廣川先生はギリシアを中心とした古代世界を主題として、問答、論争、あるいは対話という問題のあり方の、もっとも基本的な特徴、本質的な点についてお話しになられました。私は、時代的にこれに続く中世のキリスト教世界、ヨーロッパの中世という時代を念頭に置いて、とくにヨーロッパ中世におけるキリスト教とイスラームとの対立、交渉という点を中心に、そこでの両者の関係なり、態度のとり方について概観します。そして、最終的には中世末期、あるいは近世初頭と言ってもいい時期に属するニコラウス・クザーヌス（Nicolaus Cusanus）に見られる独自の考え方、とくに宗教間対話ないし融和という観点からして注目に値する考え方について、お話ししてみたいと思います。

中世におけるキリスト教とイスラームの関係については、まず歴史的な背景、歴史的事実がありますので、その展開についてごく簡単にお話ししておく必要があります。これについては、比較的最近、ドイツのルートヴィッヒ・ハーゲマン（Ludwig Hagemann）という学者によって書かれた『*Christentum contra Islam*』（1999：「キリスト教とイスラーム　対話への歩み」）という手軽な書物があります。ドイツ人ですので、もちろんキリスト教の立場から contra Islam、つまりイスラームに対抗して、キリスト教がどういうふうに展開されてきたかということを歴史的に記述していますが、主としてこの書物に従って、ごく簡単にまず見ておきたいと思います。

イスラーム教、あるいはイスラーム勢力の西側キリスト教圏への進出・拡大は、すでにイスラーム教の教主であるムハンマドの死（六三二年）の後、まもなく始まります。七世紀後半には、北アフリカの大半がイスラームの勢力圏となり、さらに八世紀初頭にはスペインもイスラームの手に落ち、当時の西ゴート王国が滅亡します。北アフリカは、当時は地中海世界の一端で中世キリスト教世界に属していたわけですが、その北アフリカおよびイベリア半島にイスラームの勢力が侵略してくるとともに、当然のことながらキリスト教徒とムスリム（イスラーム教徒）との対立、反目が生じ、そこに当然、結果としてキリスト教の弱体化が見られるわけです。ただし、両者が、対立、反目するだけではなくて、ある意味で平和的に共存したところがまったくなかったわけではないということも言われております。

こうしたイスラームの急速な領土的拡大に対して、八世紀半ば頃から、ようやくキリスト教側の反攻も始まります。ムスリムは、まずフランク王国から駆逐されます。いわゆるトゥール・ポアティエの戦い（七三二年）で、フランク王国の宰相ピピンが先頭に立ってムスリムを撃退し、さらにはまたノルマン人によって、イタリアやシチリアからも駆逐されます。そういう勢い、軍事的行動は、ご存じの通りさらに、いわゆる十字軍となって継承されていくわけですが、スペインにおけるイスラーム勢力は、後々まで非常に根強かったわけで、「再征服」（Reconquista）と歴史的に言われていますが、ほぼ中世終わりの十五、六世紀頃まで続くことになります。

二　キリスト教内部からの思想的対峙、理解の試み

イスラームが侵攻して、ヨーロッパ世界を脅かし、そして、それがある意味でいちおうは撃退されて安定を取り戻すのには、かなり歴史的な時間、七～八世紀間という歴史的な経過があったわけです。このような歴史的、軍事的経過に並行して、キリスト教の内部からも、ようやく本格的にイスラーム教に対して、内容的に、あるいは思想的に対峙し、それを理解、把握するという試みも、少し遅れて生じてくることになります。

もちろん最初期には、イスラームに対しては、いわばまったくの無知であって、そういう無知の状態が続くわけです。あるいは少し理解したとしても、せいぜいイスラームを五つのキリスト教の異端の一つの形だというふうに受け取る。これは、ある意味でやむを得ないことであり、そういう状況がはじめの時期はしばらく続くわけですが、やがて十二世紀頃になりますと、イスラーム教の『コーラン』の翻訳がなされるようになります。

だいたいイスラーム教では、『コーラン』は別の言語に翻訳してはいけない、アラビア語でムハンマドが語ったそのままでなければならないという意味で、「翻訳禁令」が出されているわけですが、それが破られます。十二世紀の半ば頃、当時のキリスト教世界では一番中心になっていたベネディクト派系のクリュニー修道院の院長であるペトルス・ヴェネラビリスという有名な人の発案によって、『コーラン』がアラビア語からラテン語へと翻訳され、最初の完訳が実現されることになります。

それによってヴェネラビリスは、イスラームと知的に対決するという運動の先駆者として名を成します。彼の姿勢には、要するに十字軍の軍事行動に対する批判という意味も込められており、軍事的に力で駆逐したり、打破したりするのではなくて、「言葉を用い、理性によって」対決するという姿勢をはじめて明らかにしたという点で、非常に大きな意味を持つものだと思われます。

十三世紀になりますと、中世ヨーロッパのキリスト教世界において一番活発で力のあった修道会として、ご存じの通りフランシスコ会とドミニコ会という二つの会派ができます。中世の主要な学問とか文化というのは、だいたいこの二つの修道団によって支えられていくわけです。その二つの会派の宣教活動とともに、イスラームとキリスト教の対決は、さらに新たな局面に入っていきます。

ムスリムも次第に広く知られるようになってきますが、ここでの強調点は、そのイスラーム教ないしムスリムをキリスト教の信仰に近づけようとする、あるいはキリスト教的な『聖書』の指針が本物であり、神聖なものであるということを論証し、彼らにそれを伝えようとする意図がはっきりと出てきます。

とくにその際、フランシスコ会――フランシスコ会というのは、ご存じの通りアッシジのフランシスコによって創設された有力な修道団であります――のほうは、フランシスコの精神を受け継いで、イスラーム教とイスラームの侵攻に対して、改宗を呼びかけます。つまりあらためてキリスト教に入りなさいという、改宗を呼びかける活動に限定し、何はさておいても、実践的に宣教する司牧活動に専念します。

それ対して、ドミニコ会——ドミニコによって開かれた修道団——のほうは、学問の伝統が非常に強いところですから、当初からイスラームと知的に対決することに全力を尽くします。そのために自ら自身の神学教育を振興するとともに、もう一つは外国語の知識の修得に努めます。つまりイスラームを理解するために、外国語（たぶんアラビア語）を習得することに力を入れます。フランシスコ会とは少し姿勢が異なり、必要な、欠けている点を補う方向を強調するというものです。

いずれにせよ、フランシスコ会、ドミニコ会の活動は、イスラームと面と向かい合って、単なる力や武力による対決——それも一方では続いていたわけですけれども——だけではなくて、具体的に、実践的あるいは知的に対決するという姿勢を強く示すようになっていきます。

その成果の一つとして、たとえば中世の最大の哲学者であり、ドミニコ会の修道士でもあったトマス・アクィナス（Thomas Aquinas）の著した『信仰の諸根拠』（*De rationibus fidei*）という書物があります。詳しく読んだわけではありませんので、紹介を通じての理解ですが、そこにはイスラーム教との対決ということを念頭に置きながら、キリスト教の信仰の綱要が示されています。トマスという人は、すでに『対異教徒大全』（*Summa contra Gentiles*）や、『神学大全』（*Summa Theologiae*）を著していた大哲学者ですが、『神学大全』は、中世キリスト教のカトリックの最高峰であると同時に、あらゆる問題を総まとめするような三十六巻の大著であり、『対異教徒大全』は、Gentiles（異教徒）にどう対処するかということのSumma（総決算をする）という大全です。この思想に内容的にも非常に近いわけですが、それをまとめるような形で、晩年に『信仰の諸根拠』という書物を著しております。

ここでトマスは、異教徒であるイスラームに対してキリスト教を宣教するという、その宣教理論の原理が必要であるという態度をとります。そういう必要性を自覚し、また信仰の根拠への問いに対して、弁明の備えができていることが重要だということを強調しています。

というのも、もともと信仰の真理というのは、通常の意味での人間の精神を凌駕しているものであって、それを必然的根拠によって、つまり理性的な根拠によって証明するとか、あるいは否定、否認するということも本当はできないのである。したがって、できるとすれば、そこでは弁明ということであると言っても、じつはどういうふうにすることが弁明であるのかとなると、わかりにくいですけれども、信仰の真理は理論的に証明することのできないことである。できるとすれば、それに対抗するものに対して、弁明もしくは擁護するということでしかない。そういうことしかできないということを了解して、そういう姿勢に立って議論をします。これはある意味で新しい姿勢であると思いますし、またそれが中世のキリスト教世界では伝統になるような、対イスラームだけではないのですが、異教に対する姿勢のとり方という伝統の一番基礎になるようなものだと思います。

言いかえますと、信仰の真理に対して重要なことは、その合理性（Rationalität）を示すことではない。つまり信仰の真理、啓示の真理というのは、ラショナルに、すなわち理論的・理性的に解明するということにあるのではないのです。むしろ、そういうことはできない。信仰の内容そのものをラショナルに、理性的に、合理的に説明することはできないけれども、それを論理的に何らかの仕方で語るということだと思います。それをRationabilität という言葉で、ハーゲマンという人は言い表しており、日本語訳では「論証可能性」となっておりますが、そういうものを提示することでしかないわけです。

つまり弁明とか擁護というのは、啓示とか信仰の真理そのもののラショナリティー、誰にでも通ずる理性によって納得せしめ、理解せしめられることではない。そうではなくて、せいぜいそれを理論的に説明し、相手の理解に近づけるという意味で論証可能になる事柄にとどまるのだということです。

こういうことが、トマスの対異教神学の、ある意味で限界であり弱点であると言われることもありますけれども、逆にやはりそれは基本的な一つの――キリスト教の側から言えば――、相手に対して行う宣教の論理という意味では、伝統的になるようなものであったと見ることができると思います。

その点に関連して、『信仰の諸根拠』におけるトマスの方法のもう一つの特徴的な原則は、キリスト教とイスラーム教の両方にとって受け入れることのできる共通の出発点を探るということです。つまり異なる啓示、考え方に基づく違う宗教ですが、できるだけ共通の出発点を探っていくという姿勢が含まれています。先ほど言ったことと、結果的にはたぶん同じになるかもしれませんが、ただ違いとか、対立、反目ということではなくて、共通の出発点を探るのだという姿勢が現われております。

キリスト教とムスリムの対決において、『コーラン』を『聖書』的に解釈したり、『聖書』を『コーラン』的に解釈したりする。つまり、最初から違うものとして、『コーラン』を勝手に『聖書』、キリスト教のほうへ引きつけて解釈し、逆に『聖書』を理解するのに、『コーラン』の立場から解釈する。こうしたことはしばしば繰り返されてきたわけです。

トマスの場合は、むしろイスラーム教徒というのは『聖書』というものを神聖な真理、言葉とは認めていない。したがって、彼らと対決の際には、『聖書』が根拠もしくは共通の基盤であるというふうに考えることは不可能である。その違いを知ることによって、かえって、そこで共通して語られるのは何かということになると、自然本性的な理性だけが共通の基盤になり得る。そういう理性が、先ほどの論証可能性といった場合にも考えられていたのだと思います。

それは、ある意味で自然本性的な理性に基づくものであり、それを共通の基盤にして語り合うということができます。そのため、彼はキリスト教の信仰内容を説明する場合には、『聖書』の文言とか啓示を根拠に持ち出すということを大幅に断念して、ムスリムも、いわばついてくることができるように、ムスリムの思考を誘導することに限定して議論を展開します。これがトマスの神学的方法の特徴であり意義であるとともに、ある意味で、結果的には弱い点を持っていたと言わざるを得ない一面でもあると思います。

三　キリスト教信仰に対するムスリムの異議

ところで、キリスト教の『聖書』的信仰に対して、ムスリムはどういう点で異議を唱え、疑問を持ち、対立したのでしょうか。これは、細かな点はもちろんいろいろあるのでしょうが、根本的に言えば、たぶん次の三点に帰着すると考えることができると思います。

一つは、キリスト教における教義の骨子である、いわゆる三位一体論というものを否定するという点です。これが一番根本的なキリスト教との違いであり、対立点です。「けっして三などと言ってはならない。神は唯一の神である。神に子があるなどというのは、もってのほかだ」と、キリスト教の信仰に対して真っ正面から、『コーラン』の四章の一七一節で言われております。『コーラン』はキリスト教の三位一体論、三一神というものを、誤解の余地のないような仕方で否定しております。

理解によっては、要するにイスラームは、キリスト教の三位一体信仰というものを、結局は三神論、つまり一神論と言いながら三つの神を考えていると誤解していたのかもしれないと、そういうふうに考えられます。あるいは三つの神という言葉で、イスラーム教徒は何を考えたかと言えば、神様が父であり、マリアが母であり、そしてイエスは子どもである。つまり、父なる神と、母なるマリア、その間に生まれた子どもとしてイエスがあるという、その三者を三つ組と理解しています。

キリスト教の三位一体は、もちろん父、子、聖霊であって、いずれも「神」であるわけですけれども、それと取り違えるといいますか、ある意味で誤解して三位一体ということを言うのは、神が三つあると考えていると考えたのか、あるいは別の意味での三つ組みというふうなものを想像していたのかもしれません。

とにかく第一の根本の異議は、「神は三者のうちの一人である、などという者は不信仰者だ。唯一の神以外には、いかなる神もない」というもので、これは『コーラン』の明確な立場であったわけです。唯一なる神以外の、いかなる神もない、神は一だということがイスラーム教の根本思想であり、キリスト教に対する根本的な異議であったわけです。

これに関連して第二の異議が出てきます。イスラーム教では、イエスの十字架上の死と、その意味というものを認めない。簡単に申しますと、そういうことが第二の異議になります。ご存じの通り、イエスは十字架上に処刑されて死んだわけですが、そのイエスの受難、あるいは死ということの意味は認めない。これは先ほどの、イエスを神の子として認めないということに関連していることです。神がもし全能なら、何も子どもを犠牲にして受難させたうえで人類を救うというようなことをする必要があるはずがないというのが、『コーラン』の見解であったわけです。言いかえれば、明らかにこれはキリスト教の救済論、つまり神の子であるイエス・キリストを通じて、しかもその受難を通じて救われるという、キリスト教の救済論を疑うことです。したがって、また人間の救い、希望を満たす条件として、神が受肉したという意味——神が人の姿をとったインカーネーションという意味——をも認めないということになってきます。それが、たぶん一番目の異議に関連して、二番目のイスラームの異議の重要な点だと思います。

それに関連してもう一つ、イスラーム教においてキリスト教に対する異論といいますか、違うところは、簡単に言ってしまえば、人間における原罪を基本的に認めないという点です。原罪というのは、Original Sin という、人間が持って生まれている、あらゆる人間に通ずるような原初的な罪のことです。実はこの点については、先ほどから名を挙げておりますハーゲマンという人も、あまり強調して取り上げてはいないのですけれども、やはり原罪によって人間は本性的に堕落した。あらゆる人間は、アダムという人間の子孫である以上、原罪を負って存在している。その原罪を負った人間を救済するのは、神のみ、しかもイエスの贖罪——人間の負っている罪を神が自らの死によって贖《あが》なってくれる。代わりに解消して、引き受けてくれる——、そういう贖罪としてのイエスの死という神の恵みがあってのみ、人間は救済されるのです。それが原罪という考え方を踏まえて、キリスト教では行われているわけです。この点も、原罪ということを基本的に認めないイスラームにとっては、キリスト教との根本的な対立点、相違点として三番目に挙げることができると思います。

これらの対立、問題点に対してトマスが『信仰の諸根拠』において示したのは、キリスト教の信仰内容を弁明するということであって、彼自身は攻撃的なニュアンスとはまったく無縁です。ハーゲマンは、『信仰の諸根拠』という書物は、ムスリムを顧慮してキリスト教信仰を簡潔に解説しただけではなくて、同時に異なる信仰を持つ人々との対決にも有効な、一般的宣教理論の根本原理を含んでいると見ています。つまり、仮に信仰が異なるにしても、その信仰を異にする人に対してでも何らかの意味で通路づけられるような一般的な宣教の理論の根本思想を示しているのが、この書物である。だからけっして一方的に他方をやっつけるとか、攻撃するというニュアンスは、ほとんど見られない。トマスがそこで、キリスト教徒とムスリムとの対決のために唯一の論争基盤として持ち出したのは、あくまでも理性的な論証です。合理性を超えた各宗教の啓示的な事実というものによってではなくて、理性的に理解できる限りでの論証に基づいて相手を説得する。逆に言えば、自分たちの立場を弁明し擁護するというところにとどまっている。これはある意味で、結果的に言えば彼の弱点でもあります。『聖書』の言葉か、『コーラン』の言葉か、という二者択一を突きつけられたような問いにおいて、トマスは結局イスラームの立場を度外視し、その論証においては、キリスト教の立場の擁護ということに満足している。いわば独り語りしているのだと、ハーゲマンはトマスに、少し厳しい判定を下しております。彼の弁明は、要するにキリスト教の内部に対する弁明（apologia ad intra）にはなっても、外に対する弁明（apologia ad extra）にはなっていない。そういうものにとどまっていると言われているのも、当然と言えば当然かもしれません。

ただ先ほど申しましたように、キリスト教側からの異教徒とか異信仰に対する基本的な態度とか姿勢というものに関しては、少なくとも知的なレベル、理性をも含めた知的なレベルを基準にしながら、それによってできるだけ対話、論証というふうなことを——弁明・弁護というニュアンスも含めてですが——進めていこうという姿勢に関しては、やはりトマスの立場が後に続く時代の議論に与えた影響はけっして小さくないように思われます。

四　トマス以後の主要な人物としてのライモンド・ルルス

トマスに続いて、もちろんキリスト教側でもイスラームについての知識はますます増大し、ムスリムとの交流、交わりも、だんだん進んできます。それとともに、多くの修道士によって『コーラン』に対する論駁だとか議論がなされたことが知られております。その詳細は、今は省略しますが、後の思想への影響という意味から注目される一人についてだけ、簡単に触れておきたいと思います。

その一人というのは、トマスとだいたい同じ時期にスペインで活動したライモンド・ルルス（Raimundus Lullus）という中世の哲学者です。ルルスは、中世におけるもっとも偉大なムスリムのための宣教師であったと言われております。彼は地中海のマヨルカ島――ショパンが恋人と逃避した島としても知られておりますけれども――に生まれて、十三世紀から十四世紀のはじめにかけて活動した人です。マヨルカ島は、ユダヤ教、キリスト教、イスラーム教という、三つの偉大な一神教の間の集中的な交流が行われていた、当時としては非常に希有な場所でした。そういうことと彼の思想なり、考え、活動というものは無関係ではないと考えられます。

彼の生涯と活動を決定したのは、まさにユダヤ人とムスリムへの宣教と、そして彼らをキリスト教に何とか改宗させるという思想でした。そういう思想が、結局はルルスを支配することになります。ただルルスは、その場合に何よりも今言ったような状況、つまり三つの偉大な一神教の交流が行われているという状況に由来して、それらが対話するという可能性を追究しました。そういう意味で非常に大きい役割を持っていると言えます。引用ですが、「われわれは、どれほど数が多くとも皆、一人の主なる神を有している。それ故、われわれもまた唯一の信仰と唯一の宗教、すなわち聖なるキリスト教信仰を共有すべきである」（前掲L・ハーゲマン『キリスト教とイスラーム』〈八巻・矢内訳〉一〇三頁）というのが、彼の前提とする信念であったわけです。

もちろんここで、「唯一の宗教と唯一神を有している。だからキリスト教を信ずるべきである」という論理は、自分にとって都合のいい論理であって、論理としてはけっして説得的ではないわけですけれども、少なくとも、そういう対話の可能性というものを前提し、それを追究していました。そしてそれに基づいて宗教間、あるいは民族間の一体性と平和（unitas et pax）といいますか、そういうものを獲得することに彼自身がきわめて熱心に、実存的に行動し、知的にも努力したということが知られております。また、これは一種の創造神を想定した考え方ですが、そのことが、「すべての人間の持っていた原初的な一体性を回復することへつながるのであり、それを求めるのである」という彼の基本的な考え方、姿勢というものを示しております。

たぶんそこには、新プラトン主義、あるいはアウグスティヌス（Aurelius Augustinus）に起源を持っているような、中世的な一性（unitas）の理想、あるいはそれに基づく中世的な一性の秩序というものが前提されていると思われます。『コーラン』のなかにも、「神は一者である」、だからムハンマドを通じて人間社会のために啓示される神の意志も一つである。そういう一つであるということからすれば、キリスト教の神が一であることに通ずるし、そこにおたがいの一体化なり対話というものが可能である。『コーラン』の理解でも「人間は本来一族であり」――これは『コーラン』のなかにある言葉ですが――、唯一の神への信仰と、神への共通な服従によって一つに結ばれるものだという考えが、じつは『コーラン』のなかにもあるのだ、とルルスは考えております。

ルルスは、そこで彼のキリスト教的な信仰の教説――中心的な考えは三位一体論と受肉ということになりますが――を論証的に展開し、しかもそれを存在と世界の包括的な理解の根拠として、ある意味で形而上学的に、つまり思弁的に展開するという意思を持っております。したがって、ここでもまた理性に訴えてそれを論証し、そして思弁的、形而上学的に根拠づけるということが行われております。理性に基づく原則に基づいて一つになるという姿勢がトマス以来の伝統に立つことであり、両者に共通した理性的原則に基づく基盤の上に立ち戻ることによって、対立する三つの宗教の間で、根本的な「対話の解釈学」が見出されるのだと、そういう姿勢を示しています。直接

『聖書』と『コーラン』を引き合いに出すということは断念されて、必然的理性的根拠に基づけば、対話の相手であるムスリムも承認することができる、あるいは尊重するはずであると考えるのが、彼の確信であったと言えます。

いずれにせよ、こういうふうにして彼は非キリスト教徒への宣教という目的を、主として理性という手段で達成しようとします。いわゆるルルスのアルス（Ars）という概念は、いわゆるアートとか芸術とか技術という場合の「術」という言葉の基になっているラテン語のアルス（Ars）、すなわち「術」という考え方ですが、それを学問とか、今お話ししておりますような理論に関しても、それを術として仕上げる。これはギリシア以来の伝統にも結びつくような考え方だと思います。そういうルルスの特別な術というものを完成することによって、キリスト教とイスラームあるいはユダヤ教との対話ということも可能になる。その可能の根拠を探るということに三十年以上の年月を費やすわけですが、結果的には完成しなかった。最終的には、彼自身が改宗を目標とする平和的な対話というよりは論争に向かい、場合によっては十字軍計画を支援するという、やや矛盾した結論に終わっています。

五　クザーヌスの思想

トマスとライモンド・ルルスという中世の二人の典型的な思想家を取り上げて、中世キリスト教とイスラームの対話というか、対決ということについて少し詳しく紹介いたしました。これはもちろん、それぞれの思想家が内容的に特徴的であり重要でもあるということですが、じつは私としましては、冒頭にも述べましたように、中世末期あるいは近世初頭に活躍したニコラウス・クザーヌスという人物の独自な思想に大きな興味を持っております。クザーヌスは、中世キリスト教における対異教徒対応の——具体的には、ほぼ対イスラーム対応ということですが

――、中世全体を踏まえたうえでの、時代的にも思想的にもいわば総まとめをしたような人物です。そのクザーヌスの思想が形成されることに対して、先行的な影響力とか、あるいは思想的な背景をなすような意味を持ったのではないかという趣旨から、ここでトマスとルルスのことに少し触れたわけです。

ニコラウス・クザーヌスという人は一四〇一年の生まれで、活動したのはだいたい十五世紀です。先ほどまで述べてきた人は、だいたい十三世紀に活躍していますから、ほぼ二世紀後の人です。その間にキリスト教世界において、イスラームに対する理解とか、議論とか、論争ということも、さまざまな形で行われたし、蓄積がなされていたと当然考えられます。しかし、じつはキリスト教世界に対するイスラームの勢力の脅威は、時間がたったから収まってきたというのではなくて、あるいはおたがいが理解できてきたということでもありませんでした。イスラーム勢力の脅威という点から言えば、まさに十五世紀、一四五三年、ちょうどクザーヌスがもっとも活躍している頃なのですが、イスラームトルコ軍の勢力が大きく成長してきて、西側に立ち向かってくるわけです。それで一四五三年、その侵略によって、当時の東ローマ帝国の首都であったコンスタンティノープルが陥落します。ですからキリスト教世界としては、大変なことになったわけで、その恐怖はきわめて現実的で切迫していました。そしてより具体的な対応の必要が求められるという状況の時代にあって、クザーヌスもそれに直面していたわけです。

キリスト教世界では、東西教会、東ローマと西ローマのそれぞれの教会が合同協議をするということは、めったにないのですけれども、そういう合同協議を行ったりして、イスラーム勢力、トルコに対して、どう対処するかという議論が行われます。クザーヌス自身も、実は自らこの会議に参画し、その対立と混乱をまさに目の当たりにして、事の重大さを直接肌で感じるという、歴史的な証言ができるような立場にある人物だったわけです。

彼は、まずコンスタンティノープル陥落と同じ年、一四五三年に『信仰の平和』（*De pace fidei*）と題される書物を著しました。pace（pax）というのは平和ということで、Pax Romana というとローマの平和、Pax Americana というとアメリカのもたらしている平和という使い方を現在でもしますけれども、De pace というのは pax の変化形で、pax fidei は「信仰の平和」、もしくは「信仰による平安」ということです。

そこでは多信仰間、あるいはいろいろな宗教間の現実的な対立抗争に対して、平和と融和をもたらすことが意図されます。そしてもしそういうことが可能であるとすれば、その平安をもたらすことの理論的な可能性の根拠は、どういうふうに考えられるかを哲学的に探っていきます。

さらに彼は晩年になってから、一四六〇年から六一年頃にかけて、『コーランの精査』（*Cribratio Alkorani*）と題する三部作の大著を物して、イスラームとの神学的対決にも力を尽くしております。Alkorani というのは『コーラン』のことで、Cribratio は精査といちおう訳しておきますが、cribrare というのは篩《ふるい》に掛けて、よく検討、吟味する、選《え》り分けるというラテン語です。この書物は文字通り、イスラーム教の聖典である『コーラン』を精査し、詳しく調べて『コーラン』をより具体的に、内容的に理解し解釈する。しかも『コーラン』から多く引用しながら、それを理解するということを試みます。

それとともに、ただ解釈して理解するだけではなくて、やはりそこではイスラーム教徒をキリスト教の信仰の理解に導く、その手引きをする（manuductio）という姿勢、つまりキリスト教の信仰の方に導こう、引き入れようという manuductio という姿勢を崩しておりません。

そこでも基本的な立場は、結果的には、信仰の所与についての論証可能性を提示するということです。これはトマスの立場にならうものです。信仰というものを前提しながら、その論証可能性、Rationabilität を示す。理性の前で自らの信仰をも正当化するという、たびたび使っております Rationalität と Rationabilität との区別が見られます。

系列のうえから言えば、やはりそういう姿勢がトマスによって打ち立てられ、部分的にはルルスとは少し違うのですが、クザーヌスにも、論証可能性を示し、その信仰内容を理性の前で思弁的かつ合理的に正当化するというトマスの立場にならうものがあると言えます。

逆に言いますと、信仰の内容そのものは、たとえば三位一体の教義について言えば、なぜ神が三にして一かということは、理性的、合理的には説明できないのです。三位一体の教義の理性性、思考上の必然性が証明されるということではなくて――むしろ、それを信じたのはルルスであったのですが――、ルルスの立場には、むしろ従わないで、あくまでもトマスに近い立場をとり続けたわけです。

ここから結果的には、『コーラン』をキリスト教的な理解に基づけ、いわばこじつけて解釈することになる。あるいは訳語上、つまり『コーラン』に出てくる言葉をキリスト教のラテン語に訳す場合に、意図的にか、知らずにか、間違って訳すことによって通じるように説明する。そういうことが行われることもあって、必ずしも『コーラン』の理解として正確な、十分な解釈、相互理解ができたとは、トマスの場合と同じように、けっして言えたものではない。けれどもとにかく、そこにムスリムとの対話の可能性を実現するということで、必ずしも成功したとは言えないにせよ、そういう試みが一方ではなされております。

六 「信仰の平和」について

今お話ししましたのは、『コーランの精査』という、『コーラン』そのものについてのクザーヌスの理解であり、解釈です。しかしクザーヌス自身の思想において、異宗教間の対話と平安、相互の理解とか、拮抗の克服という点に関して、少なくとも思想的な可能性を示すという点で注目されるのは、実はもう一つの『信仰の平和』(*De pace fidei*) と名づけられた著作の方であると、私には思われます。

『信仰の平和』という書物の内容の設定は、実は世界中の数多くの宗教、イスラーム教やユダヤ教だけではなくて、あらゆる宗教、何十という宗教の代表者が天上（天国）に集まって、唯一なる神の前で現実の地上の惨状――宗教や習慣の違いによって殺し合いとか対立が起こっている、そういう異宗教間の相互対立、葛藤のおぞましい惨状――を報告し、何とかして、それを克服し、解決する方策を見出すことができないものかを討議する。あるいは神に、その方策の指示と裁定を仰ぐ、というふうな内容の事柄として書かれているものです。

そこから、最終的な結論として導き出されたのが、「Una religio in rituum varietate」ということです。これは『信仰の平和』の第一章六節に出ている言葉ですけれども、文字通り訳しますと、「儀礼の多様さ（varietas rituum）のなかの一なる宗教（Una religio）」。儀礼は多様である。そういう多様な儀礼のなかにありながら成り立つ、あるいは見出される一なる宗教を求めるということが、彼の結論であったと言うことができます。

そもそも宗教間の対話、コミュニケーション、あるいは相互間の理解とか両立ということが探究されたり議論されたりするというのは、当然のことながら、そこで対立、対比されるものの間に違いがある、区別がある、あるいは差異があるということです。と同時に、それらのものの間に何らかの意味、ないし何らかの仕方での共通性があり、同列性が見られます。その両面があるからこそ、対話とか相互理解ということもあるわけです。違っているからこそ、相互理解が求められる。しかし、まったく違っているものは対話にもならない。そこに共通性とか普遍性というものが見られるということがあって、そのうえで、その違いをどうするかということが出てくるわけです。比較ということの場合は必ずそうであるし、広く言えば、要するに人間の知識、ものを知るということもそうです。

何の共通したところもない、関係もないところであれば、知るということも不可能になるわけですが、異宗教間対話とか相互理解が求められ、現に試みられているのも、今言ったような事態が前提されているということは言うまでもないことです。

宗教間の対話とか、それによる相互の理解、両立が目指される場合にとくに重要であり問題であるのは、その一方の局面で、対立する相異なるもの、その現われの現象面での差異とか対立です。今のクザーヌスの言葉で言えば ritus（儀礼）とか礼拝行為です。そういう現象的に現われた側面での対立とか差異というものは、あまりにも明瞭です。宗教の場合、宗教が違うということは、ある意味で、基本的にそういう ritus を異にしている。そして教義のうえでも、多くの宗教が、それぞれの固有の啓示（revelation）、一定の神が現われたとか、神がこう語ったとかいう啓示や伝承に基づいて成り立っている。それが宗教の現実、異宗教の間の事実です。

じつは宗教の問題に関しては、その差異性や個別性を捨ててしまうとか、放棄する、離れるということはけっしてできません。その差異性や個別性は、一方から言えば、やはりどこまでも保持され主張されるという性質のものであると言うことができます。

もちろん、対話や相互理解によって、今言ったような差異とか対立ということをできる限り解消する。全然違った宗教が話し合うことによって、この点はおたがいに認め合おうとか、まあそういうことにしようということで——日本人は上手だと思いますが——、受け入れられる限りは受け入れる。そういうことをして、相手の主張や立場をある程度容認し、理解し合うということを目指して対話ということは行われ、現に今も行われているわけです。そのことは事実であるし、また少なくともある程度は相互の認容が、それによって成り立つということも考えられます。

ただ、繰り返しになりますけれども、宗教の問題というのは、そこに見られる差異とか対立とか違いというものが容易に解消され得るようなものではありません。何か共通項を見出して、それによって解消されるという性質のものではないし、またそれが解消されればことが済むという性質でもないだろう、と私は思っております。むしろそうした差異や対立が容易に解消されたり融和されたりされ得ないという、まさにそこに信仰の問題の難しさ、あるいは宗教の問題の特異性ということがあるように思われます。

それぞれの宗教における儀礼や礼拝形式の多様性、先ほどの言葉で言えば、varietas rituum というものは、まさに個性的なものであり、個別的なものです。しかも、ときにはそれがそれぞれ一回限りの啓示とか、神の現われとか神の言葉というものに基づいて伝承され、継承されているというふうに成り立っているのが、むしろ普通であると考えられます。そういうレベルにおいては、クザーヌスの言葉で言えば、varietas rituum は、ただ解消されればいい、あるいは取り除けばいいという性質のものではありません。むしろそれらは残されるべき、尊重されるべき、あるいは積極的におたがいに認め合うべき性質のもので、それが宗教の多様性ということではないか、と私は思います。

それでは、もはや宗教間の対話とか相互理解というのは不可能ではないか。およそ、そんなことをやっても意味がないではないかと考えられるかもしれません。もし、そこでもなお異宗教間の対話、相互理解ということが成り立ち得るとすれば、それはただ、今言ったような差異性の次元における差異性を解消するとか、あるいは違うところには目をつぶると言いますか――日本語では俗に、そこは知らん顔をしておく、目をつぶって受け入れるというふうな――、そしてわかり合える共通点だけを容認して、たがいに認め合うということになりかねません。けれども、本当の対話とか相互理解ということはけっしてそういう仕方では済まないだろうと、私は思います。ただ一時的ないし部分的な合意とか一致とかが成り立ったとしても、そこに留まることはできないし、かえってそれは、個々の宗教の持っている個性とか独自性というものを見失わせてしまう。そうなると元も子もなくなる。悪しき画一化に陥るという恐れを、かえってもたらすように思います。宗教間対話の難しさというのは、まさにそういうところにあるのだろうと思います。

差異を認めながらも、そこに何らかの対話の可能性や理解というものが成り立ち得るとすれば、それは単なる差異性のレベル、違った面というレベルにおいてはあり得ない。むしろ、対立するもの、差異あるものでありながら、しかしそれらが、そもそも対話の場に引き出されるということには、そこに何らかの共通性といいますか、普遍性というものが想定され得るはずです。そういう普遍性とか共通性の次元に立ち還ること、さかのぼることによってはじめて対話や相互理解の基盤が見出され得るのではないか。そういう可能性が考えられるのではなかろうか。

相異なるもの同士は、それぞれ異なるものである。それを一即多にするとか、直接対話するということは、どう考えても無理であるし、そんなことをすると、かえって元も子もなくなってしまう。そうではなくて、にもかかわらずそういうことが求められるという場合には、それらの全体に通ずる、あるいは基礎にあるような、共通の何らかの普遍的な性質を持ったものに立ち還る、少なくともそういうものを想定することによって、おたがいに異なるものの間に対話の可能性とか、理解の可能性を見出すということもはじめて可能となるのではないか。そういうことをクザーヌスの思想は示唆しているように、私には読まれます。

そしてそれは、ルルスとかトマス的なものを受け継いでいる。ルルスの場合には、イスラーム教とキリスト教という、いずれも一神教相互の間の共通性ということに注目しています。それは同じ一神教の間であったから、比較的容易にできたわけですけれども、クザーヌスの場合は、もっと多様な諸宗教、さまざまな宗教でも、宗教である限りは持っている共通性、普遍性というものに目を向けることによって、そこでおたがいが話し合ったり、対話したり、理解し合ったりする可能性が生まれるのではないか。そういうことを、ここでは哲学的にその可能性を探るということです。こういう姿勢も、やっぱりルルスの影響を受けています。今まであまり気づかなかったのですが、クザーヌスの思想というのも非常に先鋭的な思い切った思想、中世末期の思想だと思われていたのですけれども、やはり考えてみると、トマスとかルルスとかという人の影響を受けながら、それを踏まえて成り立った思想だったのだなということを、あらためて今回思ったようなわけです。

七　この可能性と関連づけて考えられる諸思想

それでは、その共通性とか普遍性ということ、つまり諸宗教でありながら、やはりそれらの根本に考えられる共通性、普遍性、宗教としての真の宗教性というものがあり得るとすれば、それはどこに見出せるのか。どういうふうにして見出せるのか。これがじつは最後の問題であるわけですが、今は簡単に、思いつかれる概念ないし言葉だけを挙げて、示唆をするだけに留めておきます。

たとえば、優れた宗教のなかには、いわば根源的な宗教性、あるいは原理的な、普遍的な宗教性のようなものに基づいて、それぞれの宗教が成り立っていると考えられる思想や概念が見られます。そういう根源的な宗教性の例として、キリスト教の場合——これは学問的にきちっと論証したわけではなくて、思いつきにすぎませんが——、キリスト教世界における神秘主義という立場には、たとえばドイツ神秘主義のエックハルト（Meister Eckhart）という思想家に見られるような Gottheit という思想（概念）があります。つまり個々の神、キリスト教の神、三位一体の神ではなくて、そういう神のもとにあり、そういう神なる個別性を成り立たしめている、もう一つもとにある根源的な宗教性というものを、神と区別して神性（Gottheit）と彼は呼んだわけです。そういうものにまで目が向けられているような思想がキリスト教のなかにはあります。

たぶん仏教のなかにも同じようなことが探れるとすれば、たとえば法身・報身・応身の三身仏という考え方があります。報身や応身、阿弥陀仏とか何々仏という名前を持ったり、体を持ったり、あるいはさまざまな属性を持ったりするという仏の段階では、まだどうしても外部の者に受け入れられないという区別が残るわけです。ですから、もう一つさかのぼって、そういった報身や応身がどこから出てきているのかと考えれば、仏教で言えばたとえば法身という考え方が、そこにあります。これはもう色もなく形もなしということで、人間には実際には見ることも、とらえることもできないのですけれども、まさにそれがあるところから仏教という個別的・特殊的な思想が出てきていると考えられます。

そういう根源にまでさかのぼるということによって、今言ったような対話に必要とされる普遍性とか共通性とかというものを見出すことができる可能性が――世界の宗教のなかに、ほかにもたぶんあると思うのですが――、考えられてもいいのではないかと思います。

あるいは、現代の思想家で言えば、ティリッヒ（Paul Tillich）という人の思想には、彼がシンボルということを通じて語ろうとしていることのなかにも、同じような、私の言葉で言えば、根源的な宗教性と言えるようなものが念頭に置かれています。そういうところに立ち還ることによって、本当の対立とか抗争とか葛藤というようなものを克服することも可能になってくるのではないかと、私は考えております。

いずれにせよ、異宗教間の対話、相互理解の可能性の根拠ということを考えようとすれば、宗教における単なる表面的・具体的な次元における考察や理解にのみとどまり得ないのであって、ここではわずかに示唆できたにすぎませんが、いわば宗教の根源ともいうべきところにまでさかのぼって考える必要があるのではないでしょうか。

現代日本における宗教間対話

幸　日出男

一　宗教間対話という言葉

私は、日本キリスト教協議会（ＮＣＣ）宗教研究所の所長を長くつとめてまいりました。まずＮＣＣの紹介をしながら、話を進めていきたいと思います。

ＮＣＣは、National Christian Council という英語の頭文字をとったものです。あるいは国によっては、National Council of the Churches という言い方をしているところもあります。キリスト教は大まかに分けて、東欧の東方教会（ギリシア正教）と西欧のカトリック教会、そして、カトリック教会から分かれて出たプロテスタントがありますが、そのプロテスタントはさらにたくさんの派に分かれています（なぜ宗教に派があるのか。愛とか和とかを説くはずの宗教が、なぜいろいろな派に分かれるのか。これに関してもいろいろ問題がありますが、プロテスタントは本当に多くの派に分かれております）。しかし、そのプロテスタント各派を一つにすることは、理想としてはよく語られますが、すぐに実現できるような話ではありません。

そこで、教団組織として一つにはなれないにしても、また、それぞれの教義の強調点や儀礼の仕方が違うにしても、同じプロテスタントキリスト教として、おたがいに連絡を取り合い連携し、協力できることは協力していこうという姿勢で、プロテスタントが拡がっている世界の各地域で、二十世紀の中頃にこのNCCという協議会組織が生まれたのです。

宗教として大事なことは、その宗教の信者を育て、その宗教を広めることです。これが各教会、教派――仏教では主に宗門・宗派と呼ばれると思いますが――の仕事です。けれども、それ以外にいろいろな点で、一つ一つの教派・宗派に分かれて行うよりも一緒になって行うほうが大事なこと、意味があることがあります。それが、このNCCができた理由、出発点といえます。日本のNCCもいろいろな活動をしています。その一つが京都にありますNCC宗教研究所です。日本語の名称では、わざわざ日本宗教研究所とはいいませんが、英語ではCenter for the Study of Japanese Religionsです。キリスト教の活動の一つとして日本の諸宗教を研究しています。日本の諸宗教を研究することで、キリスト教が日本のなかに定着していく道を見出せるのではないか。そしてまた、日本で活躍している、いろいろな宗教の関係者と交流し、対話を進めていけるのではないか。ただ、日本の諸宗教を「知る」「もの知りになる」というだけではなく、日本の諸宗教の人たちと「知り合い」になることを目指しているといったらよいかと思います。

NCC宗教研究所は一九五九年に設立されたのですが、当初から他宗教の理解や他宗教の人々との対話を大事な仕事としてきました。その頃、「宗教間対話」という言葉は一般的には使われていませんでした。私が大学生活を送ったのは一九四〇年代後半ですが、「宗教間対話」という言葉は聞いたことはありません。その後、少しずつ使われるようになってきたと思います。NCC宗教研究所は、その先駆けといえます。一生懸命、宗教間対話の普及に努めましたが、なかなかそれは広まらず、理解されませんでした。最近は宗教間対話という言葉が比較的聞かれるようになってきましたし、流行語になったような面もあるかと思うのですが、キリスト教の個々の一つ一つの教会という現実で見てみますと、まだまだ宗教間対話については、十分な説明がされていないと思われます。一九八八年に日本のキリスト教界の研究者たちの努力と他宗教の方々の協力により、『キリスト教歴史大事典』という大きな事典をつくりました。キリシタン以来の人物やさまざまな出来事などの項目がありますが、そこには「宗教間対話」という見出しの言葉はありません。私たちの研究所の初代所長である有賀鐵太郎が宗教間の対話を進めたことなどが二、三か所出てくるくらいでした。しかし、最近のいろいろな出版物では、この言葉が非常によく使われるようになってきています。そこで、言葉は使われるようになってきていますが、さて現実はどうなっているのか、今後どういうふうに進むべきかということを考えてみたいのです。

「宗教間対話」という言葉ができてしまいますと、まるで昔からある言葉のようです。それは、本来、「宗教」と「対話」が、言葉として結びつくのは自然のなりゆきだからです。たとえばキリスト教の出発点は、イエスという人物と弟子たちの本当に生き生きとした対話です。なかには、好意を持って集まってくる弟子たちだけではなく、敵意や悪意を持って近づいてくる人もいました。たとえばパリサイ（ファリサイ）派の人とかですね。しかし、そういう人ともイエスは積極的に対話をしています。これはキリスト教に限られることではなく、宗教の出発点となった人物というのは、いろんな人と一人一人に向き合って、対話をしてきていると思います。仏教の釈尊も、日本仏教の宗祖も、積極的に対話をしています。宗教というのは、人間一人一人の命の問題です。生きた人間と生きた人間との対話によって理解され、受け止められていくものですから、「宗教」と「対話」という言葉が結びつくのは至極当然といえるのではないでしょうか。

しかしながら、そういう生きた力動的な対話の場で宗教的生命が生まれるのですが、それがやがて宗教の組織・教団をつくるようになります。そしてまた、そのような力動的な対話の場の言葉も編集され整理されます。そうすると、その力動的な場面での生きた言葉よりも、言葉の中身の理論上の整合性ということに重きが置かれるようになります。そのようにして、宗教というものが、一つの組織、団体としてまとまるようになると、そのなかの人々に教える、その宗教に入ろうとしている人たちに語るという対話はあっても、他の宗教と対話を行うことはなくなってしまうのです。イエス本人の場合でしたら、それぞれに違う考えの人と対話をしているわけですが、宗教組織としてまとまりができると、今度は一つの固い壁のようなものができて、そのなかでの、身内の対話はあっても、外との対話は非常に難しいものになるわけです。

二　現代の宗教間対話の背景――キリスト教における――

ヨーロッパにおけるキリスト教の歴史的展開

とくにキリスト教の場合には、唯一の神を信じる、一つのまとまった教会であることが強調され、「唯一の聖なる公同の教会」という言葉が大事なスローガンになり、しかも長いあいだ正しく教えを受け継いでいるということで、正統という理念が確立されていきます。すると、やがてその理念に合う、合わない、という論争が起こり、その争いの歴史がキリスト教の歴史といっても間違いでなくなるわけです。キリスト教成立後の歴史は、正統と異端、どこが正統かをめぐる争いの歴史です。正統なものは一つしかあってはいけないのです。

やがてこの「唯一の聖なる公同の教会」は東西に大きく分裂します。東欧のギリシア正教会と西欧のカトリック教会です。そして両者が「唯一性」をゆずらなかったのです。しかも西欧——今日、私たちが普通にヨーロッパと呼んでいる地——では、さらに事情が複雑になります。それは十六世紀に起こったReformationです。日本では、宗教改革と訳されますが、運動を起こした人の思いからすれば、教会改革のほうがふさわしいでしょう。そこで、カトリックからプロテスタントが分かれます。そのプロテスタントも一つならまだしも、大きく分けて、ルーテル派と、ツヴィングリやカルバンの派、それからさらにいろいろな派に分かれていくことになります。それまでは正統は一つで、その正統をめぐって争っていましたが、結局、複数の正統が成立することになります。これが、キリスト教における宗派（教派）の成立になるわけで、それぞれが自分のところを正統と主張します。

宗教の壁ができると、なかでの対話はあっても外との対話は難しいといいましたが、このように複数の正統が成立しても、それらが別々のところに存在するのであればまだ問題も少ないのでしょうが、同じ西ヨーロッパの地で活動していかなければなりません。したがって、否応なく宗派（教派）間対話を迫られることになります。話し合わなければ何も解決できないのです。宗派（教派）間対話は、望まれてできたのではなく、強いられてできてきたものです。ここにきてはじめて、「寛容」が美徳であることがはっきりします。それまで「寛容」といえば、多くの場合、いい加減とか、生温いということを美化した言葉とされていました。しかし、この宗教改革（Reformation）以降は、「寛容」はたいへん大事な美徳となり、立場を超えて話し、争いはしてもできる協力はするということになりました。

伝道地における経験

キリスト教は、カトリックもプロテスタント各派も伝道に熱心でした。とくに十九世紀から二十世紀前半には、世界各地で積極的に伝道を行うようになります。その伝道地において、それぞれの宗派（教派）が、自分たちこそ本当のキリスト教だと説くのですが、宗派（教派）間で積極的に話し合って協力もしなければならず、宗派間対話はとくに伝道地で不可欠なものになってきます。

日本の場合、はじめてキリスト教を伝えたのはカトリックの宣教師たちですが、幕末以降東欧の正教会（ロシア正教）さらにプロテスタントがやってきます。とくにアメリカのプロテスタントにはたくさんの宗派（教派）があり、それぞれが宣教師を送ってきました。しかし、異教の国の人々を前にしてキリスト教が分裂しているままでよいのかという宣教師たちの思いは高まり――実際にはすべてが一つになることは難しいとしても――、伝道を進めていくにあたって、キリスト教は一つということをできるだけ表現していきたいと、宗派（教派）の話し合いが行われるようになりました。その具体的な形の一つがＮＣＣです。

それともう一つ、積極的に伝道活動を行えば、当然、他宗教と遭遇します。すると、キリスト教はよい宗教だから、というだけで改宗を勧めることには限界があることがわかってきます。他宗教の理解、協力、共同の必要性が感じられるようになってきます。したがって、他宗教の人々に対してただ改宗を目指すのではなく、おたがいに理解し合うことを目指すものでなければならない、そして一緒に生きていくための協力も大事だということで、宗教間対話がいわれるようになってきたわけです。

キリスト教は他宗教との宗教間対話に熱心だとよくいわれますが、何もキリスト教が大昔からそうであったわけではありません。各宗派（教派）が固い殻を被っていましたが、実際に世界各地で伝道をして他宗教と出会うという経験を通して、宗教間対話を積極的に行うようになってきたのです。

ヨーロッパの急速な複数宗教併存社会への変化

かつてはイスラームがヨーロッパへ深く進攻しましたが、それを斥けた後は、ヨーロッパ社会はキリスト教を大前提にして成り立っていました。ところが、二十世紀になって世界各地から人口流入が始まり、ヒンドゥーやイスラームの人がたくさんヨーロッパに定着するようになりました。その結果、ヨーロッパは複数宗教併存社会に変化していきます。そのなかで、他宗教との対話、宗教間対話は、学術的に教義を研究している人だけの問題ではなく、日常生活における普通の人々の課題にもなっていきました。こうして現在、ヨーロッパで宗教間対話が盛んになってきたわけです。

複数宗教併存社会ですから、キリスト教の人がイスラームの人、あるいはヒンドゥーの人と仲良くなるということもいろいろと起こってきます。男性と女性のあいだに愛が芽生えるということも当然起こってきます。そのときに、結婚式をすることになっておたがいの宗教が違う場合、どうするかということがでてきます。日本では、キリスト教徒でなくても結婚式のときだけ教会で式を挙げることも少なくないので、比較しにくいのですが、ヨーロッパ社会では、キリスト教の人はキリスト教で、それからイスラームの人は、イスラームで式をするのが当然のことでした。しかし、キリスト教の人とイスラームの人とが仲良くなりますと、さてどうする、という問題がでてきます。従来の考え方からすれば、どちらかの宗教を捨てる、少なくとも式だけは一方の宗教で執行するということになります。しかし現在では宗教間対話が進んできて、両方の宗教の聖職者が参加して、両方の式文を読むというようなことが――まだそんなに広まってはいませんが――出てきています。二つの宗教をただくっつけるというのではなくて、話し合って、相互に理解し合って、相互の宗教を受け止めて、そしてそれぞれの宗教の式文を読んでもらうということです。これは、ただ形だけのことではなく、新郎新婦が両方の宗教から祝福を受けるということです。

宗教間対話というのは、一方では教学的すなわち教えの深みを突き詰めていく、話し合っていく、ということがもちろん大切です。私たちの宗教研究所もその発展に努めてきました。けれども、もっとこれから重きを置いていかなければならないのは、このような教学の専門家でない、一般の人、普通の信者の対話だと考えています。

それともう一つ触れておきたいのは、ユダヤ教についてです。ヨーロッパは長いあいだキリスト教社会といわれてきました。キリスト教で社会がまとまっているとされてきました。しかし、じつはそうではありません。イスラームの到来の前から、ユダヤ教の人々がずっと各地に住んできたのです。しかし、ずっと避けて通ってきました。差別というものは存在していても、見ないと見えなくなる。見えなくなると存在しないように思うのです。しかし、二十世紀の後半、ヨーロッパのキリスト教の人々は、その間違いに、ナチスのあの衝撃的な出来事を通して、非常に強く目覚めさせられ反省させられたのです。そして、ユダヤ教の人たちを自分たちのコミュニティ、自分たちの町や国の人として積極的に受け容れ話し合い、いろいろなことを協同し協力して行い、ともに歩んでいかなければならないと考えるようになってきました。そういう面でも宗教間の対話が広まっています。

三　日本の状況

日本の複数宗教併存社会の様態

では、日本の場合はどうでしょう。ヨーロッパはいちおうキリスト教という宗教の一元社会だった、それが、複数宗教併存社会になったといいましたが、じつは日本は、ずっと以前から複数の宗教（宗派）の併存社会であったはずなのです。ところが宗教間対話というのは――もちろん個々の出来事として、あるいは代表的な人による対話はありますが――、全体として新しい事象といえます。それはどうしてか。キリスト教、あるいはイスラーム教、ユダヤ教などの場合、その人の宗教的需要は、すべて自分の属している一つの宗教に求められるということなのです。ところが日本の場合には、一人の人の宗教的需要は複数の宗教に求められます。一年間のカレンダーでいいますと、お正月には神社に行き、お彼岸にはお寺に行く。また人の一生でいいますと、生まれたときは神社にお参りをする。結婚式はキリスト教の教会で挙げる人がふえてきました。そして、亡くなったら仏教で葬式をします。つまり宗教的需要を一元的に一つの宗教に求めるのではなくて、複数の宗教に求めるのです。宗教の側から見ますと、一つの宗教が一人の人のあらゆる宗教的需要の供給源ではないということです。個人の側からいえば、一人の人が一つの宗教にコミットするという形ではないということです。ですから、普通の人々（俗信徒）にとっては、一つの宗教に所属しているという「所属意識」が薄いのです。それに対して、僧侶や神主など「聖職者」は所属意識が強いといえます。「聖職者」は自分の宗教や宗派への明確な所属によって人々の宗教的需要に応えられる。ですから、「聖職者と俗信徒」は一つ一つの宗教・宗派のなかでの関係というよりも、社会全体のなかで、一方は宗教的需要の供給者、一方は宗教的需要の消費者のようになっています。ここでは、普通の人々（俗信徒）は、自分がどの宗教、宗派かをはっきりさせる必要も感じないわけですから、宗教間対話、自分と違うものとの対話が成り立たないことになります。

鎌倉期の仏教改革と幕末以降の新宗教

しかし、鎌倉期の仏教改革で生まれた鎌倉新仏教などは、私が日本型形態と呼んでいるものへの抵抗とみることができると思います。一つの宗教改革です。ルターが「sola fide（信仰のみ）」「sola scriptura（聖書のみ）」といいましたが、鎌倉新仏教は、たとえば「南無妙法蓮華経」と唱えて『法華経』だけに、「南無阿弥陀仏」と唱えて、阿弥陀仏のみに、つまり一つの宗教・宗派にコミットする。日本的形態ではなく、それに対する抵抗でした。ですが、そういう抵抗が持続し定着しているかは大きな問題です。また、幕末以降の新宗教も歴史が新しいということで軽視されやすいでしょうけれど、新宗教に属する人たちも、日本型形態に抵抗しているのですね。一つの宗教に全生活をかけてコミットする。所属意識もはっきりしている場合が多いと思います。この人たちのあり方が持続するのか変化するのか、たいへん興味ある問題だと思います。

四　日本における宗教間対話――その現実――

日本における宗教間対話の現実は、今見てきましたように、たいていの場合、俗信徒とか平信徒と呼ばれる人々はあまり関心がありません。聖職者同士が対話をします。そして、これは宗教的需要に対する供給者相互の対話になっています。実際には、宗教的需要が現在の日本では非常に低下している、急速な落ち込みを見せております。そこで、宗教的需要を維持するための共同努力が非常に大切になってきます。日本で宗教間対話が盛んになりつつあるとすれば、このような宗教的需要の低下という現状に対して、それを回復、維持するために共同努力が必要とされるということ、それから新しい宗教的需要の調査や開拓の重要性が挙げられると思います。いろいろな宗教、宗派が集まる会合が数多く開かれています。とくに葬儀をめぐる会合がふえていると思います。

もちろん、葬儀は各宗教、各宗派にとって大事なことでしょうけれど、それをめぐる会合が宗教・宗派を超えて熱心になされている。人々の宗教的需要の落ち込みといいましたけど、死者に関わる行事は、かつては一番目立った宗教的需要でした。それが今では、「お寺などのお世話にならなくてもよい」「宗教などは関係なくてもよい」というようになってきています。これにどう対応するかということは、いろんな宗教や宗派の方が集まるときに、とても熱心な話になります。そういうことが日本における宗教間対話の現実的な特徴になっているのではないかと思います。

しかし、葬儀のことも、もちろん大事ですが、これはともすれば、既成の宗教・宗派の維持のためということにとどまりやすいと思います。もう少し前向きに宗教間対話が行われる必要があると思うわけです。

五　日本における宗教間対話――その課題――

これまでの日本における宗教的需要の主な部分は、死者に関わるものでした。しかし、今生きている人間の問題に宗教がどう答えうるかが、本当に問われることではないかと思います。死は厳粛な問題です。しかし、生きている人間が抱える問題について、もっと宗教・宗派を超えての宗教間対話が進められるべきだと思うのですね。

宗教間対話は、大きな問題意識もなく、平穏ななかで笑顔で出会って交わす世間話にあるのではなくて、難しい局面でこそ、本当に行われなければならないものです。そういう状況から強いられた場でこそ真の生きた対話は生まれます。今のところ、日本における宗教間対話は、世界中で対話をやっているし、仲良く話し合うことはよいことだから、という程度にとどまっている可能性が大いにあると思います。

状況から強いられての課題は列挙していくとキリがありません。ここでは、人権・自然・平和・政教分離・国民主権を挙げておきます。まず、人権の問題ですが、誰でも理念的には平等を語るのですが、現実にはさまざまな差別があり、人権侵害があります。真の人間尊重を目指すときに、やはり人間の一番深いところに関われるのは宗教のはずですから、それらについて宗教・宗派の別にとどまらないで対話が進められなければなりません。たとえば、脳死の問題が今日大きく取り上げられていますが、これなどは、医学に携わる人たちだけで考えればよい問題ではありません。臓器移植のために脳死を認めることの是非。今までは助からなかった生命が助かる。その一方では今までの基準であればまだ生きている人が、死んだとみなされる。――いずれも宗教に携わる人たちが、宗教・宗派を超えて考えねばならない問題です。また、自然環境の破壊、汚染の行きつくところを私たちは知りません。自然と人間の関係がどうあるべきかということについて、宗教・宗派を超えて語り合う必要があります。さらに、今日、世界のいたるところで紛争や戦争が起こっています。積極的に平和を模索することが大事な課題です。

ただ、このような人権や平和に関する宗教間対話の組織をつくり、会合を開いたとしても、形式的なものになる危険性は非常に高いのです。たとえば人権の問題であれば、ある意味で宗教間対話が、仕組み上は一番早くできて、一番よく行われているのは、同宗連、すなわち同和問題宗教者連絡会議です。関係者の努力には敬意を表したいと思いますが、組織をつくり会議を開くことで、責任を果たしたかのように思っている面がないとはいいきれないのです。キリスト教にも、キリスト教部落問題協議会がありますが、大差ありません。平和の問題については、世界宗教者平和会議という大きな組織もできて、一生懸命平和問題に取り組んでいます。これも、平和というのは美しい言葉で、集まって平和を語り、お祈りをしましょうといって終わりやすい。ちなみにこの前の世界宗教者平和会議は日本で行われましたが、北朝鮮からの代表の入国を政府が認めませんでした。今、北朝鮮とどう話し合っていくかということは本当に大事で、宗教者こそ取り組まなければならない問題だと思うのです。世界の諸宗教の関係者を招いての会議なのだから、政府がビザを出さないのだったら、日本の各宗教の代表、管長や門主が全員法務省の前に並んで一晩徹夜するくらいの行動をとり政府を動かしてもよかったのではないかと思うのです。

それから、政教分離の問題もあります。宗教が本当に大切であるのならば、その宗教が正しくその社会や国家に存在する道について、諸宗教で責任を持たなければなりません。大臣や国会議員などが公式に靖国神社に参拝すると大問題になり、各宗教が声をあげてはいますが、もっと協力してがんばってほしいと思います。また、日本は戦後、天皇主権の国から国民主権の国になりましたが、その国民主権を貫いていくためには、やはり宗教界の努力が非常に大事であると思います。

ＮＣＣ宗教研究所では、宗教間対話において、とくに普通の人、一般信徒の対話を強調してきました。しかし、翻って、宗教研究所自体が、今私が批判的にいったことを十分になしえているのかといえば足りないところがたくさんあるわけです。できれば皆さん方と一緒に協力し合ってこのような普通の人の対話を進めていきたいものです。もちろん、教理や教義の根本をめぐる宗教間の対話の重要性も忘れることはできません。一般の人も含めた宗教間対話と深い教理・教説の問題との対話とが、うまく嚙み合っていくことによって、宗教が生きる新しい世界が展望されていくのではないかと思います。宗教の教説に関して、私たちの研究所では当初から英語の雑誌も出しております。英語雑誌で、力を入れましたのは、諸宗教とキリスト教、とくに仏教とキリスト教の深い点での対話ということでした。日本では英語の雑誌はほとんど出ていなかった頃に、英語の雑誌を出すことにはたいへんな苦労がありました。ことに、キリスト教でいう有神、神の存在、ということと、仏教でいう空とか無ということはどうなるのか、そのようなことについて、世界の学者に参加していただき、誌上での対話や討論を進めることができました。それはそれで一つの貢献をなしてきたと思っております。しかし、そういうような対話と、今見てきました現実の実際の問題、教養学者、聖職者たちがする宗教間対話だけではなくて、こういう現実の状況から強いられて出てくる対話の意味を考え、そういう対話をさらに推進するようにできたらと考えています。

Ⅳ 現代の仏教実践におけるコミュニケーションのかたち

「観経講説」（『正信偈訓読図会』より）

宗教教育と対話的原理

海谷則之

一　欧米の教育観

私は教育学を研究していますので、「宗教教育と対話的原理」というテーマを出させていただきました。そもそも「教育」という言葉は儒教の概念であり、『孟子』の「尽心篇」にはじめて登場いたします。わが国では江戸幕府が寛政年間（一七八九～一八〇一）に公文書（御触書）などで使うようになって今日に至っております。したがって「教育」という漢字が、英語のeducation——これは本来「引き出すこと」とか「開発すること」という意味なのですが——と一致するかといえば、たいへん問題となるところです。日本はもともと仏教国ですから、「教育」という言葉ではなくて、経典に出てくる「教化《きょうけ》」（edification）という言葉が長い間使われてきました。

では、この「教育」と「教化」はどのように違うのかということですが、教育人間学を構築し先年亡くなった、ドイツの教育学者・ボルノウ（O. F. Bollnow　一九〇三～九一）は、ルソー以来、ヨーロッパの教育観は三つに分けられるといっております。

1　「形成」としての教育

一つは「つくる」（Machen《マッヒエン》）教育で、ドイツ語のbildung《ビルドウンク》（形成 formation）という概念に基づく教育観です。bildungは「陶冶《とうや》」とも訳されます。陶冶の「陶」とは陶物《すえもの》のことで、粘土を使って陶器をつくるように、親や教師が子どもを思い通りの人間につくろうとすること、これが「陶」という字の意味です。また、「冶」は鍛冶屋《かじや》の「冶」ですけれど、鍛えるという意味です。鉄を鍛えることを「冶金《やきん》」といいます。陶冶とは鍛えて思い通りの人間をつくることです。これは後で取り上げるフレイレ（Paulo Freire 一九二一～九七）がいっている「伝達」ということともつながってきます。すなわち、知識や技術を子どもに伝える「伝達」や、教え授ける「教授」ということともつながってきます。そして思い通りの人間をつくろうとするわけです。

これを宗教の場面に当てはめますと、思い通りの信者をつくろうとするわけです。その場合は、教団（宗派）の意向というものがどうしてもつよく反映されますし、ときには信者たちがその犠牲になるということもあります。旧オウム真理教（アレフ）などはその典型的な例ですけれど、そういうことにもなりかねません。

しかし、これは非常に大事なことでもあります。bildungというのは、模範となる鋳型（Bild《ビルト》）に合わせてつくろうとします。ヨーロッパでは、ヘルバルト（J. F. Herbart 一七七六～一八四一）が、今から二百年くらい前に「教育学」という学問を構築しましたが、それ以来、「形成」や「陶冶」ということが重視されてきました。人間に陶冶の可能性がある限り、教育できるわけです。人間はどこまでも可能性を持っている。簡単にはあきらめませんから、どんな障害があろうと、われわれは陶冶の可能性を追求する。それがbildungとしての教育なのです。

2 「発達」としての教育

もう一つは「発達」(development)という考え方に基づく教育観です。「つくる」教育に対して、子どもの「成長にゆだねる」(Wachsen-lassen《ヴァクセン ラッセン》)教育です。これは成長・発達ということです。子どもが持っている能力を開発し発達させていく教育であり、個性を重視して成長にまかせる教育なのです。「つくる」教育ではどちらかというと教師や親が中心となりますし、宗派教育でいえば教団が中心となりますが、こちらは子どもを中心にした考え方になります。たとえばアメリカで「進歩主義教育の父」と呼ばれたパーカー(F. W. Parker 一八三七～一九〇二)は、子ども中心の教育を実践しました。かれ自身はヨーロッパでルソーとかペスタロッチといった当時の新しい教育の考え方を学んで帰国し、それを一八七〇代から八〇年代に実践していきました。

しかし、アメリカ独特の教育を開花させたのはデューイ(J. Dewey 一八五九～一九五二)でした。デューイは、ヨーロッパの考え方ではなく、まさにアメリカ独特のプラグマティズム哲学を土台にして、人間の生活経験(life-experience)というものを改善し向上させていくことが教育だと考えました。伝統的な考え方ですと、一つの教育目標に向かって、それを達成していくことが教育だとされていましたが、しかしデューイは、こうした目標や目的を達成することではなくて、子どもの生活経験を少しでも改善し向上させること、それが教育だと考えました。すなわち子どもの成長(growth)そのものが教育だとしたのです。

デューイによると、生活経験というものは、環境との「相互作用」(interaction)によって連続的に成長していくわけです。相互作用そのものが一つの対話だといえます。一方的な関係ではなくて相互作用です。子どもとその環境が相互に関わりながら、しかも環境も少しずつ変わっていくのですが、子どもは成長していくのです。しかも、その成長はどこまで行くかはわからない。少しでも「よりよき成長」(further growth)を達成していこうというのが、「成長にまかせる」教育の考え方なのです。

3　「覚醒」としての教育

それから三つ目にボルノウがいっているのは、「訴える」(Appellieren《アペリーレン》)教育です。これまで述べてきた二つの教育観は伝統的に古い時代からありました。第三の教育として出てきた「訴える」教育は、いわゆる実存哲学から生まれてきた教育学です。「訴える」教育においては何に訴えるかというと、相手の良心とか魂に訴えるのです。これによって相手を内面的に目覚めさせようとするのです。「覚醒」(awakening)としての教育、これが第三番目の教育です。

今日、申し上げたいのは、この覚醒の教育なのです。仏教はまさに覚醒を目的とした宗教だと思います。仏教教育は「ブッダ」(buddha)すなわち「覚者」(目覚めた人)になることを目指していますから、三番目の「覚醒」としての教育であります。わが国では仏教伝来以来長い間、「教化《きょうけ》」としての教育が行われてきました。ところが近代の学校では、どちらかというと、「訴える」教育より、「成長にまかせる」教育や「つくる」教育のほうが重視されてきたのです。

二　仏教的教育観

1　畏敬の念と恭敬心

さて、宗教(religion)という言葉は、そもそも神・仏を畏れ敬うという、ラテン語の religio(畏敬 fear)に由来していきます。ところが、われわれ仏教徒からしますと、「畏敬」という言葉はどうも馴染まないのではないかと思うのです。仏教徒からしますと、仏さまはけっして怖い存在ではないからです。キリスト教徒だったら、"Fear God!"（神を畏れよ）ということで通用しますけれど、仏教徒にとって仏さまはけっして怖い存在ではないのです。尊いお方に対しては、「畏怖」ではなく、サンスクリット語の namaskāra《ナマスカーラ》 すなわち「恭敬《くぎょう》」（reverence）の心や態度を示す、これが仏教だと思います。

インドの龍樹（Nāgārjuna 一五〇～二五〇頃）は、「恭敬」の心とは、まず、(1)「尊重」の心であると教えています。すなわち、何でも大切にすることです。それからこれは、(2)「合掌」、(3)「礼拝」の心であるといいます。「腰掛けた石を拝んで遍路発《た》つ」という句がありますけれど、遍路さんが石に腰掛けて休んだあとで、その石にお礼の合掌・礼拝をして、次のお寺へ向かったというのです。石にもいのちがあるから、これを大切にする。生き物ばかりではなくて、すべてのものに「いのち」を見出し、これに手を合わせお礼をするのです。それから、恭敬とは、(4)「迎来」の心、すなわち来客を温かく迎える心であるともいっています。そして、帰る人を送る心、すなわち(5)「送去」の心であるともいいます。最後に龍樹は、(6)「親侍」の心を挙げています。「親しく侍る」、すなわち仏さまが私のところにいつもいらっしゃるという、そういう思いです。それを「恭敬」といっているのです。このようにみてくると、恭敬心は畏敬の念とかなり違うことがわかるのです。

以上のように、一般に宗教といいますと、「畏敬」の念が強調されますが、仏教徒からしますと、まったく合わないと思うのです。

2　仏教における「教化」の意味

そこで、目覚めさせる教育を「教化」として捉えた場合、この「化《け》」という語に私はたいへん重要な意味があると思うのです。つまり「化」とか「化《け》する」というのは変わることを意味しますが、ただ「形が変わる」ように変わるというのであれば、「進化」も「風化」も「老化」も変化に違いありません。しかし、「教化」における「化」は、形が変わるというのではなくて、魂の底から目覚め、人格的に変わることであり、ここに仏教的な「教化」の意味があるのです。

そうした観点から仏教聖典を見ますと、「化」を伴った言葉がよく出てまいります。たとえば、蓮如の『御文章』にある「御勧化のおもむきは」の「勧化《かんけ》」や、「御化導」という場合の「化導《けどう》」とか、もっとつよい言葉になりますけれど、徹底的に変えていく場合の「降化《ごうけ》」とか、あるいは「化縁《けえん》」——これは「教化の縁」ということですが——、こうした言葉がよく使われています。もちろん「教化」という言葉も出てきます。

では、「化」とはそもそもどういう意味を持っているのか、われわれはどんな意味をこめて使っているのでしょうか。これについて次の三つの意味が考えられると思うのです。

その一つは、「除く」という意味が含まれていると思います。「化する」というのは、悪いところを除いて、よいほうへ転化・転成するという意味があるのではないでしょうか。悪戯な子どもや、あるいはどんな罪を犯した人であっても、その人が仏さまの前に坐って手を合わせている姿を見ますと、まさかこの人が悪い人間だとは思われません。その人の悪いところがみな解消し、除かれてしまう。「化する」にはそうしたはたらきがあるのです。

二つ目に、化するというのは、その人を「救う」「済度する」という意味も出てくると思います。さらに三つ目には、その人を「利する」（利益・恩恵を与える）という意味も含まれるでしょう。その人の利となる、ためになると思うから教化するのであり、よくしたいから教化するわけです。

ところが明治五年（一八七二）の学制以降の学校教育では、「教化」という言葉をあまり使わなくなりました。しかし大正時代になりまして、日本では「国民教化」というように、社会教育のなかで「教化《きょうか》」という言葉が使われ一般的になりましたけれども、本来「教化」は仏教の大切な言葉なのです。

三　対話の根底にある「愛」の原理

次に、「対話」ということで、まずペスタロッチ（J. H. Pestalozzi　一七四六～一八二七）の例を挙げます。孤児たちの救済と教育に一生をささげたペスタロッチにおいては、子どもたちとの「対話」のなかに愛の原理があったと思います。憎らしい人とは対話をしません。やはり対話の場には、相手を何とかしてあげたいという前向きな気持ちがはたらきますから、対話が成り立ったのだと思います。対話は教育愛に基づくものなのです。教育は人間愛あるいは人類愛から出てきています。われわれは相手を何とかしたい、何とかしてやりたいと思うから教えるのであって、教育の場には愛の原理というものがあると思います。つまり、教育は親や教師のためにあるのではなくて、あくまで子どものためにある、また相手のためにあるというところから出発しているのです。

「教える」という字については、「をしむ」という古語から「をしふ」という語ができたとされています。「をしふ」に漢字を当てたら、「教ふ」となります。「をしふ」は、「愛《おし》む」「愛《いとおし》む」すなわち「愛する」「かわいがる」という意味の「をしむ」という語から派生しています。ですから、相手を何とかしてあげたいという、そういう気持ちが自然に「教える」という行動となって出てくるわけです。これが対話の一つの大切な原理、すなわち愛の原理ではないかと思います。

四　伝達か対話か

それから、先に少し紹介したフレイレは、『伝達か対話か』（一九六八）という本を書いております。教育というのは、「伝達」なのか、あるいは「対話」なのか。フレイレという人はブラジルのカトリックの教育学者でもあり、識字教育運動に力を尽くし、虐げられた人たちの解放のために奔走した人です。ブラジルのクーデターのときには祖国を追われ、アメリカやチリで生活していました。フレイレによると、人間は他者（世界）との意識的対話や交流（communication）のなかで「人間化」（humanize）されていくのですが、現実にはその可能性が妨げられています。そこで、抑圧された民衆の歴史的社会的現実を、対話や交流によって解放し自分たちの文化を創造していくことが教育（識字教育）の目的であるとしています。

フレイレは『伝達か対話か』のなかで面白い言葉を使っています。それは「銀行型教育」（banking education）と「問題提起型教育」（problem-posing education）という二つの教育です。伝統的な教育では、知識や技術の教授と一方的な伝達が中心でした。それはちょうど銀行にお金を預ける預金行為のようなものであって、教師は預金者、生徒は金庫といった関係なのです。「銀行型教育」というのは、一方的に教え込む教育のことを指しています。これに対して、「問題提起型教育」というのは、教師も児童・生徒もたがいに共同して学習を進める教育です。相互の対話や交流を通して、たがいに教え合い、たがいに高め合う教育です。フレイレは、そのような対話と交流の教育を強調しています。

そして、『伝達か対話か』のなかでフレイレは、対話が成立するための条件を五つ挙げています。まず第一に「愛」ということです。他者に積極的に関わっていくということ、対話というのは愛の行為であると、フレイレはいっています。

第二に「謙譲」すなわち謙虚さということをいっています。謙虚さは己に対する不満から生まれる。他者ではなくて自分自身に対して不満を持つ、満足できないという思いを持つこと、これが謙虚という形になって出てくるというのです。

ユダヤ系宗教学者のマルティン・ブーバー（M. Buber 一八七八〜一九六五）は、この謙虚さ（Demut）について、こう考えます。すなわち、謙虚さとはいつでも奉仕する用意のあることだと捉え、何かあったらいつでも駆けつけて手助けをすることができる、そうした奉仕の心を謙虚さという言葉で表しております。ブーバーは、生徒に影響を与えるあらゆるもの、すなわち「世界」（Welt）が生徒を教育する、と考えました。教師といえども、生徒の「世界」を構成する無数のエレメントのなかの一つにすぎません。したがって、教師には、生徒への教育（性格教育 Charaktererziehung）に参加しようという「謙虚さ」とともに、生徒に代わって正しいものを選択するという「責任」（Verantwortung）が自覚されていなければなりません。とくに真の教師は生徒の体験を生徒の側からも体験するという「両極的（bipolar）な体験」を持ちます。これをブーバーは「包摂」（Umfassung）と呼ぶのですが、真の教師はどんなに報われることがなくても、そのことを承知のうえで「包摂」という体験に踏み込むと述べています。

さらに、対話の成立条件として、第三に他者に対する「信頼」、第四に将来に対する「希望」、そして第五に「批判的思考」が挙げられています。このようにフレイレは対話的な活動と関係を重視しているのです。

五　護持養育――仏教教育と対話的原理――

最後に、仏教教育における対話的原理について述べたいと思います。

教育学的にいうと、普通、教育関係というのは人間が人間を教育する関係です。教育の関係は、人間と人間との関係です。しかし、宗教的にいいますと、人間が人間を教育するだけではなくて、神・仏が人間を教育するという関係もあるわけです。

対話というのは、たいてい人間と人間との対話を考えますけれど、しかし、先ほどの「腰掛けた石を拝んで遍路発《た》つ」という句などをみると、あるいは良寛さんの歌にもよく出てきますが、自然や樹木や花に対して感謝したり語りかけるという、事物との関係や対話もあろうかと思います。人間と人間との対話だけでなく、人間と人間以外のものとの対話というのもあるわけです。

そこで宗教教育学的にいうと、人間が人間を育てるのではなく、仏・菩薩が人間を育てるということになります。これを私は「慈育」とか「照育」と呼んでいますが、如来が衆生を哀愍し、照護し、育てるのです。親鸞は『大集経』にある「護持養育」（護持し養育せしむ）という言葉を多く引用しています。慈育や照育とはまさに護持養育の世界であるといえます。親鸞は『正信偈』のなかで、「大悲無倦常照我身」（阿弥陀如来の慈光は倦むことなくつねにわが身を照らしつづけている）と慶ばれています。これは源信の『往生要集』から引用された言葉ですが、親鸞は阿弥陀如来ばかりでなく、さまざまな天の神・地の神や諸仏や菩薩たちがわれわれ人間を護持養育していると強調しているのです。

とくに親鸞は『浄土和讃』「現世利益讃」をつくって、そのことを教示しています。

「南無阿弥陀仏をとなふれば　炎魔法王尊敬す　五道の冥官みなともに　よるひるつねにまもるなり」

「南無阿弥陀仏をとなふれば　観音・勢至菩薩はもろともに　恒沙塵数の菩薩と　かげのごとく身にそへり」

「南無阿弥陀仏をとなふれば　十方無量の諸仏は　百重千重囲繞して　よろこびまもりたまふなり」

これらの和讃は、念仏をよろこぶ人を数多くの諸神・諸仏・諸菩薩たちが幾重にも取り巻いて讃嘆し照護し育てるというのです。

また、「勢至讃」には、

「超日月光この身には　念仏三昧をしへしむ　十方の如来は衆生を　一子のごとく憐念す」

と示して、阿弥陀如来は念仏の行者を「ひとり子」（一子）として憐れみ育んでくださると述べています。

さらに、中国の善導大師を讃えられた『高僧和讃』「善導讃」では、

「釈迦・弥陀は慈悲の父母　種々に善巧方便し　われらが無上の信心を　発起せしめたまひけり」

と釈迦如来・弥陀如来を讃嘆されて、この二尊が慈悲ぶかい父や母となりさまざまな手を尽くして私たちに尊い真実信心を起こしてくださったと示しています。

また法然も『選択本願念仏集』のなかで、「衆生、行を起して口につねに仏を称すれば、仏すなはちこれを聞きたまふ。身につねに仏を礼敬すれば、仏すなはちこれを見たまふ。心につねに仏を念ずれば、仏すなはちこれを知りたまふ。衆生仏を憶念すれば、仏また衆生を憶念したまふ」と述べています。そして、覚如も『口伝鈔』に、「親鸞は弟子一人ももたず、なにごとををしへて弟子といふべきぞや。みな如来の御弟子なれば、みなともに同行なり」（第六条）と書いていますが、これは、真実信心をよろこぶ人はみな阿弥陀如来の御弟子であり同行である

と教えているのです。

　これらのことはまさに人間と神・仏との間の交流であり、対話であることを示しています。こうした人間と神・仏との対話を通して護持養育されるという宗教教育の世界があることをわれわれは知らなければならないのです。これは、ブーバーが「性格教育」と呼んだ、かれ独特の性格教育論とも関連してきます。性格教育というのは、宇宙や世界、あらゆるものがその人を育てていくという考え方です。一般には教師が子どもを育てると考えるのですが、じつはその教師自身は、子どもを育てる多くのエレメントのなかの一つにすぎないのであり、教師自身がそのことに気づくという「謙虚さ」が必要なのです。わが弟子、他人《ひと》の弟子ということではなく、さまざまなエレメントがその人を育てていくのです。ブーバーは、Charakter《カラクター》という言葉を、ラテン語のもとの意味にさかのぼって解釈し、教師は、「生徒の世界への刻印」に参加しようとする無数のエレメントの一つであると考えました。ラテン語の「刻印」（カラセインあるいはカラテイン）という言葉から、「カラクター」という言葉は派生してくるのですが、その人の環境や人生上のさまざまな出来事が人間形成の重要な契機となっていると考えることができると思います。

カウンセリングと真宗

友久久雄

一

カウンセリングというのは非常に定義が難しいものですが、『広辞苑』（第六版）によりますと、

個人のもつ悩みや問題を解決するため、助言を与えること。精神医学・臨床心理学等の立場から行うときは、心理カウンセリングと呼ぶことがある。身上相談。

とあります。われわれ精神科医や臨床心理士から見ると、かなり曖昧な内容ということになるのですが、このことについてはまた説明させていただきます。同じく、宗教という項目を調べますと、

神または何らかの超越的絶対者、あるいは卑俗なものから分離され禁忌された神聖なものに関する信仰・行事。また、それらの連関的体系。帰依者は精神的共同社会（教団）を営む。アニミズム・自然崇拝・トーテミズムなどの原始宗教、特定の民族が信仰する民族宗教、世界的宗教すなわち仏教・キリスト教・イスラム教など、

多種多様。多くは教祖・経典・教義・典礼などを何らかの形でもつ。

とあります。おそらく、宗教学の専門家には問題点の多い説明になるでしょうが、一般にはこれで通じると思われます。

カウンセリングでは、『広辞苑』にもありますように、個人の持つ悩みや問題、すなわち心の悩みを扱います。身体的な悩みからも、心の悩みは当然生まれます。その場合には、身体的な悩みをまず医学的に解決して、そのうえで、カウンセリングということになります。しかし、身体的には悩みや問題はないけれども、心理的な悩みがある場合があります。それは、日常生活、実生活を送るうえで支障となる悩みです。

人間ですから皆、当然悩みを持っています。ただ、カウンセリングを受ける悩みというのは、日常生活に支障があり自分で解決できない悩みです。われわれはいろいろな悩みを持っていますが、その悩みのために日常生活がうまく送れないということが問題になります。カウンセリングを受けに来られた方の悩みを聞くときに一番大切なことは、それが具体的にどのように日常生活に影響を及ぼしているかをしっかり聞くことです。

二

これからお話しするのは、カール・ロジャース（一九〇二～八七）というアメリカの臨床心理学者の、非指示的カウンセリングについてです。これはクライエント（来談者、相談に来られる方）中心の考え方です。それまでの医療、あるいは精神療法は、治療者すなわちカウンセラー（相談を受ける者）がクライエントに話を聞き、その内容について検討し評価をして（アセスメント）、そのうえでクライエントに指示や指導をするのが基本でした。それに対してロジャースは、クライエントが中心であって、カウンセラーは、その人に、いわば沿っていくのだと考えました。クライエントのなかに解答があるんだ、その人のなかに心理的な意味で治癒、解決していく能力があるという大前提でカウンセリングを始めます。現在の日本ではこの考えが多く受け容れられています。

よく、釈尊は最高のカウンセラーであるという表現を仏教徒の方がされます。事実その通りで、対機説法というのがそうです。対機とは、相手に合わせて、相手を中心に考えていくということです。近頃、医療の場でも、インフォームド・コンセント、あるいはQOL（クオリティ・オブ・ライフ）などがいわれるようになり、医師から「手術をされたほうがよいと思います。このままでしたら、三年、長くて五年です。手術をされたら、もう少し長く生きることができます、どうされますか」と、患者の意向を聞く姿勢がとられるようになってきました。かつての医療は、一秒でも一分でも生命を長らえさせるために、医者の努力が向けられていました。いかにお金がかかろうが、相手がいかに不幸になろうが、生命を延ばすことがまず第一だという考え方でした。ところが今は、その人の生き方、生き様が大切だと考えられるようになりました。それはカウンセリングの精神が活かされているからです。生きているだけでは生きる意味がない、人間としての生き方、その人の価値観を重視するのがロジャースの基本的な考え方です。

心理学では今悩んでいる日常生活の問題は表面的なもので、その心理学的な意味における根本的な原因はその人のなかにあると考えます。それ故、内面に隠されている真の原因を明らかにすることが大切です。ここまでは、フロイトの精神分析と同じです。フロイトはもともと体のなかを走っている神経の医者でした。医者の場合は、すべて論理的に物事を考えて、俗な言葉でいえば神経のここに問題があればこういう症状が出る、脳のここに問題があればこういう症状が出るというように、科学的な形で解決をしていこうとします。しかし、脳にも神経のどこにもまったく問題のない人が、麻痺を起こしたり、あるいは動けなくなるという症例があることを、フロイトはパリの大学で知ります。彼は医者ですから原因を追究しようとします。身体に問題が見られないのに身体に症状が出る――今では心身症といいますが――、そういうことがあるということを彼は目の前で見て、それを研究し原因を追究したわけです。原因を追究して治療するのが医者の仕事です。頭が痛かったら頭痛薬、お腹が痛かったら胃腸薬、熱が出たら解熱剤という対処療法は、医者でなくてもできます。医者がするのは、熱なら熱を一つの手がかりとして原因を探り、原因を治療することで熱を下げることです。原因を治療することによって症状が収まるということでなければ、それは医療ではないというのが医者の基本的な考えです。だから、フロイトは、原因が必ずあるはずだと考えてそれを追究し、その原因に無意識という概念を持ち出したわけです。

それに対してロジャースは、無意識ということは一切いいませんでした。ロジャースは、「現在の自分は人前を取り繕っている自分なのだ。本当の自分が行動をしたり、ものを考えたりしているのではなく、役割を演じているのだ。つまり、仮面を被っているのだ」と考えます。実際の自分の自己体験と、こうありたいという自己概念に差があって、それが一致しないから、そこで悩みが生じる。その悩みが、たまたま現実の形で現れたのだと、自己体験と自己概念の不一致に自分が気づくことが大切だという考えです。自分のなかに二元性があり自己矛盾を含んでいる。その自己矛盾を自己矛盾と感じないで行動しているからそこに問題が生ずる。こういう考えです。

この自己矛盾に気づけば、当然仮面を脱いで、真の自分、もっと本質的な自分を知ることができます。しかし、仮面を脱ぐというのは、言葉では簡単ですが、自己の生活体験も生活環境もありますから、おいそれとはいかない。そこでカウンセラーが必要になるわけです。そして本当に自分らしい自分、真の自分に気づくことにより、結果として悩みが解決されていく。そういう形で、最終的には自己実現という言葉を使うのですが、本当の自分になっていくための援助をするのがカウンセリングであると、ロジャースは考えています。

本当の自分、真の自分を知るために何が必要かというと、ロジャースの非指示的療法の場合は、カウンセラーの「傾聴」ということが大切だとされます。カウンセリングは聞くことだと、よくいわれます。たとえば、教育の場合は、評価し指導し指示します。子どもが何かをしたときに、それはよいことである、悪いことであると評価し、上から何番目だなどと価値観を与えていきます。よいことであればますます頑張りなさい、悪いことであればしてはいけませんというように、指示や指導を行うことでその人を導こうとするのが教育です。ところがカウンセリングの場合はそうではなく、カウンセラーが、しっかりと聞く、傾聴することが重要とされます。悩みを持って来る人のことを病院では患者といいますが、カウンセリングではけっして患者とはいいません。クライエントといって、話を聞く側と話す側は対等の関係です。これが、非指示的療法の基本的な考え方です。けっして縦の関係ではありません。

このような関係のなかで、話をする側は、話をすることによって自分の気持ちを話（放）し、聞く側は、話を聞くことによって効果のある聞（効）き方をします。ということは、効果のある聞き方ができるカウンセラーでなければならないわけです。何でもフンフンといって（聞いて）いるだけではよくないですから、そこでさまざまなトレーニングが必要となります。クライエント側が自分の悩みを素直に話せる場、あるいは話せる雰囲気をつくって、そこで気持ちを話してもらう。だから聞くのは理屈ではありません。「何故そんなことをしたのか」「そんなことしたら他の人は困るでしょ」、ではなく、そのときの気持ちはどうだったかを聞いていく。そのときの気持ちと今の気持ちとを比べて、その気持ちは自分にとってどうだったのかを聞いていくのです。そのことによって、本人は、あのときはこんなイヤな気持ちだった、今の気持ちはこうであると気づいていきます。だからよい気持ちの場合は、それを続けたほうがよい。そうでない場合は、やめたほうがよい。しかし、やめるといっても現実的にはなかなかやめられない。それをやめるためにはどうすればよいか。そのためにカウンセリング・プロセスといって順序があるわけです。カウンセラーはクライエントが真の自分に気づいていくような質問をしながら、しっかりと相手の気持ちを聞いていく。そしてクライエントが、現在の自分、真の自分に気づき、不一致な自分を一致させていく。それがカウンセリングなのです。

三

先ほどいいましたように、「傾聴」というのは自分探しであって、理屈を聞くのではなく、気持ちを聞きます。受容と共感と一致といって、相手の気持ちと同じ気持ちになって聞いていくことが中心とされます。それに対して仏教の場合、とくに浄土真宗の場合、「聴聞」といって、お話（法話）を聞いていきます。御示談も聴聞の一つといえると思います。聴聞とはどういうことかというと、親鸞の『教行信証』の「信巻」に、

しかるに経に聞といふは、衆生、仏願の生起本末を聞きて疑心あることなし。これを聞といふなり。

とあります。何を聞くのかというと、仏願を聞くのです。仏願の生起本末、仏願がなぜ起こされたのか、そしてその結果、どうなったのか、それを聞くのが、浄土真宗でいう聴聞になります。この聴とは、聞き分け知り分け理屈で聴くということ、すなわちまず理屈を聴くということです。鰯の頭も信心から、ではなく、なぜそうなのかを耳で聴いて、理屈を聴いて理解するのが聴です。聞とは、理解する、聞き分ける、耳で聴くというのではなく、いわば、心で聞く、心身で聞く、あるいはわれわれの言葉では「いただく」、ご安心をいただいたというふうな聞き方

です。六字の名号を聞く、などの表現をしますが、これは体験的なことが中心となります。いわゆる聞即信です。聞こえたときが信じられたとき。だから、自分が信じるのではありません、廻向という言葉を使いますが、阿弥陀仏の本願をいただくということです。

カウンセリングは、カウンセラーとクライエントとの関係、言い換えれば人と人との関係です。たとえば、この先生のカウンセリングを受けて、その先生によって自分が気づいたということになります。教育は、教える、教えられるという関係です。カウンセリングは、そうではなく気づくということです。カウンセラーに「そのときはどういうお気持ちでしたか」「いつ頃から、そういうことになったのですか」「それはどういうことなのですか」「今それをどう思われていますか」と聞かれることによって、自分がこれまであまり意識していなかったことについて、「どうだったのか、こうだったのかな」という形でだんだん自分の心の内側のほうを向くわけです。「こうしたほうがよいですよ」「何々ですよ」と指示をされれば、指示待ち症候群になり、カウンセラーから指示されたり、指導されたりすることを期待するようになります。ただ、かなりよくなってきて、自我が成長し自己実現の方向になってきたときには、教育に変わります。いつまでもカウンセリングをしていてはよくありません。

たとえば、学校に行っているスクール・カウンセラーは、最初のうちは生徒のいうことを、「うんうん」「そうそう」と聞いています。子どもは、本当のことをいえば怒られる、よいことをいわなければいけないと思い、先生の前では、虚偽の自分をつくります。現実社会では親に対しても先生に対しても、相手の気に入るようにいえば褒められるわけです。逆に、本当のことをいったら怒られる。ところが、カウンセラーには、はじめはおずおずと、「こんな悪いことをしました」といいます。先生であれば、「そんなことして、どう思っているのだ」「それをされた者はどう思う」「相手の気持ちになれ」などといわれるわけです。しかし、カウンセラーは、「そう。そのときどう思ったの。そのときの気持ち教えてください」というわけです。すると子どもは、「ドキドキして、こうだった」「そのとき先生が『誰や』といって、僕はもう目も開けられませんでした」と、そのときのことを思い出していくわけです。そうして、徐々に心が内なる自分自身のほうに向いていく。「あのときどうしてあんなことをしたのだろう」「あの後、どうもなかったからよかったけれども、こうこうだったら大変だったな」などと、自分の心の内なる方向へ自分の関心が向くのがカウンセリングです。それまでは相手ばかりを見ていたわけです。あの子がこうしたから、あの子が悪い、先生がどうだ、親がこうだ、と外側向きなのです。しかし、そうではなく自分の問題だ、自分のことなのだという方向に変わってくる。これがカウンセリングなのです。

しかし、カウンセラーがクライエントに直接、「自分のほうを向きなさい」と指示や指導することはありません。「腹が立ったからこうしたんだよね」「誰それさんがこうしたから、こうしたんだね」というような、「はい」とか「いいえ」で答えられる質問や、五つの選択肢からどれかを選ばせるというような、答える方向が決まっている質問は、われわれはしません。五つ答えを出してそのなかから選ぶ形は、自分が選んでいるようですが、実際にはそれ以外からは選べないわけですから答えが限定されます。これでは「イエス」か「ノー」かという質問と変わりません。どちらも方向を決めているわけです。ですから、クライエントの本来の姿について述べていることにはならないのです。この方法であれば、話の進め方で、相手に気づかれずにいくらでも洗脳できるわけです。ですからカウンセリングでは、「いつ」「どこで」「誰と」「なぜ」「どのようにして」ということをベースに聞きます。この質問はカウンセラーの側に答えがまったくないのです。答えは全部、クライエント側にある。だからクライエントが、質問についてわからないときには、「わからない」と答えます。しかし、「あれ？　何でだろうな」と、カウンセリングが終わってからも考えます。あるいは、「こうこう、こうだ」と答えたとしても、また後になって、「あれは違っていた」と気づき、またその後に訂正してくれることもあります。結局、はじめのうちは何もいえないと思っていますが、カウンセリングを受けて、だんだんとカウンセラーに話を聞いてもらうようになると、自分の問題が明らかになってくるわけです。

自分の問題が明らかになるというのは、相手に明らかにしてもらうということではけっしてありません。自分自身が自分自身で自分の問題を明らかにすることで、自己発見ができるわけです。教育の場合は、方向が決まっていて、そちらに指導していきます。ですから、前向きに、より上を望んでいくのが教育なのです。カウンセリングの場合はそうではなく、落ち込んで日常生活に差し障りがあって、どうにもならないという状態を何とか普通のところまで引き上げようとするわけです。だから、カウンセリングでは、「上に」「人より偉くなれ」などの言い方は一切しません。よい、悪いという評価は、カウンセリングではタブーです。

自分自身が、自分のなかの問題に気づくと、「頑張らなければいけない」と考える人もいます。そういう人に対しては教育が行われることになります。ところがなかなかそうは思えない人もいます。そのたびに、カウンセリングで話を聞いていると、だんだんと、「自分はこういう性格で、ちょっといわれたらすぐに怒ってしまう」「感情のコントロールができない」などということが自分でわかってくる。そうすると、自分のなかから自分に気づくことによって、自分が変わっていく。勉強はできないし、何をやってもうまくいかないと思い込んでいた子どもが、この先生（カウンセラー）は、勉強ができるとかできないというような価値観ではなく、自分自身が存在しているということを認めてくれる。あるいは自分が何かをしたときに、頑張れたねと認めてくれることに気づく。すると自分のなかには可能性があるのではないか、あるいは、認めてもらえるものがあるのではないか、との気づきを持って、自分や周りを見ることができます。カウンセラーの目を通して自分を見ると、お母さんは自分のことを、お兄ちゃんに比べて勉強ができないから認めてくれていないんじゃないか、だからあんなことをいうんじゃないかと思っていたのが、そうではなく、自分をよくするために、あのようにいってくれていたのではないか、というように自己のなかから自分を見る目が変わってくるわけです。これがカウンセリングの傾聴の一番重要なところなのです。

四

それに対して、仏教の「聴聞」は、「仏願の生起本末を聞き弥陀の本願をいただく」ということです。ここに臨床的アプローチと仏教的アプローチの比較検討を表にしてみました（表1）。これは心理学会で発表したもので、カウンセリングの場合は気づき、仏教の場合は目覚めと区別しています。

臨床的アプローチでは、自己実現、つまりより望ましい成熟を遂げ真の自分になるというのがカウンセリングの目的です。それに対して仏教的なアプローチの目的は、仏に成るということです。どのようにしてそうなるかというと、カウンセリングの場合は自己洞察といって、自分が自分自身を洞察していく、すなわちより深く自己の内面を見ていくことによります。それに対して、仏教の場合は、廻心（他力廻向）といいます。廻心の「廻」は、仏のはたらきにより、こちらが回される、方向転換させられるということです。どう方向転換させられるかというと、それまで勝ったとか負けたとか、損をしたとか得をしたとか、他人よりもうまくやりたいと、この世の生活ばかりに目が向いていたのが、仏のはたらきで方向転換させられると、自分の生きている意味（生かされている不思議）、死の問題（素直に死が受け入れられる）に目が向くようになり、相対的世界（日常生活）から絶対的世界（日常生活を超えた仏の世界）へと視点が転換させられます。そして、自分の仏性に気づかされることにより、成仏する、すなわち悟るという世界に目覚めさせられるわけです。誰が目覚めさせるのかというと、カウンセリングでは人が人に、仏教の場合には仏が人に目覚めさせることになります。具体的には、仏と人とのあいだに、指導者あるいは僧侶（善知識）がいて両者を結びつける、すなわちお手次ぎをしているわけです。「仏が人に目覚めさせる」という仏との関係、ここが一番大切なところです。悩みの内容は、カウンセリングの場合には各個人それぞれ異なる悩みであるのに対し、仏教の場合は、全人類共通の悩み――たとえば、死という問題――になります。また何のための気づきかというと、生きていくための前向きの気づきがカウンセリングであり、宗教の場合は、死んでいく、すなわち死を受容した生のための目覚めとなります。何に気づくかというと、自分の内にある可能性に気づくのがカウンセ

表1　「臨床と仏教のアプローチ」の比較検討

	臨床的アプローチ（クライエント中心療法）	宗教的アプローチ（仏教・浄土真宗）
何が目標か	自己実現	成仏（仏に成る）
どのようにしてか	自己洞察	廻心（他力廻向）
誰が気づかせるのか	人が人に気づかせる	仏が人に目覚めさせる
悩みの内容は	各個人それぞれの悩み	全人類共通の悩み
何のための気づきか	生きていくための気づき	死んでいく（死を受容した生）ための目覚め
何に気づくか	自分の内なる可能性に気づく	生かされていることに目覚める
気づけばどうなるか	将来に希望が持てるようになる	生かされていることに感謝するようになる

リングで、前向きの姿勢が生まれるわけですが、宗教の場合には、生かされていることに目覚め、その結果、今のままの自分がそのまま、あるがままに認められることになります。そして、気づけばどうなるかというと、将来に希望が湧いてくるのがカウンセリングであり、目覚めれば、今ここに生かされていることに感謝するようになるのが宗教です。

次に、カウンセリングと御示談との相違点という表を見てください（表2）。

御示談とは、浄土真宗の門信徒が、一対一で僧侶（善知識）と信仰上の座談をすることで、形式はカウンセリングとよく似ていますが、その内容には表のような違いがあります。

この表のなかで、御示談の歴史は江戸時代としましたが、江戸時代に一般化したということで蓮如上人（一四一五～九九）の時代からその原形はあったようです。相談する人はカウンセリングではクライエントといい、浄土真宗の場合は門信徒といいます。相談を受けるのは、カウンセリングではカウンセラーが受けて、御示談では僧侶すなわち善知識といわれる人が受けます。方法としては、一対一、一対複数の場合もあります。悩みの内容は、カウンセリングの場合、日常生活に障りのある悩み、個人的な悩みで、後天的に生まれてから生じた悩みであり、御示談の場合は、宗教上の悩みで、人間全体、全人類に共通する悩みです。後天的に対して先天的としましたが、本当は生来的に持っている悩みです。解決へのプロセスについては、カウンセリングは本当の自分に気づく、被っていた仮面を脱ぐ、それから、今まで気づいていなかった自己のなかにある矛盾を矛盾であると気づくことです。それに対して、仏教の場合、浄土真宗の場合には、仏の本願力に目覚める、仏の智慧により転迷開悟する、つまり仏の智慧と慈悲によって済度される、救われるということです。私は自分のなかにある矛盾が矛盾でなくなるというのが、宗教だと思っています。問題解決の結果として、カウンセリングは自己実現、自分のなかの可能性を見出し、そして自己決定、自分で自分の行動を決めることができるようになる。それに対して、宗教の場合は成仏する、悟る、弥陀に出遇う、自分のなかの仏性に目覚めあるがままの自分、そのままの自分を喜ぶ。相対界から絶対界へ、という世界があるということに目覚めることです。

表2　カウンセリングと御示談との相違点

	カウンセリング	御示談
歴　史	二十世紀の中頃から	江戸時代（十七世紀）から
相談する者	クライエント	浄土真宗の門信徒（信者）
相談を受ける者	カウンセラー	僧侶（善知識）
悩みの内容	日常生活に障りのある悩み いろいろな個人の悩み 後天的に生じた悩み	宗教上の悩み 人間全体に共通する悩み 先天的に持っている悩み
解決へのプロセス	本当の自分に気づくプロセス 被っていた仮面を脱ぐ作業 自分のなかにある矛盾に気づく	仏の本願力に目覚めるプロセス 仏の智慧により転迷開悟する 自分のなかにある矛盾が矛盾でなくなる
問題解決の結果	自己実現を目指す自分になる 自分のなかの可能性を見出す 自己決定ができるようになる	成仏する（悟る） あるがままの自分を喜ぶ 相対界から絶対界へ

五

最後に、私の好きな、子どもとよく遊んだ曹洞宗の僧・良寛（一七五八〜一八三一）の言葉を紹介します。

災難に逢う時節には、災難に逢うが良く候。死ぬる時節には、死ぬが良く候。これはこれ災難を逃るる妙法にて候。

これは、江戸時代の文政十一年（一八二八）に起きた大地震の時に、良寛が友人に出した手紙の一節です。

私たちは、カウンセリング的発想からすれば、よくすること、よくなっていくことを望みますが、宗教的発想というのは必ずしもそうではありません。今のありのままの自分が、いかに受け容れられているか、人間に生まれてきて、人間として死んでいく、死なさせていただくということが、いかに稀有で不可思議なことかということに目覚めることです。最近の宇宙科学の話を聞いていると、木星がなかったら地球はない、どこかでちょっとでも違っていたら今の地球そのものがない、といっています。本当にその通りだと思います。味わってみてください。

カウンセリングと宗教というのは、悩みを解決するという点で同じところがありますが、本質的には違うものだということを峻別していただいて、カウンセリングと仏教に興味を持っていただければ有り難いと思います。

真宗の伝道・説法におけるコミュニケーションの要素

深川宣暢

一　「コミュニケーション」ということ

真宗において説教の方法、唱導法、布教法などを中心に考えていくときに、コミュニケーションに関する要素は、どのように見出せるのか、またどう考えることができるのかということについて、日頃の研究のなかから取り出して述べてみたいと思います。

まず、基本的にコミュニケーションということをどう考え、定義しておくかということですが、辞書などによれば、「知識や知恵、意思や意見、感情や思考などを伝達すること」としてあるようです。もう少し最近の言い方では、広い意味での「情報を伝達すること」という意味になりましょうか。情報の伝達といいましても、単なるデータを伝えるというのではなくて、「情」というのは基本的には、心の動きということですから、その字を充てて示してあるところが面白いと思います。言葉の用い方としては、実情とか事情、あるいは情況とか情実、内情という用法もありますから、状態の「状」という意味もありましょう。

またコミュニケーションという言葉には、人と人とが相互に意思を通じ合わせる行為という意味、おたがいの理解のために行う情報の伝達、というような前提があるということも踏まえておくべきことかと思います。

そこで、「伝える」ということですが、基本的には図1のように考えられます。まずAさんからBさんへ、あるいはAという立場からBという立場へ、何を伝えるかということによって、その伝え方は変わってくるわけです。ここでは単純にモノとココロとして、モノを伝えるかココロを伝えるかと示しましたが、見えるモノを伝える場合と、見えないモノを伝える場合と言い換えてもよいかと思います。

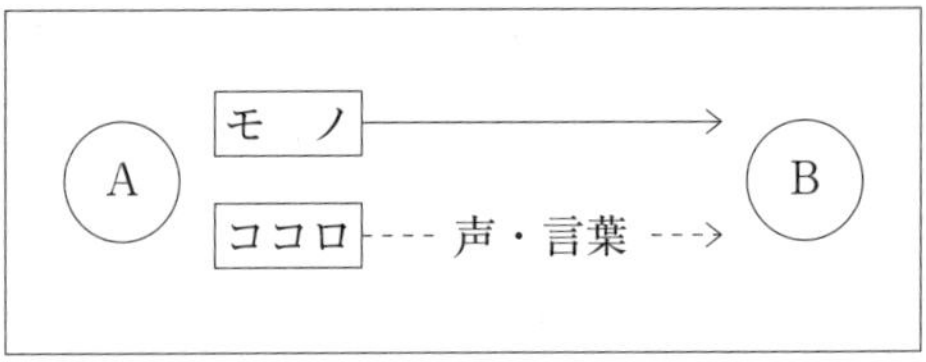

図1　コミュニケーションの仕組み

見えるモノを伝える場合は、モノをそのまま手渡すわけですから、わかりやすいわけですが、問題は見えないモノを伝える場合です。説法とか伝道という場合には、いわば相手が今までに経験したことのない内容を伝えることにもなりますから、特に問題になります。

その見えないモノを伝えるときには、媒介となる道具が必要になります。原初的には、それはまず「声」でしょう。そしてその声が「言葉」になる。広い意味での言葉になっていくわけです。「言葉」といいましても、それは「声」にも「文字」にもなりますが、あるいはボディランゲージなども含めた「言葉」と理解していただけばよいかと思います。その声とか言葉は、モノを伝え渡すように明確に目に見えるものではありませんから、きちんと正確に伝わっているかどうかを確認するためにも、何らかの方法で目に見えるようにしなくてはならないわけです。

これは説法の実践的なところでいいますと、いわゆる目に見えないモノを伝えるときの有効な方法の一つが、譬喩（たとえ話）であり、さらには儀式や儀礼になると思います。儀式や儀礼は、とりあえず形として目に見えますね。その形にココロを含ませるという仕方で儀式化し、儀礼化して、目に見えないモノを伝えてきたという歴史があると思います。ですから、仏教の伝道におけるコミュニケーションということについては、そういうことも含めて考えておかなくてはならないかと思うのです。

二　伝道・説法成立の条件

さて、伝道も説法もコミュニケーションの一つの形であるわけですが、まずこの伝道や説法が成立する条件について考えてみますと、多くの経典には、「通序」とか「証信序」といわれる序説が置かれています。今から説かれる説法が、信ずるに足る仏陀の言葉であることを証明するのが「証信」という言葉です。この「証信序」は、また別の言い方として「通序」ともいいます。ほとんどの経典に共通して説かれる序文ですから、「通序」というわけです。その「証信序」に、「六成就」とか、あるいは「六事成就」「六種成就」といわれることが説かれていて、たいていの経典の最初に置かれています。つまり六つの事柄が成り立って、はじめて説法が行われるというので「六事成就」というわけですが、たとえば『阿弥陀経』の例でいいますと、

如是我聞。一時仏在。舎衛国。祇樹給孤独園。与大比丘衆。千二百五十人倶（かくのごとく、われ聞きたてまつりき。ひととき、仏、舎衛国の祇樹給孤独園にましまして、大比丘の衆、千二百五十人と倶なりき）。

という冒頭の部分にあたります。

最初の「如是」とは㈠「信成就」といい、「このように」という意味、次の「我聞」は㈡「聞成就」で、「私は聞

いた」ということ。「一時」は㈢「時成就」で、「あるとき」という意味。「仏」は㈣「主成就」といい、誰が説いたかというと「仏陀」が説いたと。「在舎衛国」は㈤「処成就」といいまして、ここでは「祇園精舎で」説かれたということ。「与大比丘衆。千二百五十人倶」とは㈥「衆成就」といいまして、誰に対して説かれ、誰と一緒であったかが示されているということです。以上の六つの条件が整って説法の会座が成り立つということを「六事成就」といいます。

一般には「5W1H」ということがいわれますね。すなわちwho, what, when, where, why, howで、物事を正確に伝える際に用いられる確認事項を挙げたものですが、経典にも同じようなことが最初に説かれているわけです。これは、説法というコミュニケーションが成立する条件として位置づけることができると思います。それが経典の最初の「六事成就」です。

経典には、次に「発起序」という部分が説かれます。この「発起序」は、前の「証信序」を「通序」というのに対して「別序」ともいいます。それぞれの経典が説かれることになった事情や理由、つまり仏の説法が発起したその理由が述べられる部分です。

その場合に、多くの経典は誰かの問いで始まります。問いで始まってそれに答えるという形、すなわち問答の形式で経典が説かれていきます。たとえば『無量寿経』は、釈尊の弟子・阿難の問いで始まります。釈尊はそれに対して阿難に「そなたはよい問いをした」とほめたたえてから説法を始めるわけです。これが『観無量寿経』になりますと、韋提希の問い、および請いによって、釈尊の説法が始まるわけです。ただ『阿弥陀経』だけは特別で、「無問自説の経」といわれます。つまり誰からも問いはないけれども、釈尊が自分の本心・意思で説き始められたのが『阿弥陀経』であり、これは特別なお経なのだということを表します。

このように経典の説き方が、多く問答ででき上がっているというのは、意味があると思います。われわれは「あなたは○○である」と、面と向かって、当事者としていわれますと、本当のことではあっても、いや本当のことだからこそつらいのです。たとえば「あなたは罪が深い」と、仏陀から直接告げられたとすると、これはつらいです。ところが多くの経典は、誰かの問いに対して仏が答えるという形で、「人々はかくかくしかじかで、このように迷いのなかにあり、煩悩のなかにある」などと説かれているわけですが、その説法を聞く者・読む者は、最初は第三者の立場で聞きながら、次第次第に「ああ、これは私のことだな」と領解できるような形になっているわけです。これが経典が問答体で説かれている意味の一つであろうかと思います。

また一方で、問いがあってそれに答える形式というのは、聴者や読者の立場は第三者の立場でそれを聞いたり見たりしているわけですから、じつはその内容がむしろよく理解できるわけです。囲碁の世界に、傍目《おかめ》八目《はちもく》という言葉があります。実際に対局をして囲碁の勝負をしている二人よりも、他人が打っているのを横から、傍目から見た方が局面がよくわかり先も読めるということですね。そういう意味で、説法が問答体で説かれていることの意義が考えられるわけです。つまり直接に当事者としてというよりも、横から第三者の立場で、説法を聞き、問答を見ているうちにその内容がよく理解できて、仏道実践の当事者になっていくという、そういう効果が問答形式の説法において考えられます。これも説法というコミュニケーションが有効に成立するための一つの要素といえましょう。

三　説法の四つの要素

さて、仏教の歴史において、具体的に伝道・説法が展開していきまして、その歴史のなかで、どういう説法がよい説法か、よい唱導かということがいわれるようになります。そして説法・説教の研究において、よく触れられるのが、慧皎という人が撰述した梁の『高僧伝』に出てくる説教の四つの要素です。

そこでは説法・唱導には次の四つの要素を整えなさいというのですが、まず一番に「声」、二番目に「弁」、三番目に「才」、四番目に「博」です。最初の「声」というのは、音声です。これはオンセイと読まずに、仏教読みではオンジョウと読みます。声の出具合から、抑揚、節、高さ低さ、そういうことを含めて「声」といいます。二番目は「弁」です。弁舌、語り口・語り方です。三番目が「才」。これは才能の才ですが、中身は機知とか、センスということになろうかと思います。それから四番目には「博」。つまり広い知識や教養が必要であるということです。この四つの要素を整えて、そのうえで、タイミング、つまり時を知り、相手、すなわち聞き手――これを「対告衆」といいますが――の状況を知ること。相手はそもそもどういう立場の人か、今はどういう状況にあるのかなどを知ったうえで説法がなされるならば、それはよき説法・唱導となるであろうということが、梁の『高僧伝』の唱導論に出てくるわけです。

そうしますと、コミュニケーションの要素として、この四つを考えることができるのですね。そして説法上、特に大事なのは、一番目の「声」です。なぜかというと、その後の唐の『高僧伝』とか宋の『高僧伝』では、「唱道家」とはいわず、「声徳」、声の徳のある者という形で表現されているからです。説教師というのは、声に徳のあるお方という言葉と同じ意味に使われているのです。ですから、コミュニケーションの要素として、音声を基本的に重要視してきた永い伝統があるのです。

今でも、このことをいう布教使さんがあります。よい布教使の条件は何かというときに、「一声《こえ》、二節《ふし》、三男《おとこ》」というのです。一番目には声がよいこと。二番目に節がよい、抑揚があってしゃべり方がうまい。三番目に男前であること。これは少し冗談めかしていうのですが、何はともあれ一番目はまず声なのだと、そういう言い方をするのです。このまず「声」を重要視すること、これは現代でも生きています。同じことを話しても、よい声でしゃべられると、違って聞こえるものです。やはり声の意義というのは伝統的にあるのです。「音声」がコミュニケーションの重大な要素であるということを、まずは申し上げることができると思います。

四　説教の構成（組み立て）に見るコミュニケーションの要素

次に、では説教・法話は、具体的にどのように組み立てられているのかということから考えてみます。説教の組み立て、法話の基礎と見られるものに、『法華経』の三周説法という、釈尊の説法のモデルがあります。どうやらこれを用いて説法の組み立てがなされ、現在に至るまで行われているといえるかと思われます。『真宗学』（一一三号）の拙論をお読みくだされば、先行の研究も含めて調べております。

三周説法の「三周」というのは、三度、三巡、三回ということです。『法華経』では一度目を法説周といいます。直接に法義を説く、仏法の道理のみを説くということですが、これを「法説周」といいます。これは能力が高い者でなければわからなかったと、『法華経』の「方便品」は述べていきます。仏陀は最初は法義のみを直接に説かれたが、領解し授記することができたのは舎利弗一人であった、と出てきます。そこで仏陀はもう一度説くわけです。今度は譬喩を用いますが、これを「譬喩周」といいます。「たとえ」ですね、譬喩を用いて法義を説くという方法を用いたわけです。これが『法華経』の「譬喩品」です。いわゆる火宅の三車の譬喩を用いて説かれるところです。このときは、摩訶迦葉ら四人が領解して授記を受けたと記述されています。しかしそれでも領解した者が少ないわけですから、仏陀はあらためて「因縁周」という説き方をされました。因縁というのは「事例」のことです。誰々がどのようなことをした、どういう人物がどのように悟った、というようなことを具体的に事例を用いて法義を説くという説法を三度目にされたわけです。それは『法華経』の「化城喩品」というところに出てきますが、富楼那尊者ほか千二百人が、これで領解し授記を受けたといわれるところがあるのですね。この法説周と譬喩周と因縁周、これらが説教の基本となっているようで、真宗説教の構成の基本にも十分見出されるわけです。

現在行われている伝統的な――伝統的とはいってもずいぶん変わりましたが――真宗の説教は、その基本的な構成は、㈠讃題、㈡法説（法義説）、㈢譬喩・因縁談、㈣結勧（合法）という組み立てです。最初に㈠讃題とは、今日のお話のテーマとしてこういうことを話します、それはお聖教で示すとこういうことです、ということを最初に主に聖教を引用して語り始めるところです。それから㈡に法説あるいは法義説といいまして、讃題に関係する法義を述べる一段落です。そしてそれをいよいよ身近なものにし、具体的なものにするために、次の㈢譬喩・因縁談といわれるところが語られます。そして最後に結びとして㈣結勧の段落となります。法話を結んで信を勧めますので、勧めるという字が使われています。別の言い方をすると、前の段落で譬喩や因縁、事例をもって語りましたので、もう一度仏法の法義に合わせるという意味で、「合法」ともいいます。これはゴウホウと読むのではなく「ガッポウ」と読みます。合法して説教を括るということです。真宗でもこの四つの段落を基本にして説教が行われています。これは説教の内容的な構成・組み立ての仕方のことです。

次に、説教・法話の興味上の構成といいますか、感情曲線のうえでの構成も考えられており、ここでは二つ紹介します。一つは、法話というものは「はじめシンミリ、中オカシク、終わりトウトク」と結ぶが宜しい、という言い方で、一座の説教の組み立てを考えなさいといわれています。これは、関山和夫先生の本（『説教の歴史』白水U

ブックス、平成四年復刊、三六頁）にも出ていますが、古来、何人かの説教研究者が同様のことを書いておられます。

それからもう一つの言い方が「鬼が、屁をこいて、笑うて、泣いた」（遠藤了義「布教法講義」、本願寺布教研究所『布教法入門』昭和三十六年刊、二七六頁）と申しまして、こういう話の感情の運び方をしなさい、そうすると心理的・感情的な動きも手伝って内容がよく伝わりますよ、ということです。「鬼」というのは、最初は聴衆を一気に飲み込んでしまうように始めて、そして、スッと力を抜いて（屁をこいて）少し楽にして、少し「笑って」愉快になって、最後は少し涙が出るほどの感情的な話の持っていき方をしなさいと、このような言い方がされます。少し前に山本仏骨という先生が龍谷大学におられましたが、私はその先生からも、同じようなことを直接聞いたことがあります。以上のような方法で、説教というコミュニケーションの効果を高めるために、説教の構成が考えられ工夫されているということです。

五　浄土真宗の伝道・説法の形式と実際——説者と聴者の心得——

以上に挙げたようなことが、伝道・説法に関わるコミュニケーションの要素になりますが、では浄土真宗の法話を聞くという立場で考えてみますと、次のようなことを踏まえておくべきであると言われることを申し上げておきます。まず説教のときに引用されたり、布教使方が知っていることの一つに、「説聴の方軌」ということがあります。これは『安楽集』に出てくるもので、説く者と聴く者の心得を述べたものであります。『教行信証』「信巻」の真仏弟子釈に引用されていますが、

「説法の者に於ては医王の想を作せ、抜苦の想を作せ。所説の法をば甘露の想を作せ、醍醐の想を作せ。其れ

聴法の者をば増長勝解の想を作せ、癒病の想を作せ。もし能く是の如きの説者・聴者は、皆仏法を紹隆するに堪へたり、常に仏前に生ぜん」と。

（『教行信証』信巻・真仏弟子釈〈『真聖全』二、七五頁〉に引用）

ここに「説法の者に於ては医王の想を作せ」とありますが、「医王」とは最高の医者のことです。そして何のために説法を行うのかといえば、けっして学問や議論のためではなく、「抜苦の想を作せ」と、医者が患者の病を治すように、その苦悩を抜くために行うのだということでしょう。また「所説の法をば甘露の想を作せ」とは、甘露というのは、最高に甘い（うまい）という味わいをいいます。「醍醐の想を作せ」とは、今から説く法は最高レベルの法の味であるという想いを自らが持ちつつ説きなさいということでしょうか。

「醍醐」とは、味のレベルに五段階がありまして、その最高のランクを「醍醐味」というわけです。浅い方から乳味・酪味・生酥味・熟酥味、そして醍醐味という五段階です。これはミルクが精製され熟成されていく味の深さにたとえてあるわけで、乳味というのはミルクそのものの味、酪味というのはヨーグルトになったくらいの味、生酥味というのはバターでしょうか。そうすると、熟酥味というのはチーズになるでしょう。醍醐味というのは、いわばチーズのオールド、ヴィンテージチーズという味でしょうか。今から説く法は醍醐味の法なんだ、ということを想いつつ説くが宜しいというわけです。

そして一方で、その説法を聴く方の者に対して「増長勝解の想を作せ」とあります。私はすぐれた領解をして、いよいよ成長していくのだという想いで聴けよということ、そして「癒病の想を作せ」と、自身の病が治っていくのだという想いで聴くのだというわけです。さらに「もし能く是の如きの説者・聴者は、皆仏法を紹隆するに堪へたり、常に仏前に生ぜん」とありまして、説聴の方軌として、説く者と聴く者のあり方が示されているわけです。つまり聴く者は、「私は病に罹っている」と想えと、また説く者からすれば、目の前にいる者、あるいは説く者自身も含めて、病に罹っている、煩悩という大きな病に罹っている者である。仏法とはそれを自分のこととして、説いたり聴いたりするのが宜しいという意味合いでありましょう。これは「説聴の方軌」としてよく出てきますが、伝道・説法というコミュニケーションの姿勢を表すものとして挙げておきます。

以上のようなことを踏まえて説教・説法が行われるわけで、私自身も実際に真宗の説教として行われるさまざまな場面を見聞して参りました。学生時代には説教という説教はみな聴いてやれという構えでいたこともありまして、結構たくさんの説教を聴いた方です。そういう経験を思い出しながら申し上げるのですが、「すぐれた聴き手はすぐれた話し手を生む」ということもあります。つまり聴く人がうまいと、若い駆け出しの布教使の話でも、いい話になっていくということです。聴く側の眼差しや相づちの打ち方がいいと、話す方もよくなるものです。われわれが行っている普通の講義でもそうですが、聴く方が腐った魚のような目をしているのを見ますと、講義をする方も元気が出ません。キラキラ輝いた目で見られますと、講義をする方も乗ってくるわけです。

説教・法話の場合も当然そのようなことがあるわけで、真宗の場合、そのうえに「受け念仏」とか「あげ念仏」という言い方がありますが、話しておりますと、説法の要所要所に、聴いている人たちの「ナンマンダブ、ナマンダブ」という念仏の声が入ってくるわけです。そうしますと、その念仏の声を聞きながら、その声によって説く方も乗ってきます。そこで「間」をとりながら、つまり受け念仏を聞きながら、説き手もまた高まっていく。そして声もせり上がってきて、説教が高調し迫力を増していく。説教の技法に「セリ弁」などということもあります。実際には、一人がしゃべって、多数が聴いているモノローグという形ですけれど、真宗の説教は、じつは聴いている人と説教をしている人の掛け合いのようなところもあります。

よい説教が行われる法座の場合、だんだんと説き手の声も高まって、宗教的な感情もどんどん高揚して、最後は津波のような念仏がわいてくるというような、そういう状況が現出します。そのような法座をまだ見たこともない、聴いたこともないという方には、イメージがわかないかもしれませんが、実際そうなのです。その場所にいますと、聴いている方は、多人数で一人の話を聴いているという意識はあまりありません。直接私に話しかけてくださっているという聴き方ができる人が、真宗の説教の上手な聴き手ということになります。そういうときには、そこで新たな反応が生じますから、場合によっては聴き手と話し手が逆転するような状況さえ起こりうるわけです。そういう意味で、真宗の説教の場面におけるコミュニケーションの形成において、聴き手はじつは重要な役割を演じているといえるわけです。

説教とは、もともと十方衆生に話され語りかけられる説法ですが、「弥陀五劫の思惟をよくよく案ずれば、ひとえに親鸞一人がためなりけり」（『歎異抄』）といわれるように、この親鸞一人のためであったという立場で聞くのが、真宗の理想的な聞き手であるといえましょう。つまり一対多で行われる説法でありながら、じつはこの私一人のために語られているという立場で聞くということですね。

島根県温泉津に、浅原才市という妙好人がありました。説教が高まってきて、一番高調したところになりましたら、才市さんが突然声を上げて、「当たったー、ワシに当たったー」と立ち上がったというのです。似たようなことは実際に起こりえます。このように説者と聴者というのは、特に真宗の説教においては、掛け合いのような要素も濃いような気がいたします。

六　蓮如（本願寺第八代宗主）の伝道形式

真宗の伝道の歴史において、具体的な伝道の形式を成立させた代表的な例として挙げることができるのが、蓮如上人の伝道です。本願寺の第八代・蓮如上人の時代に、伝道の方法が形式的にはっきりしてきます。まず、いわゆる講という組織で行われる伝道です。講というのは、社会学でいう「惣村」という概念があるのですが、村々での小さな自治体のグループというか交際の枠組みが存在します。それを「惣」といいます。これは少なくなりましたが、地方に参りますとまだ残っているところがあります。

私は山口県の田舎の出身ですが、秋から年末にかけての時期になりますと、「お取り越し報恩講」といいまして、各家庭ごとにお勤めをする親鸞聖人の報恩講があります。各家庭を回って最後に当番の家に皆が集まり、そこであらためて説教・法話を聞いて報恩講をお勤めするということが行われています。その寄り合いの報恩講のことを、「惣（そう）のお取り越し」といいます。そのもとは蓮如上人の時代から始まったものでしょう。講という形での寄り合い、談合を行ったのです。談合といっても闇カルテルの談合ではありませんよ。寄り合って法談をするということですね。それを勧め、そしてさらに女性をも組織化したのが蓮如上人でした。この寄り合い・談合は現代でも行われているところがあります。

本山・本願寺の行事でいいますと、現在は法義示談という形で、年五～六回ですか、行われているものがそれにあたるでしょう。西本願寺の聞法会館で行われております。法義に関する質問を、質問用紙に書いて出しておきますと、勧学和上が質問のなかからいくつか選んで、それに答えられるという方法で、ご法義の示談が行われています。現在もそういう形で行われているわけです。

それから、蓮如上人の時代に女性をも組織化されたということが挙げられまして、これは「尼講」と呼ばれる形で展開したようですが、それがもとになって、現在では特に仏教婦人会という組織が活発に活動しています。

以上のことが確認できる資料をいくつか挙げると次のようなものです。

四～五人の衆、寄合・談合せよ、かならず五人は五人ながら意巧に聞くものなり、よくよく談合すべし。（『実悟日記』）

愚者三人に智者一人とて、何事も談合すればおもしろきことあるぞ。（同）

蓮如上人仰せられ候ふ。物をいへいへと仰せられ候ふ。物を申さぬものはおそろしきと仰せられ候ふ。信・不信ともに、ただ物をいへと仰せられ候ふ。物を申せば心底もきこえ、また人にも直さるるなり。ただ物を申せと仰せられ候ふ。（『蓮如上人御一代記聞書』第八六条）

このように、何人かのグループや講として集まり、寄り合いをして、信仰上の疑問などを中心に語り合うわけです。そのようにしておたがいに話し合いをしなさいということを盛んに勧めたのが、蓮如という人でありまして、その伝統はいまだに各地で行われております。

ただし、こういうことは蓮如上人がはじめて行ったことかというと、そうではありません。たとえば親鸞聖人の手紙に、源空上人（法然上人）の「二十五日の御念仏」の集いについて書かれたものがあります。一月二十五日が親鸞聖人の師である法然聖人の命日ですから、毎月二十五日に皆が寄り集まって、法談なり法会が営まれていたということがわかっておりますが、そのようなことからの伝統として行われてきたと考えることもできます。それを蓮如上人は、より積極的に進めていったというところでしょうか。そして、組織化、システム化したのでしょう。

蓮如上人には相当な規模のネットワークができ上がっていたようです。蓮如上人には特にたくさんのお子様がありましたから、そのお子方をあちこちに嫁がせたり縁組みをさせたりしながら、相当な規模の、親族をもととするネットワークをつくり上げたのが蓮如上人でした。

それからもう一つ伝道・説法のコミュニケーションに関係するところでは、よく知られている、『御文』『御文章』があります。蓮如上人はこの『御文章』によって伝道を行いましたが、これはただ関係者に手紙を出したというのではなくて、その手紙を文字が読める有力者に届けることによって、それを読んで聞かせるという形での伝道が行われたのです。つまり読み聞かせるという方法でのコミュニケーションが行われていたことがわかります。それはたとえば、『御一代記聞書』に、

このあいだ面白きことを思ひだして候ふ。つねに『御文』を一人なりとも来らん人にもよませてきかさば、有縁の人は信をとるべし。このあひだ面白きことを思案しいだしたると、くれぐれ仰せられ候ふ。

（『蓮如上人御一代記聞書』第二七六条）

と、「よませてきかさば」とありますから、そのように『御文章』を用いられたことがわかります。

また、報恩講を勤めるについて、親鸞聖人の御一代を絵解きにして、紙芝居風に説教が行われています。これは現代では『御絵伝』として絵の方が残され、語りの部分は別に『御伝鈔』という形で分けて読み上げられる形式になっております。この「絵解き」という手法は親鸞聖人よりもまだ前の時代から行われていたのですが、これも蓮如上人の時代からどんどん活発になったことが考えられます。ただし、現在見られるような立派な絵が伝えられるのは、一部に限られるようで、一般の人々の中に、そんなに早くから立派な絵があったわけではありません。

そして、さらにそれとは別に蓮如上人は、誰にでも念仏の宗教生活ができるようにと、数多くの「南無阿弥陀

仏」の名号を書いて人々に与えています。とにもかくにも、まずは「南無阿弥陀仏」が必要であるというので、たくさんの名号を書いています。そのなかには、ムシロを下敷きにしてその上に紙を置き、「南無阿弥陀仏」と書いたものがあります。ムシロが下敷きですから、ちょうど虎の皮の文様のように墨がつきますので、「虎斑の名号」などといわれています。そういうものが残っているほどに、蓮如上人は、とにかくたくさん名号を書いて授けたことがわかっております。いずれにしても、蓮如上人の時代から、真宗教団の膨張に合わせるように、本格的な説法・伝道のいろいろな方法が展開していきました。

『三帖和讃』を『正信偈』と合わせて出版したのも蓮如上人の時代です。グーテンベルクが活版印刷技術を発明して『聖書』を印刷したことが、宗教改革に大きな影響を与えたように、蓮如上人の出版も、真宗教団の展開に大きく寄与しているといえます。そのようにして、蓮如上人の時代から現代に至るまで、伝道は展開してきているわけです。

七　真宗信仰におけるコミュニケーション

最後にまとめとして、真宗の信仰社会におけるコミュニケーションの立場ということを考えてみます。まず最初に、阿弥陀仏は「南無阿弥陀仏」という名号となって私たちと関係するといいますか、南無阿弥陀仏という名号として活動しているということが基本にあります。ですから阿弥陀如来はそのまま「南無阿弥陀仏」という名号であるといえるわけです。この「名号」とは、基本的には声です。如来の救いの声です。「名」という字も「号」という字も、声という意味を基礎にして成り立っている字です。そして「重誓名声聞十方（重ねて誓ふらくは、名声十方に聞えんと)」(正信偈)といわれるように、名号の救いとなるわけです。われわれの仏陀は目に見える仏陀ではなく、また鼻で嗅ぐ仏陀でもなく、肌にさわる仏陀でもなく、口で味わう仏陀でもないのであって、基本的に聞こえる仏陀です。聞こえる仏陀として、われわれとコンタクトをとる仏陀なのだ、それが南無阿弥陀仏なのだというのが基本です。すると前半で少し申し上げましたように、仏陀の教えが伝わる、真実の教えが伝わるということは、「声」を通して伝わっていくわけで、この名号法としてでき上がっている南無阿弥陀仏、ナモアミダブッダという声の仏陀のあり方は、コミュニケーションのうえからいっても、非常に大きな意味があると思われるのです。

名号でもって衆生を救うという、そのことが明確に示されているのは、『教行信証』「行巻」に引かれた元照律師の次の文です。

いはんやわが弥陀は名を以て物を接したまふ。

引用文ではありますが、名号で人々を救うのだ、ということがはっきりいってあるわけです。

以上を踏まえたうえで、われわれが現在、説法・説教を聞き、あるいは広い意味で伝道を受けながら、同じ信仰を持つ者同士が、おたがいにどのような立場でコミュニケーションを行っていることになるかということをイメージして、図に表してみたのが図2です。もしおたがいが如来を持たないならば、AとB、BとC、CとD、DとEの単なる比べ合いの社会におけるコミュニケーションだけの世界になります。

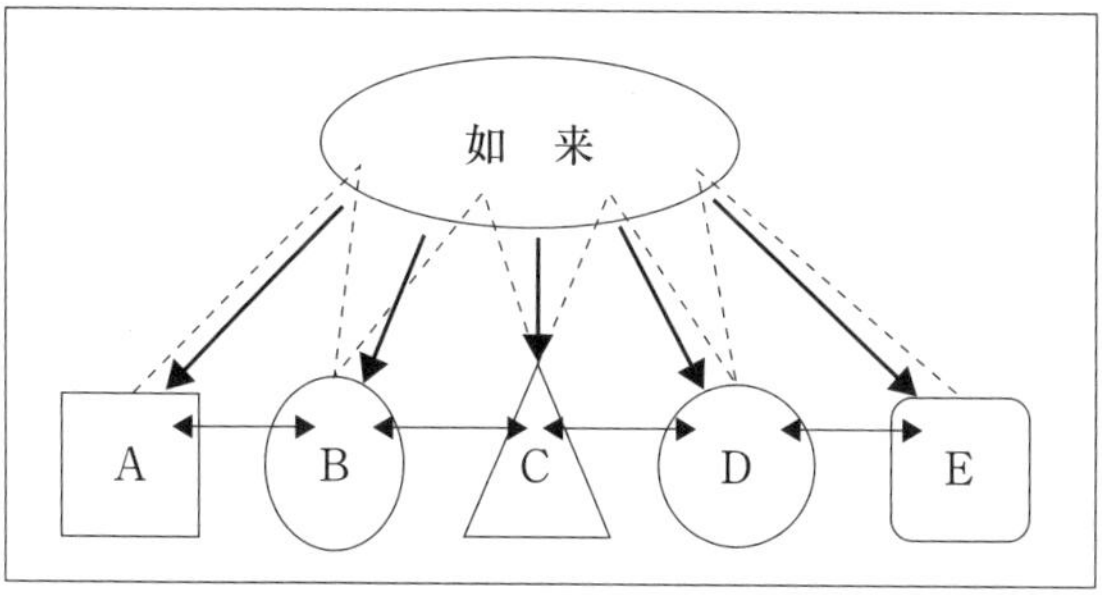

図2　同じ信仰を持つ者同士のコミュニケーション

ところで、仏教は抽象的に「人間」という見方で「人間」を見ません。人間という人間は一人もいませんし、衆生という衆生がいるのではなくて、みんな名前があり、性格が違い、育った環境が違い、思っていることが違うという一人の「私」がそこにいると見ていきます。ですから世間にはたくさんの「私」がいると見るのが、仏教の人間の見方です。そうしますと、もし仏陀・如来をいただいていなければ、この「私」と他の「私」とがつきあうときに、私と他の私との比べ合いだけが生じる社会・世界になりそうです。

しかし、「あなたにも如来が届いているか、私にも届いているぞ」ということを意識して語り合いながら、寄り合いしながら、談合しながら、あるいはご法義の話をしながら、そのことを確かめることができたなら、図2に破線で示してあるように、直接にA対B、B対Cという関係でのコミュニケーションだけではなくて、如来を媒介としたコミュニケーションの場がそこに成り立つことになるわけです。

この人間世界のなかで、この「私」と他の「私」が存在しているわけですから、必然的に比べ合いをしながら存在していることにはなるのでしょうが、それも少し薄く軽くなってくるのではないでしょうか。それは仏陀・如来を持ったわれわれの、信仰の社会の上に成立するコミュニケーションとなるわけで、それを御同朋とか御同行といったのでありましょう。そういうことをイメージして示したのが図2なのです。

では真宗の僧侶は具体的にどのようにしてこの同行・同朋とコミュニケーションをとっているのかといいますと、基本的には、月忌参りといいまして、各家庭で命日が一番近い方や大切な方などの命日に毎月お参りしながら、お勤めの前後にコミュニケーションをとるという形が一般的でしょうか。それから年回法要、いわゆる法事があります。そのときにもいろいろな形でコミュニケーションがとられます。毎年のことでいいますと、「お取り越し報恩講」などという形で各家庭にお参りをしながら、信仰上の話を含めてコミュニケーションがとられています。これは、キリスト教の牧師や神父さんには羨ましいことだそうです。お坊さんの格好をしていれば、家に黙って入っても誰も文句をいわないし、仏壇があるということは各家庭に教会があるようなものですからね。お坊さんは家庭のなかに堂々と入っていけるということであって、そこでまた実は個別のコミュニケーションがとられている。親しい親族同士のコミュニケーションも、年回法要つまり法事でとられます。大きなグループでいえば、お寺の法座や○○会という形でとられている。このようなコミュニケーションが展開されているのが、現実の真宗のあり方です。むろん必ずしも明るい未来ばかりではありませんし、問題も抱えておりますけれど、これが現状であるということができます。

以上、いささか断片的な話になったかもしれませんが、真宗における伝道・説法に関連するコミュニケーションの諸要素について、主なところを述べてみたわけでございます。

あとがき

本書は、二〇〇六・二〇〇七年度の龍谷大学仏教文化研究所共同研究に採択された「仏教の宗論・問答に関する学際的研究」で行った四回のシンポジウムの成果がもとになっている。本書を締めくくるにあたり、当初の研究概要について簡単に触れておきたい。

宗論や問答といった宗教間あるいは宗教内の対話は、多くの場合、その「内容」に関心が向けられる。しかし、宗教上の対話的コミュニケーションが、対立に向かうか、それとも相互理解に向かうかは、コミュニケーションの「形式」にある程度左右される。そこで、第一回のシンポジウム（桂紹隆教授、佐藤智水教授、中川修教授、内藤知康教授が参加）では、インド、中国、日本の仏教史上における討論形式の伝統とその発展に着目して、それぞれの視点から発言をいただいた。

仏教史において討論の形式は教育的であれ論争的であれ重要な役割を果たしてきたが、異なる宗教伝統とのコミュニケーションが日本においてはじめて経験されたのは、戦国期のキリスト教宣教師との出遇いであった。そこで、第二回のシンポジウム（廣川洋一元教授、薗田坦元教授、幸日出男元教授、マルティン・レップ教授が参加）では、西洋における対話の伝統と宗教間対話の試みについてご紹介いただき、さらに仏教とキリスト教との対話の形式について、戦国時代と現代の事例を取り上げることになった。

ところで、さまざまな宗教伝統では、今日の教育に見られる講義形式の学習方法だけでなく、口頭による問答や論争といった形式で教義を学ぶ方法が重視されてきた。それらのなかには、今日儀礼として伝えられているものや、今もなおその教育効果を発揮しているものもある。第三回のシンポジウム（ツルティム・ケサン教授、楠淳證教授、寺井良宣元教授、安永祖堂教授が参加）では、仏教各派における教育上の問答、論義、公案などに焦点を当て、その歴史的展開、さらには今日的意義について学んだ。

第四回のシンポジウム（海谷則之教授、友久久雄教授、深川宣暢教授が参加）では、説法や法話といった伝道活動、人格形成に関わる宗教教育、信者との個別的な対話などに焦点を当て、その特色と意義について学んだ。これらのシンポジウムを通じて、宗教におけるコミュニケーションの諸形式を比較・検討するとともに、参加者からの質疑などを交えて、現代の諸問題に対する解決策について、参加者が相互に学び合う機会を得た。

この共同研究には、本書の編者に加え、デニス・ヒロタ龍谷大学教授、ゲイレン・アムスタッツ龍谷大学教授が参加したが、編者の一人であるレップ先生、共同研究者であったアムスタッツ先生は、すでに京都を離れ、それぞれドイツ、アメリカを中心に研究・教育に携わっておられる。序にも記した通り、かつてコミュニケーションという語は、「交通」と訳されていた。宗教における対話的コミュニケーションの形式に関する研究は、まだ始まったばかりであり、今後、さまざまな角度からの研究を継続的に展開していかなければならない。この問題に関心を持つ研究者が、それぞれの専門研究領域から得られた知見を相互に交通させて、学際的研究が発展・深化していくことが編者の願いである。

最後に、本書は龍谷大学出版助成を受けて刊行されることになった。この企画を快くお引き受けいただいた法藏館社長の西村明高氏、同じく法藏館編集長の戸城三千代氏と不慣れな編者に適切な助言を与え直接の編集作業に多大な御苦労を担ってくださった岩田直子氏、仏教教化におけるコミュニケーションのさまざまな形式を描いた図を紹介してくださった和田恭幸龍谷大学文学部准教授、チベット語での「交通」に便宜をはかってくださった関幸生氏に甚深の謝意を表したい。

井上善幸

執筆者紹介（掲載順）

桂　紹隆（かつら・しょうりゅう）
一九四四年生。京都大学大学院文学研究科修士課程修了。トロント大学博士課程単位取得退学。龍谷大学文学部教授。広島大学名誉教授。Ph. D.（トロント大学）。文学博士（京都大学）。主な業績に、『インド人の論理学―問答法から帰納法へ―』（中央公論社、一九九八）、「インド仏教における論証の伝統」（『比較論理学研究』、二〇〇三）など多数。

ツルティム・ケサン（白館戒雲　しらたて・かいうん）
一九四二年チベット生。一九五九年インドに亡命、一九七四年来日、一九八四年帰化。ベナレスサンスクリット大学大学院修士課程修了。大谷大学名誉教授。龍谷大学非常勤講師ほか。主な業績に、『チベットの学問仏教』（新井慧誉訳、山喜房仏書林、一九七九）、『チベット密教』（共著、筑摩書房、二〇〇〇）など多数。

楠　淳證（くすのき・じゅんしょう）
一九五六年生。龍谷大学大学院博士後期課程単位取得。龍谷大学文学部教授。浄土真宗本願寺派司教。主な業績に、『唯識―こころの仏教―』（編著、龍谷大学仏教学叢書1、自照社出版、二〇〇八）、「法相論義の形成と展開」（奈良女子大学古代学学術研究センター設立準備室編『儀礼にみる日本の仏教―東大寺・興福寺・薬師寺―』、法藏館、二〇〇一）など多数。

寺井良宣（てらい・りょうせん）
一九四九年生。龍谷大学大学院博士後期課程単位取得。元龍谷大学文学部教授。現、同非常勤講師。天台真盛宗別格本山西来寺第四十五世住職。主な業績に、「室町期の天台僧・真盛にみる『往生要集』観の特色―真盛に関する新出資料を中心として―」（『印度学仏教学研究』122、二〇一〇）、「唯識説における仏身観の特色―『成唯識論』を中心として―」（『仏教学研究』65、二〇〇九）など多数。

安永祖堂（やすなが・そどう）
一九五六年生。花園大学卒業。前天龍寺管長平田精耕老師に就いて参禅。天龍寺国際禅堂師家。花園大学文学部教授。主な業績に、『笑う禅僧―「公案」と悟り―』（講談社、二〇一〇）、「禅体験に於ける身体感覚について」（『竹貫元勝博士還暦記念論文集・禅とその周辺学の研究』、永田文昌堂、二〇〇五）など多数。

内藤知康（ないとう・ともやす）
一九四五年生。龍谷大学大学院博士後期課程単位取得。龍谷大学文学部教授。浄土真宗本願寺派勧学。主な業績に、『安心論題を学ぶ』（本願寺出版社、二〇〇四）、『顕浄土真実行文類講読』（永田文昌堂、二〇〇九）など多数。

佐藤智水（さとう・ちすい）
一九四二年生。東京大学大学院博士後期課程単位取得。元岡山大学文学部教授。龍谷大学文学部教授。主な業績に、『北魏仏教史論考』（岡山大学文学部、一九九八）、「山西省塔寺石窟北壁の北魏造像と銘文」（『竜谷史壇』130、二〇一〇）など多数。

中川　修（なかがわ・おさむ）
一九五〇年生。龍谷大学大学院博士後期課程単位取得。龍谷大学文学部教授。主な業績に、「「国家仏教」成立の基盤」（『龍谷大学論集』457、二〇〇一）、「「国家仏教」見直し論の行方」（『日本思想史における国家と宗教』上巻、永田文昌堂、一九九九）など多数。

廣川洋一（ひろかわ・よういち）
一九三六年生。京都大学大学院文学研究科博士課程単位取得。筑波大学名誉教授・元龍谷大学文学部教授。文学博士（京都大学）。主な業績に、『プラトンの学園アカデメイア』（岩波書店、一九八〇）、『古代感情論―プラトンからストア派まで―』（岩波書店、二〇〇〇）など多数。

薗田　坦（そのだ・たん）
一九三六年生。京都大学大学院文学研究科博士課程単位取得。京都大学名誉教授・元龍谷大学文学部教授・元仁愛大学学長・人間学部教授。文学博士（京都大学）。主な業績に、『〈無限〉の思惟―ニコラウス・クザーヌス研究―』（創文社、一九八七）、『宗教学を学ぶ人のために』（共編、世界思想社、一九八九）など多数。

幸　日出男（ゆき・ひでお）
一九二六年生。京都大学文学部哲学科卒。元日本キリスト教協議会（ＮＣＣ）宗教研究所所長。同志社大学名誉教授。主な業績に、『キリスト教と日本』（ルガール社、一九七八）、『宗教の歴史―仏教・キリスト教・イスラム教・神道―』（共著、創元社、一九九〇）など多数。

海谷則之（うみたに・のりゆき）
一九四三年生。龍谷大学大学院博士後期課程単位取得。龍谷大学文学部教授。主な業績に、『デューイ・人間性実現への教育―米国カリキュラム開発を考える―』（春風社、二〇〇二）、「いのちの教育―法蔵と僧叡における三種の「いのち」について―」（『日本仏教教育学研究』9、二〇〇一）など多数。

友久久雄（ともひさ・ひさお）
一九四二年生。神戸大学大学院医学研究科博士課程修了。龍谷大学文学部教授。医学博士（神戸大学）。主な業績に、『仏教とカウンセリング』（編著、龍谷大学仏教文化研究叢書26、法藏館、二〇一〇）、『僧侶のための仏教カウンセリング入門』（監修、四季社、二〇〇五）など多数。

深川宣暢（ふかがわ・のぶひろ）
一九五三年生。龍谷大学大学院博士後期課程単位取得。龍谷大学文学部教授。浄土真宗本願寺派司教。主な業績に、『講本「無量寿経優婆提舎願生偈註」巻上』（永田文昌堂、二〇〇八）、「伝道学としての真宗人間学―真宗における人間の存在と当為―」（『真宗研究』55、二〇一一）など多数。

編者略歴

マルティン・レップ（Martin Repp）

1953年ドイツ生。マールブルク大学神学部博士課程単位取得。1988年来日。元龍谷大学文学部教授・元NCC宗教研究所副所長。現在はドイツ在住。Th. D.（マールブルク大学）。教授資格（ハイデルベルク大学）。主な業績に、『Hōnens religiöses Denken: Eine Untersuchung zu Strukturen religiöser Erneuerung』（Harrassowitz Verlag, 2005）、「How to Tackle Religious Diversity?—An Inquiry Into the Communicational Structures of the Early Sangha and King Asoka's Edicts」（『真宗学』114、2006）など。

井上善幸（いのうえ・よしゆき）

1971年生。龍谷大学大学院博士後期課程単位取得。龍谷大学法学部准教授。主な業績に、『仏教と生命倫理の架け橋』（共編、人間・科学・宗教ORC研究叢書7、法藏館、2008）、「親鸞の「摂取心光」理解について」（『真宗学』111・112、2005）など。

龍谷大学仏教文化研究叢書27
問答と論争の仏教
——宗教的コミュニケーションの射程

二〇一二年二月二〇日　初版第一刷発行

編　者　マルティン・レップ　井上善幸
発行者　西村明高
発行所　株式会社　法藏館
京都市下京区正面通烏丸東入
郵便番号　六〇〇-八一五三
電話　〇七五-三四三-〇〇三〇（編集）
〇七五-三四三-五六五六（営業）

装　幀　名子　昇
印刷・製本　亜細亜印刷株式会社

ISBN 978-4-8318-5684-5 C 3015

儀礼にみる日本の仏教　東大寺・興福寺・薬師寺　奈良女子大学古代学学術研究センター設立準備室編　二、六〇〇円

儀礼の力　中世宗教の実践世界　ルチア・ドルチェ／松本郁代編　五、〇〇〇円

仏教とキリスト教の対話Ⅱ・Ⅲ　箕浦恵了／M・パイ他編　各四、三〇〇円

宗教教育学研究　海谷則之　三、八〇〇円

チベット密教　瞑想入門　ソナム・ギャルツェン・ゴンタ　三、四〇〇円

挑戦する仏教　アジア各国の歴史といま　木村文輝編　二、三〇〇円

人間・科学・宗教ORC研究叢書11
地球と人間のつながり　仏教の共生観　鍋島直樹／井上善幸他編　三、六〇〇円

人間・科学・宗教ORC研究叢書9
核の時代における宗教と平和　科学技術のゆくすえ　武田龍精編　三、六〇〇円

龍谷大学仏教文化研究叢書26
仏教とカウンセリング　友久久雄編　三、五〇〇円